国学经典 | 典藏版

传习录

[明] 王阳明　撰

于自力　孔　薇　杨骅骁　注译

中州古籍出版社
· 郑州 ·

图书在版编目(CIP)数据

传习录 /(明)王阳明撰；于自力，孔薇，杨骅骁注译．—郑州：中州古籍出版社，2017.1(2025.6重印)
(国学经典典藏版)
ISBN 978-7-5348-6711-8

I.①传… Ⅱ.①王… ②于… ③孔… ④杨… Ⅲ.①心学–中国–明代②《传习录》–注释③《传习录》–译文 Ⅳ.① B248.2

中国版本图书馆CIP数据核字(2016)第290697号

CHUANXI LU

传习录

出 版 人	许绍山
出版策划	汪继林
责任编辑	岳鸳鸯　石　丹
责任校对	牛冰岩
装帧设计	曾晶晶

出 版 社	中州古籍出版社
地　　址	河南自贸试验区郑州片区(郑东)祥盛街27号6层
	邮编：450016　电话：0371-65723280
发行单位	河南省新华书店发行集团有限公司
承印单位	河南印之星印务有限公司
开　　本	640 mm×960 mm　1/16
印　　张	25.5
字　　数	304千字
印　　数	13 001—16 000册
版　　次	2017年1月第1版
印　　次	2025年6月第6次印刷
定　　价	59.00元

本书如有印装质量问题，请联系出版社调换。

前　言

《传习录》是明朝著名哲学家、政治家、军事家、教育家王阳明的代表作，是其讲学答问和书信集。

明朝中期，皇帝昏庸，宦竖专权，政治腐败，军备废弛，整个社会仿佛是风雨飘摇的暗夜。而随着江南资本主义萌芽的产生，市民意识开始觉醒，人们冲破占统治地位的程朱理学的束缚、寻求解决社会矛盾良方的呼声越来越高，王阳明"以绝世之资倡其新说，鼓动海内"，集心学之大成，崛然而起，"门徒遍天下，流传逾百年"，成为一代圣哲，其心学代表作《传习录》也成为中外人士传读修习的圣书。

王阳明，名守仁，字伯安，浙江余姚人，生于明宪宗成化八年（1472年），卒于明世宗嘉靖七年（1528年）。因曾筑室于会稽山阳明洞，自号阳明子，学者称之为阳明先生。他出身于世代书香门第、诗礼之家。父王华，字德辉，号实庵，人称龙山公，成化十七年（1481年）状元，官至南京吏部尚书。王阳明生当明代中叶政治腐败、社会动荡、学术崩颓之际，这样的历史环境给以天下为己任的他提供了施智展才的机遇，使得他以其辉煌的事功和杰出的学说，"文事武备"，成为"儒学第一流人物"，成为明代著名的思想家、政治家、军事家、教育家，并对后世产生了深远的影响。

王阳明一生事功赫赫，封伯赠侯，超然入圣，学名昭昭。而其学术与事功的发展脉络大体相应，大约可以正德初年为界分为前后两个时期，而每个时期又可以划分为若干发展阶段。

据文献记载，王阳明生有异质，卓然不凡。在他诞生之前，祖母梦见天神衣绯玉，云中鼓吹，抱一赤子，从天而降，祖父遂为他取名"云"，并名其居为"瑞云楼"。出生后，5岁尚不能言，但已默记祖父所读过的书。有一高僧过其家，摸着他的头说："好个孩儿，可惜道破。"祖父根据《论语·卫灵公》所云"知及之，仁不能守之，虽得之，必失之"，为他改名为"守仁"，随后他就开口说话了。11岁时随父进京，次年开始就读，以"学圣贤"作为自己的理想，而视科举为次。15岁出游居庸关、山海关，纵览山川形胜，慨然有经略四方之志。他性格机智，豪迈不羁，常与同伴以攻战为戏，且已精于骑射，十分向往东汉大将马援的功业。云游归来，有感于矛盾丛集、动乱频仍的社会现实，他屡欲上书朝廷，都因被其父斥为狂妄乃罢。17岁时，到洪都（今南昌）迎娶诸氏为妻。后偕夫人归余姚，在父亲的严督下学习经义，准备科举考试。日则随众课业，夜则浏览子史，学业大进。21岁在浙江乡试中举，接着两次会试均落第而归。但他却十分坦然："世以不得第为耻，吾以不得第动心为耻。"当时边事甚急，朝议纷纷，王阳明于是留心武事，精研兵家秘笈，每逢筵宴，喜欢谈兵论剑，甚至聚果核列阵为戏。这些早年的经历和修习，都为其后来的作为打下了基础。

弘治十二年（1499年），28岁的王阳明得中二甲进士，观政工部。次年上《陈言边务疏》，提出了一套切中时弊的军事策略。当年授刑部主事，接着奉命审录江北囚狱。不久告病归乡，游九华山，又筑室于绍兴阳明洞中，行神仙导引之术，后以不得正道作罢，到西湖养病。弘治十七年（1504年）主持山东乡试，是年又改任兵部武选司主事。次年，王阳明开始授徒讲学，慨然有倡明儒学之志。

正德元年（1506年），35岁的王阳明以其"直节"遭受了政治生涯中第一次沉重打击。当时，年仅15岁的荒唐皇帝明武宗朱厚照即位，奸宦刘瑾专权，朝政日非。朝中大臣联名上疏请罢刘瑾，却被刘瑾矫诏罢免；给事中戴铣等人上疏切谏，也被迫害下狱。王阳明抗疏救之，请皇帝"宥言官，去权奸"，结果被廷杖四十，逮系诏狱，不久被贬谪贵州龙场驿任驿丞。龙场位于今贵阳西北修文县境内，居民多为苗、彝等族，处万山丛棘之中，蛇虺成堆，瘴疠流行，荒蛮落后。龙场驿也仅有"驿丞一员，吏一名，马二十三匹，铺陈二十三副"。谪居生活是异常艰辛的，不仅水土不服，环境恶劣，还须种田、采蕨、砍柴、灌园、烧水、做饭，同时还有奸宦刘瑾的走卒（如巡抚王质等人）的迫害凌辱。正是在这样的逆境中，王阳明发挥其主观精神，日夜端居澄默，以求静一，得以内外合一，胸中洒落，"忽中夜大悟格物致知之旨……始知圣人之道，吾性自足，向之求理于事物者误也"。遂入心学之门，不久在此设立龙冈书院，授徒讲学，声名远播，后又受贵州提学副使席书之聘，讲学于府城文明书院，从学者日众。至正德五年（1510年）贬谪期满，迁江西庐陵知县，不久升南京刑部主事，次年又改任北京吏部主事，屡迁吏部考功郎中、南京太仆少卿、南京鸿胪寺卿等职。正德十一年（1516年）以兵部尚书王琼推荐任右佥都御史、巡抚南赣，从此开始了他一生靖难平乱、建功立业的辉煌之途。

巡抚南赣：当时的江西南部和福建汀州、漳州以及湖广边境一带是社会矛盾尖锐、农民起义活跃的地区，所谓的"巨寇"此起彼伏，自封王侯，攻掠府县，直接威胁着明王朝的统治。王阳明到任后采取了一系列有效措施：创行十家牌法，编十家为一牌，列出籍贯、姓名、年龄、形貌、职业，每天由一家按牌巡察，遇有可疑者当即报官，隐匿不报者十家连坐。疏请给予旗牌，提督军务，便宜行事；改革兵制，25人为伍，伍有小甲，二伍为队，队有总甲，四伍为哨，哨有哨长，二哨为营，营有营官，三营为阵，阵有裨将，二阵为军，军有副将，临事委任，递相罚治。在江西、福建、广东、湖广毗邻地区编练民兵，作为地方武装，专以守城防隘为事，配合官军作战。在此基础上他采取灵活机动的战略战术，或轻兵智取，或重兵围剿，或晓以大义，进行招抚，陆续将该地区的大小农民暴动一一平定。然后在要害地区设置了福建平和县、江西崇义县、广东和平县等，加强行政统治，进而订立乡约，建立学校，移风易俗，改革盐法，缓和社会矛盾，巩固思想统治，从而扭转了长期的动乱局面。王阳明由此被"远近惊为神"，他本人也因功迁都察院右副都御史，子世袭锦衣卫百户，再进副千户。

平定宁王之乱：正德十四年（1519年），继南赣告捷之后，王阳明又受命勘处福建叛军。行至丰城，得知宁王朱宸濠谋反，急趋吉安，征调兵粮，号召义勇，准备平叛；并上疏告变，传檄各地，起兵勤王。宁王反叛后，下九江，趋安庆，窥伺南京，王阳明用反间计迟滞叛军，其后趁宁王后方空虚之机，置安庆之围于不顾，毅然采取围魏救赵之计，率8万精兵直捣南昌。宁王回师救援，双方激战于鄱阳湖地区。王阳明最后利用火攻，大败叛军，生擒宁王朱宸濠并其世子、郡主、将军以及伪太师、国师、元帅、参赞、尚书、都督等官，进而收复南康、九江等所有失地，一场震惊朝野的大叛乱仅用35天（一说43天）就彻底平定了，充分显示了他的智勇谋略。

出征广西：王阳明平定宁王之乱，有功于社稷，不仅未获封赏，反而招致了一场灾祸。荒唐天子明武宗早想南巡游乐，得到宁王叛乱的报告后，遂自封"威武大将军"领兵亲征，命太监张永、张忠、许泰都督军事，借机南巡。行至良乡，宁王朱宸濠被擒的捷报传来，武宗仍不听劝谏，继续南下，张忠、许泰甚至向王阳明追索宁王，欲纵之鄱阳湖，待武宗与之交战后再纪功。王阳明恐贻害地方，不从，连夜赴钱塘将宁王交给张永。结果招致张忠、许泰的百般陷害，甚至诬之为宁王同党，"逸邪构煽，祸变叵测"。不久武宗卒，世宗即位，任王阳明为南京兵部尚书，后封新建伯。是年，王阳明又上书乞归，回到故乡。次年其父病逝，服丧尽孝。自此直到嘉靖六年（1527年），他一直在家聚徒讲学，总结反思自己的人生轨迹，发挥心学，超狂入圣，在学术上达到了一个新的高度。

嘉靖六年（1527年）五月，朝廷诏王阳明以原职兼都察院左都御史，总督两广兼巡抚，平定广西思恩、田州之乱。此前，思恩土官岑濬、田州土官岑猛相攻，被官军平定，改设流官统治。岑猛旧部卢苏、王受不服流官统治，聚众起事，并借交阯兵20万，攻陷田州、思恩府。提督两广军务的姚镆用兵无功，廷议决定起用王阳明总督两广兼巡抚，"复征"思恩府和田州。王阳明赴广西途中即上疏指出，流官之设徒有虚名而无益于事，应当仍用土官统治，未获准。到任后与巡按御史石金合议，采取攻心为上的招抚之策，遣散诸军，只留土兵数千，"解甲休息"。卢苏、王受感其诚意，主动请降，思、田之乱不战而平。王阳明奏闻于朝，陈用兵十害、招抚十善，请复设流官，析田州别立一州，以岑猛次子岑邦相署州事，下置十九巡检司，以卢苏、王受等任之，均受约束于流官知府。同时在当地创办学校，兴办书院，加强文治。至此，王阳明本可以班师凯旋，但他看到断藤峡、八寨的瑶僮诸族暴乱"其可忧危，奚啻十百于二酋者之为患"，于是不待诏令，出其不意，移师突袭围剿，把这个"根株渊薮"百余年来连绵不断的暴动一举荡平，西南边境得以安宁。

嘉靖七年（1528年）十月，王阳明肺病加剧，遂上疏告归，十一月二十九日，于归途中卒于江西南安。隆庆中，诏赠新建侯，谥文成，予世袭伯爵。万历中，又诏从祀于文庙。

《明史·王阳明传》载："王守仁始以直节著。比任疆事，提弱卒，从诸书生扫积年逋寇，平定孽藩。终明之世，文臣用兵制胜，未有如守仁者也。"其一生功业可谓赫赫，然而，正如他在正德十三年

（1518年）致友人信中所说："破山中贼易，破心中贼难。区区翦除鼠窃，何足为异？若诸贤扫荡心腹之窃，以收廓清平定之功，此诚大丈夫不世之伟绩！"其在仕途坎坷、戎马倥偬的一生中，主要精力还是致力于究心致知之学，透悟圣人之道，聚徒讲习，阐发心学，建立自己的学术思想体系。

根据黄宗羲《明儒学案》的说法，王阳明学术思想的动态发展可分为两个阶段：始则泛滥词章，继而遍读考亭（朱熹）之书，循序格物，无所得入，于是出入佛老久之，学凡三变而始得其门；学成之后，又经过诚意为学宗、专主致良知、超狂成圣人三变，所操益熟，所得益化，时时知是知非，时时无是无非，开口即得本心，更无假借凑泊，如赤日当空，而万象毕照。

泛滥词章：王阳明自幼聪异，涉猎广博，擅长诗赋文章。早在11岁赴京途经金山寺时即对客赋诗二首：

  金山一点大如拳，打破维扬水底天。
  醉倚妙高台上月，玉箫吹彻洞龙眠。

  山近月远觉月小，便道此山大于月。
  若人有眼大如天，还见山小月更阔。

后来在父亲的督导下学习经义，博览经史子集，词章功夫大进。22岁会试落第后，回乡与魏瀚等结诗社，对弈联诗。28岁进士及第后，与当时文坛巨子李梦阳、何景明等交游，仿古诗文颇享令誉。由于专心词章，遍读文献，以致31岁时便积劳成疾，于是他叹道："焉能以有限精神为无用之虚文"，从此淡于词章，而有志于心性之学。虽然如此，其诗文风格超逸，成就不凡，只是为其赫赫事功、心学成就所掩，少为人知罢了。

笃信朱学：王阳明早年就立志"读书学圣贤"，18岁赴江西成婚归家途中，拜谒明初大儒吴与弼的弟子娄谅，"语宋儒格物之学，谓圣人必可学而至，遂深契之"。中举后便遍求朱子之书读之，端坐省言，以仿圣人气象。一天，根据朱子所言一草一木皆至理，便以父亲官署中的竹子为对象，冥思苦想，以究格竹子的道理，到第七天便支撑不住。27岁时读朱子"居敬持志，为读书之本；循序致精，为读书之法"，于是感悔以前探讨虽博，而未尝循序以致精，改而循序以格物，收效颇好。但总感到物理吾心，终若判而为二，无法契合。沉郁久思，旧病复作，深感自己没有圣贤的天分，消沉之余，转而入于佛老，从此与朱学分道扬镳。

出入佛老：王阳明赴江西完婚之时，就曾入道教铁柱宫，叩问养生之道，学习导引之术，与道士对坐忘归。至笃信朱学，格物究理而致病，回到家乡休养，又对道教产生浓厚兴趣，"遂有遗世入山之意"。做官后奉命审录江北囚狱，游九华山无相寺、化城寺。归越后筑室阳明洞，静坐修炼，后又游西湖诸寺院，接触了禅宗切身顿悟的思想方法，但又依恋亲情，反对佛教出世败伦的主张。34岁时，始悟"谬矣三十年"，这一年他与陈献章的弟子湛若水一见订交，遂摒弃佛老之学，共以倡明圣学为事。

归宗儒学：龙场顿悟是王阳明学术思想的转折点。时在正德三年（1508年），他"居夷处困"，日夜端坐澄默以求静一；久之，胸中洒落，忽中夜大悟格物致知之旨，并以此说与五经相印证，莫不吻合，于是写下《五经臆说》。至此以"求理于吾心"否定了朱子格物以穷理的认识论，长期以来困扰着他的物理与吾心判然为二的疑团终于释然，从而奠定了自己的心学基点。

王阳明37岁之后思想发展又经历了三次飞跃。首先是大悟格物致知之旨，提出知行合一之说。他发明《大学》古本的宗旨，主张"大学之要，诚意而已矣。诚意之功，格物而已矣"。教导学者诚意息虑、默坐澄心，"去其心之不正以全其本体之正"（即格物）以达到知行合一。其次是在平定宁王之乱前后提出的致良知之教，主张

"致知者，诚意之本；格物者，致知之实"。"不本于致知，而徒以格物诚意者，谓之妄"。最后是超狂入圣，主张要成圣，首先要成为狂者，然后才能悟道而入圣。他收狂放任侠、放荡无羁的王畿为弟子，颇能体现这一思想。嘉靖三年（1524年）王阳明讲学会稽稽山书院，从者300余人。八月中秋，月白风清之夜，在天泉桥宴请门人，参加者百余人，酒至半酣，或歌唱，或投壶，或击鼓，或泛舟，兴致盎然，王阳明当即赋诗《月夜二首·与诸生歌于天泉桥》：

　　　　肯信良知原不昧，从他外物岂能撄？
　　　　老夫今夜狂歌发，化作钧天满太清。

　　　　影响尚疑朱仲晦，支离羞作郑康成。
　　　　铿然舍瑟春风里，点也虽狂得我情。

颇有些狂放不羁，任情恣意。至嘉靖六年（1527年）出征广西前夕，又应大弟子钱德洪与王畿所请，在天泉桥阐发了"无善无恶是心之体，有善有恶是意之动，知善知恶是良知，为善去恶是格物"的为学宗旨，并肯定了王畿所言"心体既是无善无恶，意亦是无善无恶，知亦是无善无恶，物亦是无善无恶"，这就是所谓的"四句教"和"四无说"，表明了阳明学术的基本思想和内在境界，史称"天泉证道"。

在对王阳明学术思想作过一番动态的纵向描述之后，我们再来对其基本内涵作以简单概括，进而分析其进步意义和深远影响。

阳明心学是从程朱理学中脱胎而来并走向程朱理学的对立面、进一步发扬南宋陆九渊的心学精神、以《大学》为框架并随着其本人生存体验的不断深化逐步建构起来的。其基本内容包括三个主要部分：一是心即理的人生论，一是知行合一的认识论，一是致良知的修养学说。

心者，天地万物之主，心外无理，心外无物，这是阳明心学的基本观点。他认为人为天地之心、万物之主，而人心"便是天地鬼神的主宰,天没有我的灵明,谁去仰它高?地没有我的灵明,谁去俯它深",而"圣人之学,心学也"。圣学便是圣人为了复原与万物为一体的本心,从而以父子有亲、君臣有义、夫妇有别、长幼有序、朋友有信来教化世人。因此他进一步提出"心即理也","以此纯乎天理之心,发之事父便是孝,发之事君便是忠"。而心意之所体现,必有其物,物即事。也就是说在社会现实生活中,如果没有主体意识的参与,一切社会实践活动就无法进行,这就是所谓的"心外无物(事)"的内涵。

针对当时社会上言行不一的现实以及朱子知先行后说的弊端,王阳明提出了知行合一之说。他认为知和行原本就是一个功夫。知是行的主意,行是知的功夫;知是行之始,行是知之成;知之真切笃实处即是行,行之明觉精察处即是知;真知即所以为行,不行不足以为知。总之,知行功夫本不可离,有知方有行,有行便有知,而知行的本体只有一个,那便是良知良能,而知行的功夫也只是一个,那便是致良知。

致良知是王阳明从百死千难中体察出来的"灵丹一粒"、"正法眼藏"。这是《大学》"致知"和《孟子》"良知"的结合,堪称是阳明心学的核心环节,他也自以为是"千古圣贤相传的一点真骨血"。良知便是天理之昭然明觉,良知便是天理,天理不外乎是仁义礼智、忠孝悌信等五伦百行的道德规范。而致良知便是通过主体的自我道德修养,从而合乎天理,体认良知。正如他本人所说的:"见到父亲自然知孝,见到兄长自然知悌,见到孺子入井自然知恻隐,此便是良知。"如果说前述之"王门四句教"是阳明学说的中心,那么致良知就是中心之中心,而"四无说"则是超狂入圣功夫的极致。致良知就是通过为圣的功夫即内在的道德重建,使其回复到明洁的、无善无恶的本心,回复到那个超越现实的自由之境。这一致良知统合了《大学》的格物、诚意、正心,其最高境界便是圣人,而良知原本人人固有，因而每个人都有成为圣人的可能性。王阳明把人的主观精神提高到空前的高度，构筑起自己的心学体系。

阳明心学是作为萎靡消沉、一潭死水的程朱理学的对立面出现的，尽管主观上是为了挽救儒学的颓势，重振理学的精神，但却与当时知识阶层自我意识觉醒、厌常喜新、追求自由的心态律动相应合，与晚明呼唤社会变革的历史潮流相一致。因此阳明登高一呼，在当时僵化沉寂的学术界确实起到了振聋发聩的作用，一时海内耸动，趋者若鹜，成为晚明学术的主流。晚明著名文学家袁宏道说："至近代王文成、罗盱江辈出，始能抉古圣精髓，入孔氏堂，揭唐虞竿，系文武铎，以号叫一时之聋聩。"其弟袁中道也说："自东越揭良知，以开天下学者，若披云见日矣。"明末史学家兼文学家张岱也说："阳明先生创良知之说，为暗室一炬。"明末清初大思想家黄宗羲则形容："可谓震霆启寐，烈耀破迷，自孔孟以来，未有若此深切著明者也。"可见其对打破程朱理学一统局面、促进思想解放和社会觉醒的巨大作用。

阳明心学积极的社会意义可以从以下几个方面来理解。

第一，他高扬主体精神，突出意识的能动性，把"心"作为万物之主、天地鬼神的主宰，不仅有助于破除思想迷信，打破程朱理学一统天下的沉寂局面，以充满活力的心来医治儒林的麻木和迂腐，进而成为晚明思想解放的催化剂。

第二，从"心外无理"论出发，认为学贵得之于心，不以孔孟的是非为是非，通过"求六经之实于吾心"这一环节，否定圣贤经典的绝对权威，进而走向冲击"圣贤经传"的境地。

第三，把玄妙而不可及的天理拉回到人们的"心"里来，认为通过自身的道德修养即可致"良知"即天理，简捷明快，否定了烦琐哲学，因而更接近于世俗。

第四，将圣人的概念通俗化，认为只要将自己内心固有的良知体认明白，即可达到圣贤气象；愚夫愚妇与圣人在本质上没有什么区别，因而人人皆可为尧舜，"见满街人都是圣人"并不足怪。这对呼唤主体意识的觉醒、新的社会思潮的启蒙无疑具有积极的意义。

第五，追求透明本心、胸中洒落、超狂入圣，充满生机和活力，其精神境界何等难得！王阳明任南京太仆少卿、督滁州马政之时，地僻官闲，日与门人游山水间，月夜则环龙潭而坐者数百人，歌声震山谷。又如嘉靖三年八月中秋之夜，他与弟子百余人宴饮天泉桥，酒至半酣，狂歌曼舞，击鼓泛舟，仰天长啸，如游于羲皇之世。这是多么的任性自如，又是何等的狂放豪迈！正如他本人所形容："一切纷嚣俗染俱不足以累其心，真有凤凰翔于千仞之意。"这在当时颓废消沉、礼教束缚的社会中不啻鼓荡起一阵清新的疾风。

第六，开启和诱发了王艮、颜山农、何心隐、李贽等王门后学的异端思想，形成晚明资本主义萌芽时期新兴市民阶层和下层知识分子的新思潮，从而成为近代以来资产阶级启蒙思想的先驱。

正是由于阳明心学呼唤主体意识的觉醒，强调个人价值和自我发展，既注重人性的自我修养，又具有明显的近代化色彩，因而对中外近现代社会产生了深刻的影响。尽管王学本身是为了挽救旧时代的腐朽和朱学的没落，但它终究打上了新时代的烙印，它在将理学发展到极致、完成其心本体论的同时，也为新时代的启蒙思潮提供了契机。其对人的主观能动性的充分肯定和对圣贤经传神圣地位的否定，都成为进步思想家打破封建伦常和冲击封建专制的精神武器，故而为近代以来一代代青年学子所倾心膺服和热切崇信，甚至对日本、朝鲜以及东亚地区各国也产生了广泛的影响力。尤其是日本，早在16世纪，阳明学已开始传入，此后便大有盛行之势，到幕府末期趋于活跃，对日后的明治维新产生了极为深刻的影响。高濑武次郎《日本之阳明学》一书指出："我邦阳明学之特色，在其有活动的事业家，藤树之大孝，蕃山之经论，执离之薰化，中乔之献身事业，乃至维新诸豪杰震天动地之伟业，殆无一不由王学所赐予。"有人甚至认为"日本就是以王阳明哲学为其民族的哲学"的。一代枭雄蒋介石更是终生崇拜王阳明。蒋氏早在20世纪初留学日本时，"不论在火车上、电车上或在轮渡上，凡是在旅行的时候，总看到许多日本人都在阅读王阳明的《传习录》，且有很多人读了之后，就闭目静坐，似乎是在聚精会神，思索这个哲学的精义"。于是他买来一大堆这类著作，阅读之后，"心领神驰"，奉为"终生导师"，一生受其影响甚巨。他所鼓吹的"力行"哲学，就是对王阳明"知行合一"和孙中山"知难行易"思想的演绎和曲解。到台湾后，又将所居草山改为阳明山，并在此创立"革命实践研究院"；其晚年著作，很大一部分便是对王阳明哲学作进一步研究。他还反复教育蒋经国研究王学，尤其是王阳明的致良知学说。

总之，阳明心学在整个东亚地区的影响是既深且巨的，现代新儒家更认为朱子学和阳明学"是前现代化时代东方社会中占统治地位的意识形态"。

当然，阳明心学也有其不可避免的缺陷。阳明吸取孟子"人人皆可为尧舜"的思想，注重个性发展，但过于强调致良知而否定具体知识的学习，与禅宗所倡的"顿悟"很相似。流弊所至，后学者只知高谈心性，不讲学问；更有甚者放浪形骸，提倡"酒色财气不破菩提路"。到了明末，王学末流只空喊致良知，随意胡闹，全然不顾国家安危。清初学者对此提出了尖锐批评："明之天下，不亡于流寇，不亡于朋党，而亡于学术。"

《传习录》三卷，是王阳明门人弟子所记录的王氏讲学言论及其答友人弟子的论学书信的汇编。与孔子门人编录《论语》一样，它包涵了王阳明全部的哲学体系及基本主张，堪称王门之圣书、心学之经典，是研究修习阳明心学的最基本的著作。

现代新儒家认为儒学分为内圣之道和外王之道，而内圣之道是儒学精神的核心，主张通过自我的道德修养，实现人格的完满，达到天人合一的崇高境界。在这方面，儒家思想有着不可比拟的优越性和永恒的精神价值。阳明心学心本体论的完成，标志着内圣之学发展的极致，对于东方民族精神的重铸和传统智慧的弘扬有着重大的现实意义。在求新求变、竞争激烈的现代社会中，阳明心学高扬主体意识，充分肯定人的主观能动性，打破圣贤经传的神秘和不可逾越性，对现代人的个性发展、思想的自由解放、事业的开拓奋进，以及维系社会伦理修养、敬业乐群等精神，都有着有益的启示和积极的促进。这正是王阳明及其《传习录》在东亚、东南亚等地备受青睐的原因所在，也是我们对之进行整理、推向社会的初衷。我们希望《传习录》这部传统智慧的经典圣书能在中国现代社会中发挥其应有的作用，为各界朋友修身处世、开拓创业提供积极的精神养分。

　　《传习录》是在王阳明生前及死后陆续编录和刊行的。正德十三年（1518年）八月，门人薛侃刊刻《初刻传习录》于江西赣州，包括正德七年至十三年的语录，分徐爱录、徐爱跋、陆澄录和薛侃录，此即今本之上卷。本卷业经王阳明本人审阅。嘉靖三年（1524年）十月，门人南大吉又命其弟逢吉校刻《续刻传习录》于越（今浙江绍兴），分上、下两册，上册即《初刻传习录》，下册为王阳明论学书八篇，并附《示弟立志说》及《训蒙大意》，此即今本之中卷（略有变动）。嘉靖三十四年（1555年），门人钱德洪在其同年曾才汉刊刻于荆州的《遗言》的基础上进行删定，于宁国水西精舍刊刻为《传习续录》，此即今本之下卷。次年，钱德洪统前三录付黄梅尹张君刻于蕲（今湖北蕲春）之崇正书院，分上、中、下三卷，《传习录》始成规模。隆庆六年（1572年），谢廷杰编刊《王文成公全书》（38卷本）时，将《传习录》列于其首，作为全书的一、二、三卷，成为通行的本子。此后，《传习录》或单行，或列于阳明文集的各种本子中，流传很广，其在中国台湾地区及日本、韩国等地的刊行就更为广泛了。

　　本次整理,是以四部丛刊影印隆庆六年《王文成公全书》本为底本进行注释和翻译的,上、中、下三卷分别由于自力、孔薇、杨骅骁点校、注释、翻译,于自力对全书进行了统稿。

目 录

上 卷

徐爱录 1

徐爱跋 32

陆澄录 34

薛侃录 89

中 卷

钱德洪序 135

答顾东桥书 138

答周道通书 181

答陆原静书（一） 192

答陆原静书（二） 196

答欧阳崇一 217

答罗整庵少宰书 227

答聂文蔚（一） 237

答聂文蔚（二） 247

训蒙大意示教读刘伯颂等 260

教约 263

下 卷

陈九川录 269
黄直录 288
黄修易录 299
黄省曾录 308
钱德洪录 316
钱德洪附记 359
黄以方录 361
钱德洪跋 386

徐爱^① 录

先生于《大学》"格物"^②诸说，悉以旧本^③为正，盖先儒所谓误本者也^④。爱始闻而骇，既而疑，已而殚精竭思，参互错综，以质于先生，然后知先生之说若水之寒，若火之热，断断乎"百世以俟圣人而不惑"者也^⑤。先生明睿天授，然和乐坦易，不事边幅。人见其少时豪迈不羁，又尝泛滥于词章，出入二氏之学，骤闻是说，皆目以为立异好奇，漫不省究。不知先生居夷三载^⑥，处困养静，精一之功^⑦固已超入圣域，粹然大中至正之归矣。

爱朝夕炙门下，但见先生之道，即之若易而仰之愈高，见之若粗而探之愈精，就之若近而造之愈益无穷。十余年来，竟未能窥其藩篱。世之君子，或与先生仅交一面，或犹未闻其謦欬，或先怀忽易忿激之心，而遽欲于立谈之间，传闻之说，臆断悬度，如之何其可得也？从游之士，闻先生之教，往往得一而遗二，见其牝牡骊黄而弃其所谓千里者。故爱备录平日之所闻，私以示夫同志，相与考而正之，庶无负先生之教云。

门人徐爱书

[注释]

①徐爱（1488~1518年）：字曰仁，号横山，浙江余杭人，王守仁的妹夫，也是王守仁的第一位和最得意的学生，有"王门颜回"之称，曾任工部

郎中。下文中的"爱"即徐爱的自称。②格物：推究事物的原理。语出《礼记·大学》："致知在格物，物格而后知至。"致知，意为扩展人心本有的辨别是非善恶的能力，获得对天理人性的充分认识。③旧本：指郑玄作注、孔颖达疏解的《礼记·大学》。④先儒：指程颢、程颐和朱熹。程颢（1032~1085年），字伯淳，号明道，洛阳人，官至监察御史。程颐（1033~1107年），字正叔，号伊川，曾任西京国子监教授、崇政殿说书。程颢、程颐为兄弟，合称二程，为北宋著名哲学家、教育家。朱熹（1130~1200年），字元晦，一字仲晦，号晦庵，别号紫阳，卒谥文，徽州婺源人，曾任秘阁修撰等职。他继承发展了二程的学说，集理学之大成，建立了博大精深的哲学思想体系，影响深远。著作有《四书章句集注》、《周易本义》、《诗集传》、《楚辞集注》，及后人编纂的《朱子语类》、《朱文公文集》等。误本：朱熹认为《大学》的旧本有误，便将《大学》的原文划分为经（一章）、传（十章），并对文字作了修改，增加了传一章。王守仁认为《大学》原来并无错误。⑤"断断乎"句：意为等到百代以后圣人出世也不会有疑惑。语出《礼记·中庸》："故君子之道……质诸鬼神而无疑，百世以俟圣人而不惑。"⑥居夷三载：正德元年（1506年），王守仁因上疏抗辩，获罪下狱，后贬谪贵州龙场（今修文县），前后三年。龙场当时尚未开化，故称"夷"。⑦精一之功：意为精纯的功夫。语出《尚书·大禹谟》："人心惟危，道心惟微，惟精惟一，允执厥中。"

[译文]

先生对于《大学》中"格物"等观点，都是以"旧本"为准，即朱熹所说的有许多错误的那个版本。我刚听说时很吃惊，进而有点怀疑，后来，我竭尽全力，将《大学》的两个版本相互比较分析，又向先生本人请教。经先生悉心指教，我才明白先生的学说如同水性清寒、火性炽热一样，绝对是《中庸》中所说的，即使百代之后圣人出现也不会怀疑的真理。先生天资聪慧，为人却和蔼坦诚，平易近人，不修边幅。人们只见先生年轻时豪放不羁，又曾经热衷于诗词文章，沉溺于佛、道两家学说。所以，猛然听到他的学说，都觉得是标新立异，荒诞不经而不屑深究。他们不了解先生在贬谪贵州的三年里，于困苦之中修养静思，精一的功夫已超凡入圣，进入绝对精纯的境界了。

我朝夕于先生门下亲聆教诲，深知先生的学说初接触感到很浅易，仔细研究就觉得很高深；乍看起来似乎很粗疏，认真钻研就觉得很精妙；刚接近好像很平常，深入学习却没有止境。十多年来，我竟然没能入门。当今的学者，有的仅与先生有一面之交，有的从未听过先生的教诲，有的先入为主地怀有轻蔑、愤怒而激动的情绪，没谈上几句就急于根据传闻臆说，妄加揣度，这样怎能真正理解先生的学说呢？跟随先生的学生们，聆听先生的教诲，经常是学到的少而遗漏的多，如同相马时，只看到了马的雌雄黑黄而忽略了千里马的特征。因此，我把平时听到的教诲全部记录下来，私下里给同学们看，相互考核订正，以不负先生的谆谆教诲。

学生徐爱书

一

爱问："'在亲民'，朱子谓当作'新民'，后章'作新民'之文似亦有据。先生以为宜从旧本作'亲民'，亦有所据否？"

先生曰："'作新民'之'新'，是自新之民，与'在新民'之'新'不同，此岂足为据？'作'字却与'亲'字相对，然非'亲'字义。下面'治国平天下'处，皆于'新'字无发明。如云'君子贤其贤而亲其亲，小人乐其乐而利其利'，'如保赤子'，'民之所好好之，民之所恶恶之，此之谓民之父母'之类，①皆是'亲'字意。'亲民'犹《孟子》'亲亲仁民'②之谓，'亲之'即'仁之'也。'百姓不亲'，舜使契为司徒，'敬敷五教'，③所以亲之也。《尧典》'克明峻德'便是'明明德'，④'以亲九族'至'平章'、'协和'，⑤便是'亲民'，便是'明明德于天下'。又如孔子言'修己以安百姓'⑥，'修己'便是'明明德'，'安百姓'便是'亲民'。说'亲民'便是兼教养意，说'新民'便觉偏了。"

[注释]

①"如云"之后所引之语皆出自《大学》。②亲亲仁民：语出《孟子·尽心上》："亲亲而仁民，仁民而爱物。"③"舜使契"二句：舜，传说中的五帝之一。契，商族的始祖，帝喾之子，曾助禹治水有功，被舜封为司徒，掌管教化之职。敷，布、施。五教，五种伦理道德，即父义、母慈、兄友、弟恭、子孝。④"《尧典》"句：克明峻德，语出《尚书·尧典》："克明俊德，以亲九族。"俊，通峻，高大。明明德，语出《大学》，意为弘扬善良的德性。⑤"以亲"句：语出《尚书·尧典》："克明俊德，以亲九族。九族既睦，平章百姓。百姓昭明，协和万邦，黎民于变时雍。"⑥修己以安百姓：语出《论语·宪问》："修己以安百姓，尧舜其犹病诸！"

[译文]

徐爱问："朱熹认为《大学》中的'在亲民'应当写作'新民'，后面一章有'作新民'的词句，好像可以作为依据。先生却认为应照旧本写作'亲民'，有什么根据吗？"

先生说："'作新民'中的'新'字，是自新之民的意思，与'在新民'的'新'不同，'作新民'怎么能作为'在新民'的根据呢？'作'与'亲'相对应，但不是'亲'的意思。下面'治国平天下'等处，对于'新'字都毫无阐发，如：'君子贤其贤而亲其亲，小人乐其乐而利其利'，'如保赤子'，'民之所好好之，民之所恶恶之，此之谓民之父母'等等，这些都是'亲'的意思。'亲民'就像《孟子》中所说的'亲亲仁民'，'亲之'就是仁爱的意思。百姓不仁爱，舜就让契担任司徒，'敬敷五教'，让他们互相亲近。《尧典》中说的'克明峻德'就是'明明德'，'以亲九族'到'平章'、'协和'就是'亲民'，就是'明明德于天下'。又如孔子说'修己以安百姓'，'修己'便是'明明德'，'安百姓'就是'亲民'，说'亲民'就是兼有养育教化的意思，朱子说'新民'就有些偏了。"

二

爱问:"'知止而后有定',朱子以为'事事物物皆有定理',①似与先生之说相戾?"

先生曰:"于事事物物上求至善,却是义外②也。至善是心之本体,只是'明明德'到至精至一处便是,然亦未尝离却事物。本注③所谓'尽夫天理之极,而无一毫人欲之私'者得之。"

[注释]

①知止而后有定:语出《大学》。事事物物皆有定理:这是朱熹对"知止而后有定"的解释。语出朱熹《大学或问》:"能知所止,则方寸之间,事事物物皆有定理矣。"②义外:语出《孟子·告子上》:"告子曰:'食、色,性也。仁,内也,非外也。义,外也,非内也。'"孟子反对告子义在心外的观点,认为仁和义都在人心之中。③本注:即朱熹《大学章句》第一章注:"明明德新民,皆当止于至善之地而不迁。盖必其有以尽夫天理之极,而无一毫人欲之私也。"

[译文]

徐爱问:"《大学》中的'知止而后有定',朱熹认为是说万事万物都有其特定的道理,这似乎与先生的学说相抵触。"

先生说:"在各种具体事物上探求最高的善,就是把义看成外在的了。至善是心的本体,只要'明明德'达到精一的境界就是至善了。但是,这一过程并没有和具体的客观事物相脱离。朱熹在《大学章句》中说只有'穷尽天理而心中无一毫私心杂念'的人,才能达到至善的境界。"

三

爱问:"至善只求诸心,恐于天下事理有不能尽?"

先生曰:"心即理①也,天下又有心外之事、心外之理乎?"

爱曰:"如事父之孝,事君之忠,交友之信,治民之仁,其间有许多理在，恐亦不可不察。"

先生叹曰："此说之蔽久矣，岂一语所能悟！今姑就所问者言之。且如事父，不成去父上求个孝的理；事君，不成去君上求个忠的理；交友、治民，不成去友上、民上求个信与仁的理。都只在此心，心即理也。此心无私欲之蔽，即是天理，不须外面添一分。以此纯乎天理之心，发之事父便是孝，发之事君便是忠，发之交友、治民便是信与仁。只在此心去人欲、存天理上用功便是。"

爱曰："闻先生如此说，爱已觉有省悟处。但旧说缠于胸中，尚有未脱然者。如事父一事，其间温凊定省②之类，有许多节目，不亦须讲求否？"

先生曰："如何不讲求？只是有个头脑，只是就此心去人欲、存天理上讲求。就如讲求冬温，也只是要尽此心之孝，恐怕有一毫人欲间杂；讲求夏凊，也只是要尽此心之孝，恐怕有一毫人欲间杂，只是讲求得此心。此心若无人欲，纯是天理，是个诚于孝亲的心，冬时自然思量父母的寒，便自要去求个温的道理；夏时自然思量父母的热，便自要去求个凊的道理。这都是那诚孝的心发出来的条件③，却是须有这诚孝的心，然后有这条件发出来。譬之树木，这诚孝的心便是根，许多条件便是枝叶，须先有根然后有枝叶，不是先寻了枝叶，然后去种根。《礼记》言：'孝子之有深爱者必有和气，有和气者必有愉色，有愉色者必有婉容。'④须是有个深爱做根，便自然如此。"

[注释]

①心即理：王守仁学说的核心命题。原为宋代理学家陆九渊提出的概念，为陆王心学与程朱理学（性即理）的分野。②温凊定省：语出《礼记·曲礼上》："凡为人子之礼：冬温而夏凊，昏定而晨省。"温，冬天让父母温暖。凊（qìng），夏天让父母凉快。定，夜里让父母睡得安稳。省，早上向父母问安。

③条件：即一件件具体事项。④"孝子"句：语出《礼记·祭义》。

[译文]

徐爱问："只在心中探求至善，恐怕不能穷尽世上万事万物的道理吧？"

先生说："心就是天理，世上哪还有存在于人心之外的事物和道理？"

徐爱说："像服侍父亲的孝心、辅助君主的忠心、交友的诚心、治理百姓的仁心，这中间包含有许多道理，恐怕也不能不加以考察吧？"

先生感慨道："这种观点蒙蔽人已经很久了，怎能一句话就说明白呢？现在姑且就你所问的问题谈一谈。比如侍奉父亲，不能从父亲身上寻求孝的道理；辅助君王，不能从君王那里寻找忠的道理；结交朋友、治理百姓，不能从朋友和百姓那里探求信和仁的道理。这些道理、信念都在我们心中，人心就是天理。人心不被私欲蒙蔽，至纯至精，就是天理，不需要从外面添加一丝一毫。这种纯属天理的心，表现在服侍父亲上就是孝，表现在辅助君王上就是忠，表现在交友、治理百姓上就是信和仁。只要在心中下功夫摒弃私欲、存养天理就行了。"

徐爱说："听先生这么一说，我已觉得有所省悟。但过去的观念仍然萦绕心中，我还没有彻底摆脱出来。比如侍奉父亲，使其冬暖夏凉、早晚请安等有许多细节，不也需要讲求吗？"

先生说："怎么能不讲求呢？只是要有一个侧重点，只在抛弃私欲、保存天理方面去探求。像父母冬天的保暖问题，仅仅是要尽自己的孝心，唯恐有丝毫私欲夹杂其间；像父母夏天防暑的问题，也仅仅是要尽自己的孝心，唯恐有丝毫私欲夹杂其间。只是讲求有这份心。心中如果没有私欲，纯为天理，是颗虔诚孝敬的心，冬天自然会想到父母的寒冷，夏天自然会想到他们的燥热，自然会去寻求保暖、防暑的道理。这都是那颗诚孝的心所产生出来的结果，只有先有虔诚的心，才会产生出这样的结果。比如树木，虔诚的心是树根，那许多体现出来的具体事项就是枝叶，必须先有根，然后才会有枝叶，而不是先寻求枝叶，然后才去种树根。《礼记》说：'深爱父母的孝子，对待双亲一定会很和气；有和气的态度，必定有愉快的气色；有愉快的气色，必定有让父母高兴的表情。'必须有深爱做根，就自然会如此。"

四

郑朝朔①问："至善亦须有从事物上求者？"

先生曰："至善只是此心纯乎天理之极便是，更于事物上怎生求？且试说几件看。"

朝朔曰："且如事亲，如何而为温清之节，如何而为奉养之宜，须求个是当方是至善。所以有学问思辨②之功。"

先生曰："若只是温清之节、奉养之宜，可一日二日讲之而尽，用得甚学问思辨？惟于温清时，也只要此心纯乎天理之极；奉养时，也只要此心纯乎天理之极。此则非有学问思辨之功，将不免于毫厘千里之谬。所以虽在圣人，犹加'精一'之训。若只是那些仪节求得是当，便谓至善，即如今扮戏子，扮得许多温清奉养的仪节是当，亦可谓之至善矣！"

爱于是日又有省。

[注释]

①郑朝朔：名一初，广东揭阳人，官至监察御史。王守仁任吏部主事时，朝朔为御史，曾向阳明问学。②学问思辨：语出《中庸》："博学之，审问之，慎思之，明辨之，笃行之。"

[译文]

郑朝朔问："至善也有必须从具体事物上探求的吗？"

先生说:"至善只是使自己的心达到纯粹天理的境界,怎么能在具体事物上寻求呢?你举几个例子说说看。"

朝朔说:"例如侍奉父母,怎样才能算防寒降暑适度、侍奉赡养适当,必须探求个标准才算是至善。所以就有了学习、询问、思考、辨别的功夫。"

先生说:"如果仅仅是防寒降暑、奉养适宜的问题,一两天就可以搞清楚,还需要什么学问思辨?为父母保暖降温、侍奉赡养时,也只要自己的心至纯至精成为天理就行了。而要做到这一点,如果没有学问思辨的功夫,就不免差之毫厘,谬以千里了。所以,即使是圣人,仍然要用'惟精惟一'的功夫。如果只是把礼节讲求得恰当,便认为是至善,那么现在的演员在舞台上恰当地表演了许多对父母保暖防寒、侍奉赡养的礼节仪式,也可以称之为至善了。"

徐爱在这天又有所省悟。

五

爱因未会先生知行合一之训,与宗贤①、惟贤②往复辩论,未能决,以问于先生。

先生曰:"试举看。"

爱曰:"如今人尽有知得父当孝、兄当弟者,却不能孝不能弟,便是知与行分明是两件。"

先生曰:"此已被私欲隔断,不是知行的本体了。未有知而不行者,知而不行只是未知。圣贤教人知行,正是要复那本体,不是着你只恁的便罢。故《大学》指个真知行与人看,说'如好好色,如恶恶臭'③。见好色属知,好好色属行,只见那好色时已自好了,不是见了后又立个心去好;闻恶臭属知,恶恶臭属行,只闻那恶臭时已自恶了,不是闻了后别立个心去恶。如鼻塞人虽见恶臭在前,鼻中不曾闻得,便亦不甚恶,亦只是不曾知臭。就如称某人知孝、某人知弟,必是其人已曾行孝、行弟,方可称他知孝、知弟。不成只是晓得说些孝、弟的话,便可称为知孝、知弟?又如知痛,必已自痛了方知痛;知寒,必已自寒了;知饥,必已自饥了。知行如何分得开?此便是知行的本体,不曾有私意隔断的。圣人教人必要是如此,方可谓之知。不然只是不曾知,此却是何等紧切着实的功夫!如今苦苦定要说知行做两个是什么意?某要说做一个是什么意?若不知立言宗旨,只管说一个两个,亦有甚用?"

爱曰:"古人说知行做两个,亦是要人见个分晓,一行做知的功夫,一行做行的功夫,即功夫始有下落。"

先生曰:"此却失了古人宗旨也。某尝说,知是行的主意,行是知的功夫;知是行之始,行是知之成。若会得时,只说一个知,已自有行在;只说一个行,已自有知在。古人所以既说一个知,又说一个行者,只为世间有一种人,懵懵懂懂的任意去做,全不解思惟省察,也只是个冥行妄作,所以必说个知,方才行得是。又有一种人,茫茫荡荡④悬空去思索,全不肯着实躬行,也只是个揣摸影响,所以必说一个行,方才知得真。此是古人不得已补偏救弊的说话,若见得这个意时,即一言而足。今人却就将知行分作两件去做,以为必先知了然后能行。我如今且去讲习讨论做知的功夫,待知得真了方去做行的功夫,故遂终身不行,亦遂终身不知。此不是小病痛,其来已非一日矣。某今说个知行合一,正是对病的药,又不是某凿空杜撰,知行本体原是如此。今若知得宗旨时,即说两个亦不妨,亦只是一个;若不会宗旨,便说一个,亦济得甚事?只是闲说话。"

[注释]

①宗贤:黄绾(1477~1551年),字宗贤,号久庵,浙江黄岩人。官至礼

部尚书，王守仁的学生。②惟贤：顾应祥（1483~1565年），字惟贤，号箬溪，浙江长兴人。官至兵部侍郎，王守仁的学生。③如好好色，如恶恶臭：语出《大学》："所谓诚其意者，毋自欺也。如恶恶臭，如好好色，此之谓自谦。"④茫茫荡荡：空旷远大的样子。

[译文]

徐爱因没有领会先生知行合一的教导，与宗贤、惟贤反复辩论，仍未搞清楚，于是向先生请教。

先生说："举几个例子来看看。"

徐爱说："比如现在的人都知道应当孝顺父母、尊敬兄长，但实际上却做不到孝顺、尊敬，由此可见知和行分明是两件事。"

先生说："这种人的知和行已经被私欲隔断了，不是知行本来的面目。没有知而不行的，知而不行，只是不知。圣贤教育人们认识、实践，就是要恢复知行本来的面目，不是只简单地告诉你如何认识、实践。因此，《大学》给出了一个真正知行的例子，就是'如同喜欢美色，如同厌恶腐臭'。看到美色属于知，喜欢它则属于行，你一看到美色就自然喜欢它了，而不是看见后才生出个好色之心去喜欢；闻到腐臭味属于知，讨厌它属于行。你一闻到恶臭就自然讨厌它了，而不是先闻到才生出个厌臭之心去讨厌它。好比鼻子不通气的人虽然看到前面的恶臭，鼻子中没有闻到，也就不太讨厌，这就是不曾认识到臭。同样，我们说某人孝顺父母、尊敬兄长，一定是此人已经做到了孝悌，才说他知道孝悌。难道仅仅是他说了些孝顺、尊敬的话，就说他知道孝悌吗？又例如知道痛，一定是自己已经痛了，才知道痛；知寒、知饥，一定是自己已经受寒、饥饿了。知和行如何分得开？上面这些例子就是知行本来的面目，二者还没有被私欲隔开。圣贤教育人，一定是这样才能称为知，否则就是还没有真正知。这是多么重要而实在的功夫呀！现在非要说知和行是两回事，知行不合一，是什么意思？我把知和行、认识和实践作为一个整体看是什么意思？如果不明白我立言的宗旨，只管争论知和行是一回事还是两回事，又有什么用？"

徐爱说："古人把知和行当作两件事，也只是让人有个分别，好弄明白。一边做认识的功夫，一边做实践的功夫，这样功夫才能更好地落到实处。"

先生说："这样理解反而失去了古人的本意了。我曾经说过，知是行的宗旨，行是知的落实；知是行的开始，行是知的结果。如果领会了这一学说，谈到知，已经包含有行；说到行，已经包含有知。古人之所以既说知又说行，只是因为世上有一种人，迷迷糊糊，任着自己的性子去做，不假思索，也只是肆意妄行，因此你必须跟他讲知的道理，他才能行得正确。世上还有一种人，整天空想，不肯脚踏实地付诸行动，也只是主观猜度，因此你必须跟他讲行的道理，他才能正确地知。这是古人为了补偏救弊而不得已采用的说法，若是真正领会了其中含义，把知和行合起来，一句话就可以说清了。现在的人却把知和行当做两件事，认为一定得先有认识，然后才能实践。我现在如果只去讲习讨论如何做到知的功夫，等到真正知了才去做行的功夫，那就会终生不付诸实践，也终生一无所知。这可不是小毛病，其由来已久了。我现在说知行合一，正是对症的药，而不是凭空杜撰，知行的本来面目就是这样。如果掌握了知行合一的宗旨，就算把它们说成两件事也无妨，本质上还是一回事。如果没有领会知行合一的宗旨，就是说它们是一回事，又有什么作用？只是说些无用的话而已。"

六

爱问："昨闻先生'止至善'[①]之教，已觉功夫有用力处，但与朱子'格物'之训[②]，思之终不能合。"

先生曰："'格物'是'止至善'之功，既知'至善'，即知'格物'矣。"

爱曰："昨以先生之教推之'格物'之说，似亦见得大略。但朱子之训，其于《书》之'精一'，《论语》之'博约'③，《孟子》之'尽心知性'，皆有所证据，以是未能释然。"

先生曰："子夏笃信圣人，曾子反求诸己。④笃信固亦是，然不如反求之切。今既不得于心，安可狃于旧闻，不求是当？就如朱子亦尊信程子，至其不得于心处，亦何尝苟从？'精一'、'博约'、'尽心'，本自与吾说吻合，但未之思耳。朱子'格物'之训，未免牵合附会，非其本旨。'精'是'一'之功，'博'是'约'之功。曰仁既明知行合一之说，此可一言而喻。'尽心知性知天'，是'生知安行'事；'存心养性事天'，是'学知利行'事；'夭寿不贰，修身以俟'，是'困知勉行'事。⑤朱子错训'格物'，只为倒看了此意，以'尽心知性'为'格物知至'，要初学便去做'生知安行'事，如何做得？"

爱问："'尽心知性'何以为'生知安行'？"

先生曰："性是心之体，天是性之原，尽心即是尽性。惟天下至诚为能尽其性，知天地之化育。⑥'存心'者，心有未尽也。'知天'，如知州、知县之'知'，是自己分上事，己与天为一。'事天'，如子之事父、臣之事君，须是恭敬奉承，然后能无失，尚与天为二。此便是圣贤之别。至于'夭寿不贰'其心，乃是教学者一心为善，不可以穷通夭寿之故，便把为善的心变动了，只去修身以俟命。见得穷通夭寿有个命在，我亦不必以此动心。'事天'虽与天为二，已自见得个天在面前；'俟命'便是未曾见面，在此等候相似。此便是初学立心之始，有个困勉的意在。今却倒做了，所以使学者无下手处。"

爱曰："昨闻先生之教，亦影影见得功夫须是如此。今闻此，益无可疑。爱昨晓思，'格物'的'物'字，即是'事'字，皆从心上说。"

先生曰："然。身之主宰便是心，心之所发便是意，意之本体便是知，意之所在便是物。如意在于事亲，即事亲便是一物；意在于事君，即事君便是一物；意在于仁民、爱物⑦，即仁民、爱物便是一物；意在于视、听、言、动，即视、听、言、动便是一物。所以某说：'无心外之理，无心外之物。'《中庸》言'不诚无物'⑧、《大学》'明明德'之功，只是个'诚意'，'诚意'之功，只是个'格物'。"

先生又曰："'格物'如孟子'大人格君心'⑨之'格'，是去其心之不正，以全其本体之正。但意念所在，即要去其不正以全其正，即无时无处不是'存天理'，即是'穷理'。'天理'即是'明德'，'穷理'即是'明明德'。"

又曰："知是心之本体，心自然会知。见父自然知孝，见兄自然知弟，见孺子入井自然知恻隐。此便是良知⑩，不假外求。若良知之发，更无私意障碍，即所谓'充其恻隐之心，而仁不可胜用矣'。然在常人不能无私意障碍，所以须用'致知'、'格物'之功，胜私复理。即心之良知更无障碍，得以充塞流行，便是致其知，知致则意诚。"

[注释]

①"止至善"：达到最高的道德境界。语出《礼记·大学》："大学之道，在明明德，在亲民，在止于至善。"王守仁认为人性本为至善，只是被蒙蔽了，恢复它到原来的状况就是了。②朱子"格物"之训：语出朱熹《大学章句》："所谓致知在格物者，言欲致吾之知，在即物而穷其理也。"③博约：语出《论语·雍也》："君子博学于文，约之以礼。"④子夏：姓卜，名商，孔子的学生。曾子：名参，字子舆，孔子的学生。一般认为他是《大学》的作者。⑤"尽心知性知天"、"存心养性事天"、"夭寿不贰，修身以俟"：语出《孟子·尽心

上》:"尽其心者,知其性也;知其性,则知天矣。存其心养其性,所以事天也;夭寿不贰,修身以俟,所以立命也。""心"指人的善良本心,"性"指人的本性(善性),"天"指天命、天理。这段话讲的是做人的三种境界,意思是:一个人能够尽力扩张善心,就可以体悟人的本性;体悟了人的本性,就可以通晓天命,达到天人合一的最高境界。次一级的境界是保持善心而不使良心泯灭,涵养德性而不堕落,这是恭敬地顺应天命;再次一级的境界是不管寿命长短都不改变信念,坚持修身养性,以待天命的安排,做到心神坦然。"生知安行"、"学知利行"、"困知勉行":语出《中庸》:"天下之达道五,所以行之者三。曰:君臣也,父子也,夫妇也,昆弟也,朋友之交也,五者天下之达道也;知、仁、勇,三者天下之达德也,所以行之者也。或生而知之,或学而知之,或困而知之;及其知之,一也。或安而行之,或利而行之,或勉强而行之;及其成功,一也。""知、仁、勇"的"知"通"智",指聪明、有智慧;"或生而知之"的"知"指明白、通晓。这段话讲的是学习和实践为人之道的三种境界,意思是:君臣、父子、夫妇、兄弟和交友的关系是社会人生最基本的伦理规范,聪明、善良、勇敢是实践这一为人之道的最基本的品性。为人之道,有人天生就懂,有人经过学习才懂,有人历经迷惘和挫折的磨砺才懂,不管通过什么途径,只要最终懂得了,就都是一样的;为人处事,有人出于本能就做得很好,有人稍加训练就很容易做好,有人经过艰苦努力才会做,不管过程如何,只要成功了,就都是一样的。⑥"惟天下"句:语出《中庸》:"惟天下至诚,为能尽其性;能尽其性,则能尽人之性;能尽人之性,则能尽物之性;能尽物之性,则可以赞天地之化育;可以赞天地之化育,则可以与天地参矣。"⑦仁民、爱物:语出《孟子·尽心上》:"亲亲而仁民,仁民而爱物。"⑧不诚无物:语出《中庸》:"诚者,物之终始,不诚无物。"这是一个比喻,即任何事物都遵循兴替生灭这个规律,这就是诚;没有哪一个事物不遵循兴替生灭的规律,所以不诚就没有万事万物。⑨大人格君心:语出《孟子·离娄上》:"惟大人惟能格君心之非。"格,正,纠正。⑩良知:语出《孟子·尽心上》:"人之所不学而能者,其良能也;所不虑而知者,其良知也。"意为先天具有的辨别是非善恶的能力。

[译文]

徐爱问:"昨天听先生讲解'止至善',我已知道功夫往哪儿下了。但想来想去总觉得与朱熹'格物'的观点不一致。"

先生说:"'格物'是'止至善'的功夫,既然明白了'至善',也就明白了'格物'。"

徐爱说:"昨天以先生的教诲推究朱熹'格物'的学说,我大致上理解了。但朱熹的解释,有《尚书》中的'精一'、《论语》中的'博约'、《孟子》中的'尽心知性'作依据,所以我还是没有完全明白。"

先生说:"子夏虔诚地相信圣人,曾子反省探求。相信圣人固然不错,却没有自己反省探求能理解得深刻。你现在既然没有搞清楚,怎么能因循旧说,而不探求正确的答案呢?就拿朱熹来说,他也尊崇相信程子,但是他心中不明白的地方,何尝盲从过?'精一'、'博约'、'尽心'等观点,本来同我的学说是吻合的,只是你没有认真思考。朱熹'格物'的说法,不免有点牵强,不是《大学》中所说的'格物'的本意。求精是达到根本道理的功夫,博览多学是达到简洁明了的功夫。你已经明白了知行合一的学说,这一句话就可说清了。'尽心知性知天'是'生知安行'的人能够做的事,'存心养性事天'是'学知利行'的人能够做的事,'夭寿不贰,修身以俟'是'困知勉行'的人做的事。朱熹错误地解释'格物',只是因为他颠倒了因果关系,认为'尽心知性'就是'格物知至',要求初学者去做'生知安行'的事,怎么做得到呢?"

徐爱问:"'尽心知性'怎么会是'生知安行'的人才能做的事呢?"

先生说:"人的本性是心的本体,天理是人性的本源,因此尽力扩张善良的本心就是彻底发挥人性。《中庸》说:'只有天下最虔诚的人,才能完全彻底地发挥人的本性,认识到天地万物的形成变化'。所谓'存心',反过来说就是没有做到'尽心'。'知天'的'知'如同知州、知县的'知',对天理的认识就像州官、县官治理州县那样是分内之事、理所当然，通晓天理也就是已经与天合二为一。'事天'就好比儿子侍奉父亲，臣子辅助君王，必须是恭恭敬敬小心伺候才能避免过失，还没有与天合为一体，这正是圣人与贤人的差别之所在。至于'夭寿不贰'其心，是教育人始终如一地行善，不能因为处境好坏、寿命长短而改变动摇行善的心，而只管去修身养性，至于结果如何，听天由命就是了。知道困厄腾达、寿命长短是由天命注定，我们也不必因此而动摇本心。'事天'虽然还没有达到天人合一的境界，但已经知道天命的存在了。等待命运的安排，与等待一个从来没有见过面、不知道对方长什么样的人是一样的。也就是说，初学的人开始确立志向的时候，有在困境中努力的意思。朱熹把这一循序渐进的程序搞颠倒了，所以使初学者无从下手。"

徐爱说："昨天听了先生的教导，已隐隐约约体会到应当这样下功夫。今天又听了先生的解释，豁然开朗，再无一丝疑虑了。我昨天早上想'格物'的'物'字就是'事'字，是从心上来讲的。"

先生说："是呀。身体的主宰就是心，心所发挥出来的就是意念，意念的本源就是感知，意念所指的东西就是事物。例如，我们的意念在侍奉父母上，那么侍奉父母就是一件事物；我们的意念在侍奉君王上，那么侍奉君王就是一件事物；我们的意念在关心百姓、爱护万物上，那么关心百姓、爱护万物就是一件事物；我们的意念在视、听、言、行上，那么视、听、言、行就是一件事物。所以我说：'本心之外没有天理，本心之外没有事物。'《中庸》上说'不真诚就没有万事万物'，《大学》中说的'弘扬崇高德性'的功夫，讲的都是要思想真诚，思想真诚的功夫，就是认识事物的本质和规律。"

先生又说："'格物'的'格'就像孟子所说'大人格君心'的'格'，意思是去掉内心的邪念，以保全本体的纯正。一旦思想萌动，就要去掉其中的邪念，以保证思想的公正纯粹，也就是时时处处保养心中的天理,这就是穷尽天理。'天理'就是'明德','穷理'就是'明明德'。"

先生又说:"知是心的本体,心自然会感知。见到父亲自然知道孝顺,见到兄长自然知道尊敬,见到小孩掉到井里自然会产生恻隐之心。这就是良知,不需要到心外去寻求。如果良知发现,又没有私心杂念阻碍,就是孟子所说的'充分发挥恻隐之心,仁爱的感情就取之不尽用之不竭'。但是对一般人来说,不可能没有私心杂念,所以必须用'致知'、'格物'的功夫,战胜私欲恢复天理,也就是使心中的良知再无私欲阻碍,充满心田,发挥自如,这就是致其知。良知恢复了,思想就能真诚专一。"

七

爱问:"先生以'博文'为'约礼'①功夫,深思之未能得,略请开示。"

先生曰:"'礼'字即是'理'字。'理'之发见可见者谓之'文','文'之隐微不可见者谓之'理',只是一物。'约礼'只是要此心纯是一个天理。要此心纯是天理,须就'理'之发见处用功。如发见于事亲时,就在事亲上学存此天理;发见于事君时,就在事君上学存此天理;发见于处富贵贫贱时,就在处富贵贫贱上学存此天理;发见于处患难、夷狄时,就在处患难、夷狄上学存此天理。至于作止、语默,无处不然,随他发见处,即就那上面学个存天理。这便是'博学之于文',便是'约礼'的功夫。'博文'即是'惟精','约礼'即是'惟一'。"

[注释]

①博文、约礼:语出《论语·雍也》:"君子博学于文,约之以礼,亦可以弗畔矣夫!"意为君子广泛地学习文化典籍,用礼的精神来统率思想,就可以不违背天理了。畔,通'叛'。

[译文]

徐爱问:"先生认为'博文'是'约礼'的功夫,我想了很久却不明白,请先生简单地给我讲一讲。"

先生说:"'礼'就是'理','理'表现出来被人看见就是'文','文'隐藏看不见则为'理','礼'和'理'是同一个东西。'约礼'就是要使心至纯至精而为天理。要做到这一点,必须在'理'显现出来的地方下功夫。例如,显现在侍奉双亲时,就在事亲上学习存养天理;显现在侍奉君王时,就在事君上学习存养天理;显现在身处富贵或贫贱时,就要在富贵或贫贱中学习存养天理;显现在身处患难中或夷狄之邦时,就要在患难中或夷狄之邦学习存养天理。至于是行动还是静止,说话还是沉默,无不如此,随时随地都要不忘存养天理。这就是'博学之于文',就是'约礼'的功夫。'博文'就是'惟精',就是要广泛地在万事万物上学习存养天理的方法,其目的是求得至纯至精;'约礼'就是'惟一',即求得天理的统一与完整,因为天理只有一个。"

八

爱问:"'道心常为一身之主,而人心每听命'①,以先生'精一'之训推之,此语似有弊。"

先生曰:"然。心一也。未杂于人谓之道心,杂以人伪谓之人心。人心之得其正者即道心,道心之失其正者即人心,初非有二心也。程子谓:'人心即人欲,道心即天理。'②语若分析,而意实得之。今曰'道心为主而人心听命',是二心也。'天理''人欲'不并立,安有'天理'为主,'人欲'又从而听命者?"

[注释]

①道心、人心:语出《尚书·大禹谟》:"人心惟危,道心惟微。"朱熹《中庸章句·序》云:"必使道心常为一身之主宰,而人心每听命焉。"道心指

合乎天理的心，人心指私欲之心。②人心即人欲，道心即天理：语出《河南程氏遗书》："人心，私欲也；道心，正心也。"

[译文]

徐爱问："朱熹说'道心常为一身之主，而人心每每听命于道心'，根据先生对'精一'之说的解释来推敲，这句话好像有弊病。"

先生说："对。心只有一个，没有掺杂私欲时称之为道心，掺杂私欲时称之为人心。人心能够达到纯正就是道心，道心失去纯正就成为人心，原来并不是有两个心。程颐先生认为，'人心就是人的私欲，道心就是天理'，这句话似乎把人心和道心一分为二了，但他的意思实际是合一的。而朱熹认为道心是人心的主宰，人心听命于道心，这就成为两个心了。天理、人欲二者不能并存，怎么会有天理为主宰，人欲又听命于天理的说法呢？"

九

爱问文中子①、韩退之②。

先生曰："退之，文人之雄耳。文中子，贤儒也。后人徒以文词之故，推尊退之，其实退之去文中子远甚。"

爱问："何以有拟经之失？"

先生曰："拟经恐未可尽非。且说后世儒者著述之意，与拟经如何？"

爱曰："世儒著述，近名之意不无，然期以明道，拟经纯若为名。"

先生曰："著述以明道，亦何所效法？"

爱曰："孔子删述《六经》③以明道也。"

先生曰："然则拟经独非效法孔子乎？"

爱曰："著述即于道有所发明，拟经似徒拟其迹，恐于道无补。"

先生曰："子以明道者，使其反朴还淳而见诸行事之实乎？抑将美其言辞而徒以诧诧于世也？天下之大乱，由虚文胜而实行衰也。使道明于天下，则《六经》不必述。删述《六经》，孔子不得已也。自伏羲画卦至于文王、周公④，其间言《易》如《连山》、《归藏》⑤之属，纷纷籍籍，不知其几，《易》道大乱。孔子以天下好文之风日盛，知其说之将无纪极，于是取文王、周公之说而赞之，⑥以为惟此为得其宗。于是纷纷之说尽废，而天下之言《易》者始一。《书》、《诗》、《礼》、《乐》、《春秋》皆然。《书》自《典》、《谟》⑦以后，《诗》自《二南》⑧以降，如《九丘》、《八索》⑨，一切淫哇逸荡之词，盖不知其几千百篇。《礼》、《乐》之名物度数，至是亦不可胜穷。孔子皆删削而述正之，然后其说始废。如《书》、《诗》、《礼》、《乐》中，孔子何尝加一语？今之《礼记》诸说，皆后儒附会而成，已非孔子之旧。至于《春秋》，虽称孔子作之，其实皆鲁史旧文。所谓'笔'者，笔其书；所谓'削'者，削其繁，是有减无增。孔子述《六经》，惧繁文之乱天下，惟简之而不得，使天下务去其文以求其实，非以文教之也。《春秋》以后，繁文益盛，天下益乱。始皇焚书⑩得罪，是出于私意，又不合焚《六经》。若当时志在明道，其诸反经叛理之说，悉取而焚之，亦正暗合删述之意。自秦汉以降，文又日盛，若欲尽去之，断不能去，只宜取法孔子，录其近是者而表章之，则其诸怪悖之说亦宜渐渐自废。不知文中子当时拟经之意如何，某切深有取于其事，以为圣人复起不能易也。天下所以不治，只因文盛实衰，人出己见，新奇相高，以眩俗取誉，徒以乱天下之聪明，涂天下之耳目，使天下靡然，争务修饰文词，以求知于世，而不复知有敦本尚实、反朴还淳之行。是皆著述者有以启之。"

[注释]

①文中子：王通（584~618年），字仲淹，隋朝绛州龙门（今山西河津）人。曾任蜀郡司户书佐，后弃官，以讲学著书为业。曾仿《春秋》、《论语》著《元经》、《中说》等，主张儒、佛、道三教合一，以儒为主。②韩退之：韩愈（768~824年），字退之，唐朝河阳（今河南孟州）人，官至吏部侍郎。韩愈是中唐文学家和哲学家，为古文运动领袖，倡导儒学，排斥佛、道，为宋明理学的滥觞。著有《韩昌黎集》。③孔子删述《六经》：孔子晚年编修删改《尚书》、《礼记》、《诗经》、《乐经》、《易经》和《春秋》六种经典，即后世所谓《六经》。④自伏羲画卦至于文王、周公：《周易·系辞下》："古者包牺氏之王天下也，仰则观象于天，俯则观法于地，观鸟兽之文与地之宜，近取诸身，远取诸物，于是始作八卦，以通神明之德，以类万物之情。"伏羲是传说中的三皇之一，相传是八卦的发明人。周文王被商纣王囚于今河南安阳的羑里，将八卦演绎为六十四卦，并作卦辞，周公作爻辞。⑤《连山》、《归藏》：《连山》相传为夏朝的《易》，以艮卦为首，上艮下艮如山连绵，得名。《归藏》相传为商朝的《易》，以坤卦为首，坤为地，万物皆归藏于地，得名。后都失传。⑥"孔子以天下"句：传说孔子作《彖传（上下）》、《象传（上下）》、《系辞（上下）》、《文言传》、《说卦传》、《序卦传》、《杂卦传》等，以解释《周易》，共十篇，称十翼。后人研究认为，十翼并非一人之作，为战国至秦期间的著作。赞，辅助，辅佐。⑦《典》、《谟》：指《尚书》中的《尧典》、《舜典》、《大禹谟》和《皋陶谟》、《益稷谟》，共称为二典三谟。谟，计谋，谋略。⑧《二南》：即《诗经》中的《周南》、《召南》等篇。⑨《九丘》、《八索》：远古时代的书名。孔安国《古文尚书序》："八卦之说，谓之《八索》，求其义也。九州之志，谓之《九丘》。丘，聚也。言九州所有、土地所生、风气所宜，皆聚此书也。"⑩始皇焚书：秦始皇三十四年（前213年），秦始皇采纳宰相李斯的建议，下令焚烧《秦纪》以外的列国史书，对不属于博士官的私藏《诗》、《书》等也限期缴出烧毁，敢谈论《诗》、《书》的处死，以古非今的灭族。始皇因此得罪天下士人，受到后世的批评、诟骂。

[译文]

徐爱问先生，如何评价王通和韩愈两人。

先生说："韩愈是文人学士中出类拔萃的人物，王通则是贤明大儒。后人仅仅从文章诗词方面评价，所以十分推崇韩愈，其实韩愈比王通差远了。"

徐爱问："那么，王通怎么会有仿作经书这种过失呢？"

先生说："仿作经书恐怕也不能全盘否定。你说，后世的儒生著书立说、阐释经典的意图，与仿作经书有什么不同呢？"

徐爱说："后世儒生著书讲经，当然有追求名声的私心，但其主要目的是阐明圣道，仿作经书则纯粹是为了个人出名。"

先生说："著书阐述圣道，应该效法谁呢？"

徐爱说："应效法孔子删改《六经》以阐明圣道。"

先生说："那么，王通仿作经书就不是效法孔子吗？"

徐爱说："著书阐述对圣道总会有所发展，仿作经书似乎仅仅是模仿经书，对圣道恐怕没有任何裨益。"

先生说："你认为阐述圣道，是使天理返璞归真付诸具体实践呢，还是用华美的言辞哗众取宠呢？天下大乱的原因，就是由于空谈流行而实践缺乏。如果圣道大白于天下，那么，孔子就不必删述《六经》了。孔子这样做是不得已而为之。自从伏羲氏画八卦，到周文王、周公，这中间阐释《易经》的著述，如《连山》、《归藏》等，多得不计其数，可是《易经》所讲的道理反而变得极其混乱。孔子发现世上喜好文饰的风气日盛一日，知道《易》学将因此被歪曲，就采用文王、周公的学说加以阐述发展，认为这才是《易》道的正宗。从此纷繁芜杂的说法全都被废弃，天下阐述《易经》的论述才统一起来。《书》、《诗》、《礼》、《乐》、《春秋》也都是这样统一的。《书》自《典》、《谟》以后，《诗》从《周南》、《召南》以后，像《九丘》、《八索》等一切浮淫逸荡的词章，多至成百上千篇。《礼》、《乐》中的名物度数也是数不胜数。孔子对这些都进行了严肃的删除阐述，使之重新恢复正道，然后其他乱七八糟的说法才被废止了。像《书》、《诗》、《礼》、《乐》等典籍，孔子删除时何曾增加过一句？现在《礼记》中的许多阐述，大都是后世的儒生附会而成的，已经不是孔子所删定的原本了。至于《春秋》一书，虽然都说作者是孔子，其实都是鲁国旧史书中的文字。所谓'笔'是指抄录原文，所谓'削'就是删除繁杂，有减而无增。孔子删述《六经》，是害怕繁杂浮逸的文章扰乱天下人心，把《六经》删简到不能再简，使天下人务必抛弃虚浮的文辞而追求经典的实质，而不是用虚浮夸张的文辞来教化天下。《春秋》以后，各种华而不实的文辞更加流行，天下也就更乱了。秦始皇焚烧经书得罪天下士人，是出于私心，不该把《六经》给焚毁了。如果当时他的目的在于阐明圣道，把那些离经叛道的各种书统统烧毁，那就正好与孔子删改《六经》的用意不谋而合了。自从秦汉以来，文辞虚浮之风又盛行起来，要想根除这种风气是不可能的。只能效仿孔子，选取那些与《六经》的道理接近的加以宣传表彰，那么，其他的异端邪说就会渐渐自行灭绝。我不知道王通当时仿作经书的本意是什么，我真的认为他的做法有可取之处，即使圣人重生，也会这样做。天下没有治理好的原因，就在于浮逸之风盛行而务实之风衰落。人们各出己见，标新立异，争奇求怪，哗众取宠，这只能扰乱世人的思想，蒙蔽世人的耳目，使大家都争着崇尚虚文浮词，以便在社会上出名，而不再知道还有实事求是、返璞归真的做法。这些都是那些阐释经典的人开启的。"

十

爱曰："著述亦有不可缺者，如《春秋》一经，若无《左传》[①]，恐亦难晓。"

先生曰:"《春秋》必待《传》②而后明,是歇后谜语矣。圣人何苦为此艰深隐晦之词?《左传》多是鲁史旧文,若《春秋》须此而后明,孔子何必削之?"

爱曰:"伊川亦云:'《传》是案,《经》是断。'如书弑某君,伐某国,若不明其事,恐亦难断。"

先生曰:"伊川此言,恐亦是相沿世儒之说,未得圣人作经之意。如书'弑君',即弑君便是罪,何必更问其弑君之详?征伐当自天子出③,书'伐国',即伐国便是罪,何必更问其伐国之详?圣人述《六经》,只是要正人心,只是要存天理、去人欲。于存天理、去人欲之事,则尝言之。或因人请问,各随分量而说,亦不肯多道,恐人专求之言语。故曰'予欲无言'④。若是一切纵人欲、灭天理的事,又安肯详以示人?是长乱导奸也。故孟子云:'仲尼之门,无道桓、文之事者,是以后世无传焉。'⑤此便是孔门家法。世儒只讲得一个伯者的学问,所以要知得许多阴谋诡计。纯是一片功利的心,与圣人作经的意思正相反,如何思量得通?"因叹曰:"此非达天德⑥者,未易与言此也!"

又曰:"孔子云:'吾犹及史之阙文也。'⑦孟子云:'尽信书,不如无书。吾于《武成》取二三策而已。'⑧孔子删《书》,于唐、虞、夏四五百年间,不过数篇。岂更无一事?而所述止此,圣人之意可知矣。圣人只是要删去繁文,后儒却只要添上。"

[注释]

①《左传》:亦称《左氏春秋》或《春秋左氏传》,相传为战国时期鲁国史官左丘明所作,以解释《春秋》。因其详尽,故谓理解《春秋》要依赖《左传》。②《传》:指解释《春秋》的三传《左传》、《公羊传》、《穀梁传》。③征伐当自天子出:语出《论语·季氏》:"孔子曰:天下有道,则礼乐征伐自天子出;天下无道,则礼乐征伐自诸侯出。"④予欲无言:孔子对弟子子贡

说,我不想说什么了。语出《论语·阳货》。⑤"故孟子云"句:语出《孟子·梁惠王上》:"仲尼之徒无道桓、文之事者,是以后世无传焉,臣未之闻也。"桓即齐桓公,文即晋文公,二者均为春秋时期的霸主,推行霸道,与孔子提倡的王道不合。⑥天德:与天同德,意为道德极其高尚。语出《中庸》:"苟不固聪明圣知达天德者,其孰能知之?"⑦吾犹及史之阙文也:语出《论语·卫灵公》:"吾犹及史之阙文也,有马者借人乘之。今亡矣夫!"⑧尽信书……取二三策而已:语出《孟子·尽心下》。《武成》,为《尚书》中篇名,记载武王灭商后,与大臣商量怎样治理商地等。

[译文]

徐爱说:"著述也是不能少的,如《春秋》一书,如果没有《左传》为其作注,恐怕世人难以通晓。"

先生说:"《春秋》的微言大义如果必须有《左传》才能明晓,那它就成歇后语了。圣人何苦要写这些晦涩难懂的文章呢?《左传》大多是鲁国史书的原文,如果读《春秋》必须参考《左传》一书才能明白,孔子又何必把鲁史删改成《春秋》呢?"

徐爱说:"程颐先生也曾说过,'《左传》是案子,《春秋》是对案子的裁定。'比如《春秋》中记载杀害某个国君、征伐某个国家,如果不明白这些事情的经过,恐怕也很难作出判断。"

先生说:"程颐先生这句话,恐怕也是沿用了世俗儒生的说法,没有真正领会圣人写这些经典的本意。如记载'杀国君',那么杀害国君本身就是犯了大罪,何必要问他杀害国君的详细情况呢?征讨的命令应由天子发出,书中写某些诸侯擅自讨伐别的国家,这本身便是犯罪,何必要搞清楚其侵略别国的详情呢?圣人阐述《六经》,只是为了端正人心,只是要存养天理、去除人欲。关于存养天理、去除私欲的事情孔子曾经谈到过,或者是有人请教,就因人因时而宜作些说明,但也不肯多说,害怕人们专门在语言上纠缠而忽略了其学说的本质。因此孔子对子贡说'我不想说什么'。假如是放纵私欲、泯灭天理之事,圣人又怎么会详细地告诉人们?这样做是教唆和助长人们作奸犯科呀。所以孟子说：'孔子的门生没有记述齐桓公、晋文公的事迹，所以，他们称霸侵伐的事就没有流传后世。'这是孔子这一门派的家法。后世儒生只是探讨研习霸道的学问，所以他们要知道许多阴谋诡计。这纯粹是十分功利的心态，与孔子作《六经》的宗旨正好相反，他们怎么能想通呢？"先生因此感慨万千："除非是通达天理的人，否则是难以和他们讲这些的！"

先生又说："孔子说：'我还见到过史书存疑的地方。'孟子说：'完全相信《尚书》，还不如没有《尚书》。我只从《武成》篇中取两三片竹简罢了。'孔子删述《尚书》，对于尧、舜及夏朝四五百年的历史，只不过仅存数篇。这难道是再没有一件事可写吗？孔子传述的仅有这么几篇，他的目的和宗旨可想而知了。圣人只是要删掉烦琐浮逸的文章，后世的儒生却硬要往经中添加这些东西。"

十一

爱曰："圣人作经，只是要去人欲，存天理。如五伯以下事，圣人不欲详以示人，则诚然矣。至如尧舜以前事，如何略不少见？"

先生曰："羲、黄①之世，其事阔疏，传之者鲜矣。此亦可以想见。其时全是淳庞朴素，略无文采的气象，此便是太古之治，非后世可及。"

爱曰："如《三坟》②之类，亦有传者，孔子何以删之？"

先生曰："纵有传者，亦于世变渐非所宜。风气益开，文采日胜，至于周末，虽欲变以夏、商之俗，已不可挽，况唐、虞乎？又况羲、黄之世乎？然其治不同，其道则一。孔子于尧、舜则祖述之，于文、武则宪章之。③文、武之法即是尧、舜之道，但因时致治，其设施政令已自不同。即夏、商事业施之于周，已有不合。故'周公思兼三王，其有不合，仰而思之，夜以继日'④,况太古之治,岂复能行?斯固圣人之所可略也。"

又曰:"专事无为,不能如三王之因时致治,而必欲行以太古之俗,即是佛、老的学术。因时致治,不能如三王之一本于道,而以功利之心行之,即是伯者以下事业。后世儒者许多讲来讲去,只是讲得个伯术。"

又曰:"唐、虞以上之治,后世不可复也,略之可也。三代以下之治,后世不可法也,削之可也。惟三代之治可行。然而世之论三代者,不明其本而徒事其末,则亦不可复矣!"

[注释]

①羲、黄:即伏羲、黄帝。②《三坟》:相传为伏羲、神农、黄帝之书。③"孔子"二句:语出《中庸》:"仲尼祖述尧、舜,宪章文、武,上律天时,下袭水土。"祖述、宪章,皆为效法、遵循前人的行为或学说。④"周公"四句:语出《孟子·离娄下》:"周公思兼三王,以施四事。其有不合者,仰而思之,夜以继日;幸而得之,坐以待旦。"

[译文]

徐爱说:"孔子作《六经》,只是要去除私欲,存养天理。春秋五霸以后的事,孔子不想详细告诉世人,这自然是应该的。至于像尧舜以前的事情,为何也记载得十分简略呢?"

先生说:"伏羲、黄帝时代久远,事迹磨灭不清,流传下来很少。这也可以想象。那时世风淳朴,没有浮逸虚饰、注重形式的风气,这就是太古时的社会状况,不是后世所能比的。"

徐爱说:"像《三坟》一类的书,也有流传下来的,孔子为什么都删掉呢?"

先生说:"即使有传下来的,随着时代的变化,也逐渐不合时宜了。社会风气更加开放,文采日盛往昔,到了周朝末年,想恢复夏商时期的淳朴风俗,已经不可挽回,何况恢复唐尧、虞舜时的世风呢?而太古时代伏羲、黄帝时的风俗就更不用说了,虽然各代治国的具体方法各不相同，但所遵循的天道准则却是一致的。孔子遵从效法尧、舜和周文王、周武王。周文王、周武王实行的制度，也就是尧、舜时的法则。但他们都是因时制宜，所推行的制度政令各自不同。就是把夏、商时的制度政令施行于周代，已经有不合时宜的地方了。所以，周公经过深思熟虑，对大禹、商汤及文王时期的制度兼容并蓄，遇到有不合适的地方，反复琢磨，以至于夜以继日，何况太古时代的典章制度，怎么能行得通呢？这就是孔子删除前代之事的缘故。"

先生又说："只采取无为而治的政策措施，不能像三王那样因时制宜进行治理，而一定要恢复实行太古时的典章制度，这是佛教和老庄学派宣扬的观点。能因时制宜，但不能像三王那样完全遵循天理，而是以功利的心态来推行，这是春秋五霸以后的做法。后世的儒生们讲来辩去，说了很多，也只是讲了实行霸道之术而已。"

先生又说："唐尧、虞舜以前的治世，后代不可能恢复，可以删略不记。夏、商、周三代以后的治理方法，后世不能效仿，可以删简它。只有三代的治国方法可以效法实行。可是现在研究讨论三代的人，不明白三代治世的根本原则，只抓住一些枝节问题，因此，三代之治也不可能恢复了！"

十二

爱曰："先儒论《六经》，以《春秋》为史。史专记事，恐与《五经》①事体终或稍异。"

先生曰："以事言谓之史，以道言谓之经。事即道，道即事。《春秋》亦经，《五经》亦史。《易》是包牺氏之史，《书》是尧、舜以下史，《礼》、《乐》是三代史。其事同，其道同，安有所谓异？"

又曰："《五经》亦只是史。史以明善恶、示训戒。善可为训者，特存其迹以示法。恶可为戒者，存其戒而削其事以杜奸。"

爱曰："存其迹以示法，亦是存天理之本然。削其事以杜奸，亦是遏人欲于将萌否？"

先生曰："圣人作经，固无非是此意，然又不必泥着文句。"

爱又问："恶可为戒者，存其戒而削其事以杜奸。何独于《诗》而不删郑、卫？先儒谓'恶者可以惩创人之逸志'②，然否？"

先生曰："《诗》非孔门之旧本矣。孔子云：'放郑声，郑声淫。'③又曰：'恶郑声之乱雅乐也。'④'郑卫之音，亡国之音也。'⑤此是孔门家法。孔子所定三百篇，皆所谓雅乐，皆可奏之郊庙，奏之乡党，皆所以宣畅和平，涵泳德性，移风易俗，安得有此？是长淫导奸矣。此必秦火之后，世儒附会，以足三百篇之数。盖淫泆之词，世俗多所喜传，如今闾巷皆然。'恶者可以惩创人之逸志'，是求其说而不得，从而为之辞。"

[注释]

①五经：指《诗》、《书》、《礼》、《易》、《春秋》，六经中《乐》已佚失，故称五经。②恶者可以惩创人之逸志：语出朱熹《论语集注·为政》，意为记录历史上丑恶的事可以惩戒人们贪求安逸的思想。③放郑声，郑声淫：意为禁绝郑国的音乐，郑国的音乐淫靡放荡。语出《论语·卫灵公》："放郑声，远佞人。郑声淫，佞人殆。"④恶郑声之乱雅乐也：意为厌恶郑国的音乐扰乱了高雅的音乐。语出《论语·阳货》："恶紫之夺朱也，恶郑声之乱雅乐也，恶利口之覆邦家者。"⑤郑卫之音，亡国之音也：意为郑国、卫国的音乐淫靡放荡，足以亡国。语出《礼记·乐记》。

[译文]

徐爱说："朱熹论述《六经》，把《春秋》当作史书。史书专门记载具体历史事件，这恐怕与其他《五经》的体例和宗旨稍有不同。"

先生说："从记事角度来说是史书，从研究阐述天理方面来说是经典。事实就是天理的表现，天理表现为事实。因此，《春秋》也是经书，《五经》也是史书。《易》是伏羲氏时的史书，《尚书》是唐尧、虞舜以后的史书，《礼》、《乐》是夏、商、周三代的史书。它们记载的事实相同，所阐释弘扬的道理也相同，怎么会有所谓的差异呢？"

先生又说："《五经》也只是史书。史书是用来明辨善恶、总结经验教训的。历史上可以作为典范的善事，特意记录保存其具体的善行，让后世效法。历史上可以作为警戒的恶事，则保存警戒而删去具体的恶行，以杜绝类似的坏事再发生。"

徐爱说："保存善事让后世效法，也是存养天理的必然；删减劣迹杜绝奸邪，是为了将人的私欲遏制在萌芽状态吗？"

先生说："孔子作六经，其本意无非就是这样，但是也不必太拘泥于经典中的词句，而是要掌握经典的宗旨。"

徐爱又问："劣迹可作为教训的，保存其教训而删削具体过程以防范奸邪。为什么不删除《诗经》里的《郑风》、《卫风》呢？朱熹先生认为'记录坏事可以惩戒人的贪图安逸的思想'，是吗？"

先生说："现在的《诗经》已经不是孔子删定的文本了。孔子说：'禁止郑国的音乐，郑国的音乐淫荡浮逸。'孔子又说：'我厌恶郑国的音乐扰乱了纯正典雅的音乐。''郑国、卫国的音乐，是亡国的音乐。'这是孔子这一门派的家法。孔子所定的《诗经》三百篇，都是所谓纯正典雅的音乐，都可以在祭祀天地祖先的场所和乡村中演奏，起到宣扬和平、涵养品德、移风易俗的作用，怎么可能会有《郑风》、《卫风》呢？这只会助长淫逸、倡导奸邪呀！这一定是秦始皇焚书后，世俗的儒生穿凿附会，为凑足三百篇而加进去的。大概是淫逸之词，民间多有人喜欢互相传唱，今天的街头巷尾还是这样。朱熹说，'记录坏事可以惩戒人的贪图安逸的思想'，这只是无法得到正确解释，不得已才这样说。"

徐爱跋

爱因旧说汩没，始闻先生之教，实是骇愕不定，无入头处。其后闻之既久，渐知反身实践，然后始信先生之学为孔门嫡传，舍是皆傍蹊小径、断港绝河矣。如说"格物"是"诚意"①的功夫，"明善"是"诚身"的功夫，②"穷理"是"尽性"的功夫，"道问学"是"尊德性"的功夫，③"博文"是"约礼"的功夫，"惟精"是"惟一"的功夫。诸如此类，始皆落落难合，其后思之既久，不觉手舞足蹈。

[注释]

①诚意：语出《大学》："欲诚其意者，先致其知。致知在格物。"②明善、诚身：明善，意为明察事理，了解什么是善。诚身，意为使自己的行为符合天理准则。语出《中庸》："诚身有道，不明乎善，不诚乎身矣。"③道问学、尊德性：道问学，意为虚心学习，探究事理。尊德性，意为遵从道德规范。语出《中庸》："故君子尊德性而道问学。"

[译文]

徐爱因受程朱学说的影响较深，刚开始听到先生的教诲，实在惊愕诧异不知所措，茫然找不到头绪。后来受先生教导时间长了，慢慢知道要回过头来笃行实践，才开始信服先生的学说是孔子一派的真传，其他的学说都是旁门左道、断港绝河。先生思想中精华很多，比如先生说"格物"是"诚意"的功夫，"明善"是"诚身"的功夫，"穷理"是"尽性"的功夫，"道问学"是"尊德性"的功夫，"博文"是"约礼"的功夫，"惟精"是"惟一"的功夫。诸如此类的思想，起初觉得很难理解，后来学习思考时间长了，不知不觉心领神会，高兴得手舞足蹈。

陆澄录

一

陆澄①问:"主一之功,如读书则一心在读书上,接客则一心在接客上,可以为主一乎?"

先生曰:"好色则一心在好色上,好货则一心在好货上,可以为主一乎?是所谓逐物,非主一也。主一是专主一个天理。"

[注释]

①陆澄:字原静,又字清伯,浙江吴兴人。官至刑部主事,王守仁的学生,所记老师的语录十分详尽。

[译文]

陆澄问:"专一的功夫,就像读书就一心在读书上,接待客人就一心在接待客人上,这样算是做到主一了吗?"

先生说:"好色就一心一意去好色,喜欢财物就全身心在喜欢财物上,这能叫主一吗?这是追逐物欲,而不是主一。所谓主一是专心致志于天理。"

二

问立志。

先生曰:"只念念要存天理,即是立志。能不忘乎此,久则自然心中凝聚,犹道家所谓'结圣胎'①也。此天理之念常存,驯至于美大圣神②,亦只从此一念存养扩充去耳。"

[注释]

①结圣胎:圣胎是道教修炼所成的内功,是修道成仙的基础。②美大圣神:指人道德完善的几种境界。语出《孟子·尽心下》:"可欲之谓善,有诸己之谓信,充实之谓美,充实而有光辉之谓大,大而化之之谓圣,圣而不可知之之谓神。"

[译文]

陆澄向先生询问立志的问题。

先生说:"只要念念不忘存养天理,这就是立志。能不忘记这一点,时间长了心自然会凝聚在天理上,好比道家说的'结成圣胎'。心中时刻不忘天理,渐渐达到精美、弘大、神圣的境界,也就是从这一意念保存、弘扬起来的。"

三

"日间功夫,觉纷扰,则静坐;觉懒看书,则且看书。是亦因病而药。"

[译文]

先生说:"白天做功夫,受外界干扰心中很乱,就练静坐;觉得精神疲懒,不想看书,那就偏去看书。这就是对症下药。"

四

"处朋友,务相下则得益,相上则损。"

[译文]

"与朋友相交,一定要相互谦让才会受益,互相攀比只会招致损失。"

五

孟源[①]有自是好名之病,先生屡责之。一日,警责方已,一友自陈日来工夫请正。源从旁曰:"此方是寻着源旧时家当。"

先生曰:"尔病又发!"源色变,议拟欲有所辨。

先生曰:"尔病又发!"因喻之曰:"此是汝一生大病根。譬如方丈地内种此一大树,雨露之滋,土脉之力,只滋养得这个大根。四傍纵要种些嘉谷,上面被此树叶遮覆,下面被此树根盘结,如何生长得成?须用伐去此树,纤根勿留,方可种植嘉种。不然,任汝耕耘培壅,只是滋养得此根。"

[注释]

①孟源:字伯生,滁州(今属安徽)人,王阳明的学生。

[译文]

孟源有自以为是、爱好虚名的毛病,先生曾多次批评他。一天,先生刚刚批评过他,一位朋友来谈自己近来练功的情况,请先生指正。孟源在旁边插话说:"你这是才达到我过去的层次。"

先生说:"你的毛病又犯了!"孟源脸色通红,想为自己辩解。

先生说:"你的毛病又犯了!"接着先生又开导他说:"这是你一生最大的毛病。好比方圆一丈的地里种一棵大树,雨露的滋润,土壤的肥力只能滋养这棵大树的根。如果大树周围种上优良的庄稼,上面阳光被大树遮盖,下面被树根盘结缠绕,庄稼怎能长好呢?必须伐去这棵大树,刨净树根,才能种植庄稼。不然,不管你如何耕耘栽培,也只能滋养那个树根。"

六

问:"后世著述之多,恐亦有乱正学。"

先生曰:"人心天理浑然,圣贤笔之书,如写真传神,不过示人以形状大略，使之因此而讨求其真耳。其精神意气，言笑动止，固有所不能传也。后世著述，是又将圣人所画摹仿誊写，而妄自分析加增以逞其技，其失真愈远矣。"

[译文]

陆澄问："后世著述汗牛充栋，恐怕也会扰乱正宗的儒学。"

先生说："人心天理浑然一体，圣人们把天理写在书上，就像给人画像，其目的不过是给人一个基本的轮廓，使人据以探求画像的本人。至于人的风格精神、言谈举止确实有一些难以表达出来。后世的许多著述，又像是对圣人所画的像进行摹仿抄写，并且狂妄地按自己的理解添加增益，以炫耀自己的才能技艺，这样离圣人所要传达的精神实质就越来越远了。"

七

问："圣人应变不穷，莫亦是预先讲求否？"

先生曰："如何讲求得许多？圣人之心如明镜，只是一个明，则随感而应，无物不照。未有已往之形尚在，未照之形先具者。若后世所讲，却是如此，是以与圣人之学大背。周公制礼作乐以文天下，皆圣人所能为，尧、舜何不尽为之而待于周公？孔子删述《六经》以诏万世，亦圣人所能为，周公何不先为之而有待于孔子？是知圣人遇此时，方有此事。只怕镜不明，不怕物来不能照。讲求事变，亦是照时事。然学者却须先有个明的功夫。学者惟患此心之未能明，不患事变之不能尽。"

曰："然则所谓'冲漠无朕，而万象森然已具'①者，其言何如？"

曰："是说本自好，只不善看，亦便有病痛。"

[注释]

①冲漠无朕，而万象森然已具：程颐语，出自《河南程氏遗书》。意为在

宇宙还是一片混沌之时，万事万物的理已经在冥冥之中存在了。

[译文]

陆澄问："圣人能根据情况随机应变而无穷尽，莫非他们是预先研究做好了准备？"

先生说："怎么可能研究准备那么多呢？圣人的心就像是一面镜子，关键是它很明亮，能够随着感触而应对，没有什么东西照不到的。不可能先前所照的物像还在镜子上，没有照的东西的影像已经预先出现在镜子上。按后人的说法恰恰就是这样，这与圣人的思想学说相去太远了。周公制作礼仪音乐以教化世人，这是圣人们都可以做到的，尧、舜为什么不做而要等到周代让周公做呢？孔子删述《六经》教化万世，这个工作别的圣人也能做，周公为什么不先做而要等孔子呢？这说明圣人处于特定的时代，才会有这特定的事情。因此，只怕镜子不明，而不怕它不能照见所遇到的事物。探索时事的发展变化，也就是用镜子照时事。但是，学者必须先下功夫，使自己的心像镜子一样明亮。学者只担心自己的心不能明亮如镜，而不必担心明镜一样的心不能穷尽事物的变化发展。"

陆澄说："那么程颐先生所谓的'宇宙间混沌无物的时候，万事万物的道理却已经存在了'，这句话该如何理解呢？"

先生说："这句话本身没错，只是人们没有正确理解，也就有了毛病。"

八

"义理无定在，无穷尽。吾与子言，不可以少有所得而遂谓止此也，再言之十年、二十年、五十年，未有止也。"

他日又曰："圣如尧、舜，然尧、舜之上善无尽；恶如桀、纣，然桀、纣之下恶无尽。使桀、纣未死，恶宁止此乎？使善有尽时，文王何以'望道而未之见'①？"

[注释]

①望道而未之见：语出《孟子·离娄下》："文王视民如伤，望道而未之见。武王不泄迩，不忘远。"朱熹注："民已安矣，而视之若有伤；道已至矣，而望之犹若未见。"文王渴求圣道，道已出现了，却只能远远看着，好像眼前什么都没有。意为不能全然领悟道。

[译文]

"天理没有固定不变的处所，广大而没有穷尽。我跟你讲论学问，你不能稍有领悟就觉得不过如此，即使再给你讲十年、二十年、五十年，也没有止境。"

一天，先生又说："尧、舜已经够圣明了，但在尧、舜之上，善也没有穷尽；桀、纣也够可恶了，但在桀、纣之下，恶也没有穷尽。假使桀、纣不死，难道他们就不再进一步作恶了吗？假使善有穷尽，那么，周文王怎么会'望道而未之见'呢？"

九

问："静时亦觉意思好，才遇事便不同，如何？"

先生曰："是徒知静养，而不用克己功夫也。如此，临事便要倾倒。人须在事上磨，方立得住，方能'静亦定，动亦定'①。"

[注释]

①静亦定，动亦定：语出《河南程氏遗书》卷二："所谓定者，动亦定，静亦定，无将迎，无内外。"

[译文]

陆澄问："静守的时候也觉得某种想法很好，可一遇到事却又不能按那种想法去做，这是怎么回事？"

先生说："这是因为只知道静坐修炼，而不知道努力下克制私欲的功夫。这样，一到事上，那些想法就不管用了，又回到修炼之前的状态。人必须在具体事上磨炼自己，才能站得稳，才能做到

'静止时能守持天理,行动时也能守持天理'。"

十

问上达①功夫。

先生曰:"后儒教人,才涉精微,便谓'上达'未当学,且说'下学'②。是分'下学'、'上达'为二也。夫目可得见、耳可得闻、口可得言、心可得思者,皆'下学'也;目不可得见、耳不可得闻、口不可得言、心不可得思者,'上达'也。如木之栽培灌溉,是'下学'也;至于日夜之所息③,条达畅茂,乃是'上达',人安能预其力哉?故凡可用功、可告语者,皆'下学','上达'只在'下学'里。凡圣人所说,虽极精微,俱是'下学'。学者只从'下学'里用功,自然'上达'去,不必别寻个'上达'的功夫。"

[注释]

①上达:意为参悟天理。语出《论语·宪问》:"君子上达,小人下达。"②下学:意为关于事物的基本知识和思想方法。语出《论语·宪问》:"不怨天,不尤人。下学而上达。知我者其天乎!"朱熹注:"但知下学,而自然上达。此但言其仅自修,循序渐进耳。无以甚异于人而致其知也。"③日夜之所息:语出《孟子·告子上》:"其日夜之所息,平旦之气,其好恶与人相近也者几希,则其旦昼之所为,有梏亡之矣。"

[译文]

陆澄向先生请教参悟天理的"上达"功夫。

先生说:"后世儒生教人,刚涉及到精微细致的地方,就说这是'上达'的学问,还不到学的时候,便去讲'下学'的简单学问。这是人为地把'上达'和'下学'分开。眼睛可以看见、耳朵可以听见、嘴里可以说出的、心里可以想到的,都是'下学';眼睛看不见、耳朵听不到、语言表达不出来、心中想不出的,才是

'上达'。比如种树，栽培、灌溉属于'下学'，至于树木日夜生长、枝叶繁茂才是'上达'，人怎么能干预呢？所以，凡是可以用功、可以言说的，都是'下学'，'上达'就包含在'下学'中。凡是圣人所谈到的，虽然十分精微奇妙，也都是'下学'。学者只要在'下学'上用功，自然能够'上达'，不必另外寻求'上达'的功夫。"

十一

问："'惟精'、'惟一'是如何用功？"

先生曰："'惟一'是'惟精'主意，'惟精'是'惟一'功夫，非'惟精'之外复有'惟一'也。'精'字从'米'，姑以米譬之。要得此米纯然洁白，便是'惟一'意；然非加舂簸筛拣'惟精'之功，则不能纯然洁白也。舂簸筛拣是'惟精'之功，然亦不过要此米到纯然洁白而已。博学、审问、慎思、明辨、笃行者，皆所以为'惟精'而求'惟一'也。他如'博文'者即'约礼'之功，'格物致知'者即'诚意'之功，'道问学'即'尊德性'之功，'明善'即'诚身'之功，无二说也。"

[译文]

陆澄问："如何做'惟精'、'惟一'的功夫？"

先生说："'惟一'是'惟精'的目的，'惟精'是'惟一'的功夫，并不是在'惟精'之外又有个'惟一'。'精'字是'米'字旁，姑且用米来打个比喻：要使大米纯净洁白，就是'惟一'的意思；然而，如果不对稻子进行舂簸筛拣，大米就不可能纯净洁白。舂簸筛拣是'惟精'的功夫，这也不过是让大米纯净洁白罢了。博学、审问、慎思、明辨、笃行等，都是'惟精'的功夫，其目的是求得'惟一'。其他的如'博文'是'约礼'的功夫，'格物致知'是'诚意'的功夫,'道问学'是'尊德性'的功夫,'明善'是'诚身'的功夫,道理都是一样的。"

十二

"知者行之始,行者知之成。圣学只一个功夫,知行不可分作两事。"

[译文]

先生说:"认识是实践的开始,实践是认识的结果。圣人的学说只有一个功夫,认识和实践是统一的,不能截然分开。"

十三

"漆雕开①曰:'吾斯之未能信。'②夫子说之。子路③使子羔④为费宰,子曰:'贼夫人之子。'⑤曾点⑥言志,夫子许之。圣人之意可见矣。"

[注释]

①漆雕开:鲁国人,字子若,孔子的学生。②吾斯之未能信:语出《论语·公冶长》:"子使漆雕开仕。对曰:'吾斯之未能信。'子说。"③子路:仲由(前542~前480年),鲁国卞(今山东泗水)人,姓仲,名由,字子路,又字季路,孔子的学生。④子羔:齐国人,姓高,名柴,孔子的学生。⑤贼夫人之子:意为危害人家的孩子。语出《论语·先进》:"子路使子羔为费宰。子曰:'贼夫人之子。'"⑥曾点:曾晳,鲁国人,孔子的学生。

[译文]

先生说:"孔子的学生漆雕开说:'我对做官还没有自信。'孔子听了后很高兴。子路让子羔当费邑的地方官,孔子说:'这是危害别人的孩子。'曾点向孔子谈了自己的理想,孔子很欣赏。孔子的心意由此可见。"

十四

问:"宁静存心时,可为'未发之中'①否?"

先生曰:"今人存心,只定得气。当其宁静时亦只是气宁静,不可以为'未发之中'①。"

曰:"'未'便是'中',莫亦是求'中'功夫?"

曰:"只要去人欲、存天理,方是功夫。静时念念去人欲、存天理,动时念念去人欲、存天理,不管宁静不宁静。若靠那宁静,不惟渐有喜静厌动之弊,中间许多病痛,只有潜伏在,终不能绝去,遇事依旧滋长。以循理为主,何尝不宁静?以宁静为主,未必能循理。"

[注释]

①未发之中:语出《中庸》:"喜怒哀乐之未发谓之中。"意为喜怒哀乐尚未发生,心境宁静,叫做"中"。理学认为这种状态的情绪纯真无伪,最符合"理"。

[译文]

陆澄问:"宁静时存养心神,这算不算是'未发之中'呢?"

先生说:"现在的人存养心神,也只是能控制着气。当他平静时,也只是气的平静,不能认为是'未发之中'。"

陆澄说:"未发出来便是'中',这难道不也是求'中'的功夫吗?"

先生说:"只有抛弃私欲、存养天理才是功夫。宁静时念念不忘去私欲、存养天理,行动时也时时不忘去私欲、存养天理,没必要在意是宁静还是不宁静。如果只靠在宁静时作存养天理的功夫,不但逐渐有喜欢宁静厌恶活动的弊病,中间还有许多毛病潜伏在心里,不能彻底根除,一遇到具体事情依旧滋长起来。只要以遵循天理为主,心里怎么会不宁静?若以追求宁静为主,却未必能遵循天理。"

十五

问:"孔门言志①,由、求②任政事,公西赤③任礼乐,多少实用。及曾皙说来,却似耍的事,圣人却许他,是意如何?"

曰:"三子是有意必④,有意必便偏著一边,能此未必能彼。曾点这意思却无意必,便是'素其位而行,不愿乎其外。素夷狄行乎夷狄,素患难行乎患难。无入而不自得'⑤矣。三子所谓'汝器也'⑥,曾点便有'不器'⑦意。然三子之才各卓然成章,非若世之空言无实者,故夫子亦皆许之。"

[注释]

①孔门言志:语出《论语·先进》:"子路、曾皙、冉有、公西华侍坐……子路率尔而对曰:'千乘之国,摄乎大国之间,加之以师旅,因之以饥馑;由也为之,比及三年,可使有勇,且知方也。''求!尔何如?'对曰:'方六七十,如五六十,求也为之,比及三年,可使足民。如其礼乐,以俟君子。''赤!尔何如?'对曰:'非曰能之,愿学焉。宗庙之事,如会同,端章甫,愿为小相焉。''点!尔何如?'……曰:'莫春者,春服既成,冠者五六人,童子六七人,浴乎沂,风乎舞雩,咏而归。'夫子喟然叹曰:'吾与点也!'"②由、求:由,仲由,即子路。求,冉求,字子有。二人都是孔子的学生。③公西赤:姓公西,名赤,字子华,孔子的学生。④意必:语出《论语·子罕》:"子绝四:毋意、毋必、毋固、毋我。"意,即主观臆断。必,即绝对意志。固,即固执己见。我,即唯我独尊。⑤"素其位"五句:语出《中庸》:"君子素其位而行,不愿乎其外。素富贵,行乎富贵;素贫贱,行乎贫贱;素夷狄,行乎夷狄;素患难,行乎患难。君子无入而不自得焉。"素其位,安于现在的地位、条件。⑥汝器也:语出《论语·公冶长》:"子贡问曰:'赐也何如?'子曰:'女,器也。'"意为你具有一定的才能。赐,端木赐,字子贡。器,即器具,特定的器具有特定的用途。⑦不器:语出《论语·为政》:"君子不器。"不器,不是一般的器具,指能够体认天理、德行高尚的人。

[译文]

陆澄问:"孔子的弟子谈志向,子路、冉求想从政,公西赤想从事礼乐,多少都还有实际价值。曾皙所说却像是要着玩的,孔子却很赞赏他,这是为什么?"

先生说:"其他三个人的志向都有些主观猜测、武断绝对,有了这两种倾向,就会执著于一个方面,能做这而未必能做那。曾皙的志向中没有这两种倾向,这就是'顺其自然行事,不做超出条件的事,身处夷狄,就做在夷狄能行之事;身处患难之中,就做在患难中能行之事,因时因地制宜,无论什么情况下都怡然自得'。其他三人是孔子所说的那种'有某种才能的人',曾皙是孔子所说的那种'君子'。不过,其他三人也各有自己的突出才能,不是世上只会空谈而无实际本领的人,所以孔子也都称赞他们。"

十六

问:"知识不长进,如何?"

先生曰:"为学须有本原,须从本原用力,渐渐'盈科而进'①。仙家说婴儿,亦善譬。婴儿在母腹时,只是纯气,有何知识?出胎后,方始能啼,既而后能笑,又既而能识认其父母兄弟,又既而后能立,能行,能持,能负,卒乃天下事无不可能。皆是精气日足,则筋力日强,聪明日开。不是出胎日便讲求推寻得来,故须有个本原。圣人到'位天地、育万物',也只从'喜怒哀乐未发之中'上养来。②后儒不明格物之说,见圣人无不知,无不能,便欲于初下手时讲求得尽,岂有此理!"

又曰:"立志用功,如种树然。方其根芽,犹未有干;及其有干,尚未有枝;枝而后叶,叶而后花、实。初种根时,只管栽培灌溉,勿作枝想,勿作叶想,勿作花想,勿作实想。悬想何益?但不忘栽培之功,怕没有枝叶花实?"

[注释]

①盈科而进:语出《孟子·离娄下》:"原泉混混,不舍昼夜。盈科而后进,放乎四海。"朱熹注:"盈,满也。科,坎也,言其进以渐也。"比喻循序渐进。②"圣人"句:语出《中庸》:"喜怒哀乐之未发谓之中,发而皆中节

谓之和。中也者，天下之大本也；和也者，天下之达道也。致中和，天地位焉，万物育焉。"

[译文]

陆澄问："学问没有进步，该怎么办？"

先生说："做学问必须有根本，必须从根本上下功夫，循序渐进，才能有长进。道家用婴儿作比喻，非常精辟。婴儿在母腹中时，只是一团气，有什么知识？出生后，才能哭，随后又会笑，能认识父母兄弟，再后来又渐渐能站立行走，能拿能背，最后世上的各种事就都会做了。这是因为婴儿的精气越来越充足，筋骨力气越来越强健，聪明才智也日益增长。而不是一出生就能认识万物，无所不能，所以必须有个根本。圣人能让天地各安其位，让万物依本性生长，也是从喜怒哀乐各种情欲发生前的状态一步步培养成的。后世的儒生不明白格物的学问，看到圣人无所不知，无所不能，就想一下手便把所有学问全部掌握，哪有这样的道理？"

先生又说："立志下功夫做学问，就像种树一样。当它刚刚生根发芽时，还没有树干；当树干长出来时，还没有枝条；长出枝条后才能生出树叶，有叶后才会开花、结果。刚刚生根时，只管培土灌溉，不要想着发枝、长叶、开花、结实。空想有什么用？只要不忘记培土灌溉，还怕没有枝、叶、花、果？"

十七

问："看书不能明，如何？"

先生曰："此只是在文义上穿求，故不明。如此，又不如为旧时学问。他到看得多，解得去。只是他为学虽极解得明晓，亦终身无得。须于心体①上用功，凡明不得，行不去，须反在自心上体当，即可通。盖四书②、五经不过说这心体，这心体即所谓'道'，心体明即是道明，更无二。此是为学头脑处。"

[注释]

①心体：心性的本源，内心深处的真情实感，也就是人性。人性是在人的经验、体验中发动、显现的。体，本源。②四书：宋代理学家朱熹把《礼记》中的《大学》篇、《中庸》篇与《论语》、《孟子》合起来，编为《四书》，作为儒学的基本经典。

[译文]

陆澄问："读书不明白其含义，该怎么办？"

先生说："这是仅仅在字面意思上探求，所以不明白。这样还不如像以前的儒生那样做学问，看得遍数多，自然会理解。不过，他们虽然把意思弄得十分清楚，终究还是无所收获。读书做学问必须在心体上下功夫，凡是不明白、行不通的地方，都要反过来在自己心中反复体会，这样就会明白。《四书》、《五经》不过就是阐述心体，心体也就是'天理'，心体明亮就是天理昌明，再没有别的什么。这才是读书做学问的关键所在。"

十八

"'虚灵不昧，众理具而万事出。'①心外无理，心外无事。"

或问："晦庵先生曰：'人之所以为学者，心与理而已。'此语如何？"

曰："心即性，性即理，下一'与'字，恐未免为二。此在学者善观之。"

或曰："人皆有是心，心即理。何以有为善，有为不善？"

先生曰："恶人之心，失其本体。"

[注释]

①"虚灵"两句：语出朱熹《大学章句》："明德者，人之所得乎天；而虚灵不昧，以具理而应万事者也。禅家则但以虚灵不昧者为性，而无以具众理以下之事。"

[译文]

"'让心空灵而不糊涂,各种道理存于心中,万事万物就会呈现出来。'在人本心外没有什么天理,离开了人的本心,也就没有什么事物。"

有人问:"朱熹先生说:'人之所以做学问,不过是探究心和理罢了。'这话对吗?"

先生说:"心就是性,性就是天理,'心'、'理'之间的一个'与'字,恐怕难免把心与理一分为二。求学的人要善于观察体会。"

有人说:"人都有心,心就是天理,可为什么有的行善,有的作恶呢?"

先生说:"这是因为恶人的心失去了心的本体。"

十九

问:"'析之有以极其精而不乱,然后合之有以尽其大而无余'①,此言如何?"

先生曰:"恐亦未尽。此理岂容分析?又何须凑合得?圣人说'精一',自是尽。"

"省察是有事时存养,存养是无事时省察。"

[注释]

① "析之"句:语出朱熹《大学或问》:"析之极精不乱,说条目功夫;然后合之尽大无余,说明明德于天下。"

[译文]

陆澄问:"朱熹说'分析可以使天理显得非常精确而不混乱,然后加以综合使其广大丰富而无所不包',这话对吗?"

先生说:"恐怕不准确。天理怎么可能逐条分析?又怎么能综合成一个整体呢?它本身就是统一圆满的。圣人说'至精至纯',

已经把天理说尽了。"

先生说:"省察是有事时存养天理,存养是无事时反省体察天理。"

二十

澄尝问象山①在人情事变上做功夫之说。

先生曰:"除了人情事变则无事矣。喜、怒、哀、乐,非人情乎?自视、听、言、动以至富贵、贫贱、患难、死生,皆事变也。事变亦只在人情里,其要只在'致中和'②,'致中和'只在'谨独'③。"

[注释]

①象山:陆九渊(1139~1193年),字子静,自号存斋,江西抚州人。曾讲学于象山,学者称象山先生。南宋著名哲学家、教育家,著有《象山先生全集》。心学创始人,主张心即理、心外无道、心外无事,与理学派的代表人物朱熹争论多年。他的学说由王阳明继承发展,被称为陆王心学。②中和:语出《中庸》:"喜怒哀乐之未发,谓之中;发而皆中节,谓之和。中也者,天下之大本也;和也者,天下之达道也。"意为喜怒哀乐发生之前那种平静的心境即是中,发生之后的状态完全符合道德规范便是和。中是天下的根本,和是天下的大道。③谨独:即慎独,意为一个人独处也要严格要求自己,言行思想要符合道德规范。

[译文]

陆澄曾经向先生请教陆九渊在人情事变上下功夫的学说。

先生说:"世上除了人情事变,再无其他事了。喜怒哀乐难道不是人情吗?从看、听、说、做到富贵、贫贱、患难、生死都是事变。所有的事变都体现在人情里,关键是要保持'中正平和'的心态,要做到'中正平和'关键在于'慎独'。"

二一

澄问:"仁、义、礼、智之名,因已发而有?"

曰:"然。"

他日,澄曰:"恻隐①、羞恶、辞让、是非,是性之表德邪?"

曰:"仁、义、礼、智也是表德。性一而已,自其形体也谓之天,主宰也谓之帝,流行也谓之命,赋于人也谓之性,主于身也谓之心。心之发也,遇父便谓之孝,遇君便谓之忠。自此以往,名至于无穷,只一性而已。犹人一而已,对父谓之子,对子谓之父,自此以往,至于无穷,只一人而已。人只要在性上用功,看得一性字分明,即万理灿然。"

[注释]

① "恻隐"句:语出《孟子·公孙丑上》:"恻隐之心,仁之端也;羞恶之心,义之端也;辞让之心,礼之端也;是非之心,智之端也。"这四"端"是孟子所说的四种道德情感,为仁义礼智四德的开端,故称"四端"。

[译文]

陆澄问:"仁、义、礼、智的概念,是不是人的感情发出来以后才有的?"

先生说:"是。"

又一天,陆澄问:"恻隐、羞恶、辞让、是非这四种情感是心性的别名吗?"

先生说:"仁、义、礼、智也同样是心性的别称。心性只有一个,从它的外在形式而言叫做'天',从它主宰万事万物而言叫做'帝',从其发展变化来看叫做'命',这些赋予人时叫做'性',从其主宰、支配人的身体而言叫做'心'。心性发挥出来,表现在对父亲上叫做'孝',表现在对君王上就叫'忠'。以此类推,名称多达无数,但也只是一个心性而已。就好比一个人,对父亲来说是儿子,对儿子来说是父亲,以此类推,对一个人的称呼也无穷尽,但也还只是这一个人。所以,人只要在心性上下功夫,一旦悟透心性，则一切道理都明白了。"

二二

一日，论为学功夫。

先生曰："教人为学，不可执一偏。初学时心猿意马，拴缚不定，其所思虑，多是人欲一边，故且教之静坐，息思虑。久之，俟其心意稍定，只悬空静守，如槁木死灰①，亦无用，须教他省察克治。省察克治之功则无时而可间，如去盗贼，须有个扫除廓清之意。无事时，将好色、好货、好名等私欲逐一追究搜寻出来，定要拔出病根，永不复起，方始为快。常如猫之捕鼠②，一眼看着，一耳听着，才有一念萌动，即与克去，斩钉截铁，不可姑容，与他方便，不可窝藏，不可放他出路，方是真实用功，方能扫除廓清。到得无私可克，自有端拱时在。虽曰'何思何虑'③，非初学时事。初学必须思省察克治，即是思诚，只思一个天理，到得天理纯全，便是'何思何虑'矣。"

[注释]

①槁木死灰：语出《庄子·齐物论》："形固可使如槁木，而心固可使如死灰乎？"②猫之捕鼠：语出朱熹《朱子文集·偶读漫记》："释氏有清草堂者，有名丛林间。其始学时，若无所入。有告之曰：'子不见猫之捕鼠乎？四足据地，首尾一直，目睛不瞬，心无他念。惟其不动，动则鼠无逃矣。'清用其言，乃有所入。"③何思何虑：语出《周易·系辞》："子曰：'天下何思何虑？天下同归而殊涂，一致而百虑。天下何思何虑？'"意为不借助思虑，心即与道一致。

[译文]

一天，大家讨论做学问的功夫。

先生说："教人学问，不能偏执于一个方面。人在刚开始学习时心不在焉，不能集中精力，他所考虑的多是个人私欲。所以，要先教他静坐，平息私心杂念。过了一段时间，等他心态稍微平和之后，还一味让他静坐，以至于身如槁木、心如死灰，没有什么作用。这时应教他反省体察克制私欲的功夫。这种功夫任何时候都不能中断，就像铲除盗贼，必须有彻底扫清的决心。没事时，将好色、贪财、求名等私欲一一搜寻出来，一定要连根清除，使其永不复生，方才感到快意。好比猫捉老鼠，一边眼睛紧盯着，一边耳朵细听着，刚刚有私念产生，马上就把它摒弃，态度坚决，斩钉截铁，不能姑息迁就给它提供一丝方便，更不能窝藏它、网开一面让它逃走，这才是真正下功夫摒除私念，也才能真正扫清心中的一切私欲。等到心中无私欲可除，自然可以端坐拱手轻轻松松。虽说这也是什么都不想，却不是初学者所能做到的。初学时必须反省体察克制私欲，也就是想如何'诚意'，只想着一个天理，等到心中天理纯净圆满，就达到'无思无虑'的境界了。"

二三

澄问："有人夜怕鬼者，奈何？"

先生曰："只是平日不能'集义'①而心有所慊，故怕。若素行合于神明，何怕之有？"

子莘②曰："正直之鬼不须怕，恐邪鬼不管人善恶，故未免怕。"

先生曰："岂有邪鬼能迷正人乎？只此一怕，即是心邪。故有迷之者，非鬼迷也，心自迷耳。如人好色，即是色鬼迷；好货，即是货鬼迷；怒所不当怒，是怒鬼迷；惧所不当惧，是惧鬼迷也。"

[注释]

①集义：意为经常积累善心。语出《孟子·公孙丑上》："其为气也，配义与道；无是，馁也。是集义所生者，非义袭而取之也。行有不慊于心，则馁

矣。我故曰告子未尝知义,以其外之也。"②子莘:马明衡,字子莘,福建莆田人。官至御史,王守仁最早的福建弟子。

[译文]

陆澄问:"有人晚上怕鬼,怎么办?"

先生说:"只因为平时不能积累善德,心中有所愧疚,所以怕鬼。如果平时行事合乎神明,有什么好怕的?"

马明衡说:"正直的鬼当然不用怕,怕的是恶鬼,它不管好人坏人都会伤害,所以难免有些害怕。"

先生说:"哪有恶鬼能迷惑正直的人?仅仅这一怕就说明心不正。那些迷惑的人,不是鬼迷惑他,而是他自己心中有鬼。比如一个人,喜好美色就是色鬼迷,贪财就是贪财鬼迷,不该发怒时发怒是怒鬼迷,害怕不应该害怕的是怕鬼迷。"

二四

"定者,心之本体,天理也。动静,所遇之时也。"

[译文]

先生说:"镇定平静是心的本体,也就是天理。动静变化只是它在不同时间、不同环境里的表现。"

二五

澄问《学》、《庸》同异。

先生曰:"子思[1]括《大学》[2]一书之义,为《中庸》首章。"

[注释]

[1]子思:名伋,孔子的孙子。相传为曾子的学生,继承发扬了孔子的中庸思想。《礼记》中的《中庸》、《表记》、《坊记》等篇为子思所作。[2]《大学》:《礼记》中的一篇,相传为曾子所作。

[译文]

陆澄问《大学》、《中庸》两书的异同。

先生说:"子思总结概括《大学》一书的主旨,写了《中庸》的第一章。"

二六

问:"孔子正名①,先儒说'上告天子,下告方伯,废辄立郢'②。此意如何?"

先生曰:"恐难如此。岂有一人致敬尽礼,待我而为政,我就先去废他,岂人情天理?孔子既肯与辄为政,必已是他能倾心委国而听。圣人盛德至诚,必已感化卫辄,使知无父之不可以为人,必将痛哭奔走,往迎其父。父子之爱,本于天性,辄能悔痛真切如此,蒯聩岂不感动底豫?蒯聩既还,辄乃致国请戮。聩已见化于子,又有夫子至诚调和其间,当亦决不肯受,仍以命辄。群臣百姓又必欲得辄为君。辄乃自暴其罪恶,请于天子,告于方伯诸侯,而必欲致国于父。聩与群臣百姓亦皆表辄悔悟仁孝之美,请于天子,告于方伯诸侯,必欲得辄而为之君。于是集命于辄,使之复君卫国。辄不得已,乃如后世上皇故事,率群臣百姓尊聩为太公,备物致养,而始退复其位焉。则君君、臣臣、父父、子子③,名正言顺,一举而可为政于天下矣。孔子正名,或是如此。"

[注释]

①正名:使名分恰当。名分是社会秩序的体现。语出《论语·子路》:"子路曰:'卫君待子而为政,子将奚先?'子曰:'必也正名乎!'"孔子认为,为政治国必须先有恰当的名分,做到"君君、臣臣、父父、子子",严格遵守等级秩序。②废辄立郢:朱熹《论语集注》引胡氏语:"卫世子蒯聩耻其

母南子之淫乱，欲杀之，不果而出奔。灵公欲立公子郢，郢辞。公卒，夫人立之，又辞，乃立蒯聩之子辄，以拒蒯聩。"事详见《左传·定公十四年》。蒯聩，即卫庄公，卫灵公长子。③"君君"句：语出《论语·颜渊》："齐景公问政于孔子。孔子对曰：'君君、臣臣、父父、子子。'"意为君要像君，臣要像臣，父要像父，子要像子，都要遵守各自的行为规范。

[译文]

陆澄问："孔子主张端正名分，朱熹说孔子是'要对上报告天子，对下告诉诸侯，废除公子辄而拥立公子郢'。这样解释对吗？"

先生说："恐怕不能这样吧？哪有一个人待我恭敬有礼，要我帮助治理国家，而我却先要废除他，这难道符合天理人情？孔子既然肯帮辄为政，一定是辄愿意把国家委托于孔子，倾心听从指教。孔子的品德高尚，心灵至诚，必定已经感化了卫辄，使他明白不孝顺父亲就不能做一个真正的人。因此，卫辄定会痛哭失声，亲自去把父亲接回来。父子之爱是出自人的天性，卫辄能真悔悟，蒯聩怎能不被彻底感动？蒯聩回来后，卫辄将国家交给父亲，并请求杀头以谢罪。蒯聩已被儿子的行为所感化，又有孔子在中间真诚调解，蒯聩肯定不会接受管理国家的重任，仍然让卫辄治理国家。大臣和老百姓也一定要卫辄继续担任国君。卫辄公布自己的罪行，请示天子，并向诸侯们通报，一定要把国政交还给父亲。蒯聩和大臣百姓们都十分赞赏卫辄忏悔和仁孝的美德，也请示天子，并通告诸侯，一定要让卫辄继续当他们的国君。于是，上上下下一致要求卫辄继续担任卫国国君。卫辄万般无奈，像后世帝王那样，率领大臣和全国百姓尊奉父亲为太上皇，使其养尊处优。然后，卫辄才重新做了卫国的国君。这样国君、大臣、父亲、儿子各守自己的身份，名正言顺，就可以治理好天下了。孔子端正名分，或许就是这样吧。"

二七

澄在鸿胪寺仓居①，忽家信至，言儿病危，澄心甚忧闷，不能堪。

先生曰:"此时正宜用功,若此时放过,闲时讲学何用?人正要在此等时磨练。父之爱子,自是至情,然天理亦自有个中和处,过即是私意。人于此处多认做天理当忧,则一向忧苦,不知已是'有所忧患不得其正'②。大抵七情所感,多只是过,少不及者。才过,便非心之本体,必须调停适中始得。就如父母之丧,人子岂不欲一哭便死,方快于心?然却曰'毁不灭性'③。非圣人强制之也,天理本体自有分限,不可过也。人但要识得心体,自然增减分毫不得。"

[注释]

①鸿胪寺:掌管赞导相礼的衙门。王阳明正德九年(1514年)升任南京鸿胪寺卿,许多弟子随他前往。仓居:在衙舍居住。②有所忧患不得其正:语出《大学》:"所谓修身在正其心者,身有所忿懥,则不得其正;有所恐惧,则不得其正;有所好乐,则不得其正;有所忧患,则不得其正。"③毁不灭性:意为孝子不能过度哀伤而损害本性。语出《孝经·丧亲》:"孝子之丧亲也……三日而食,教民无以死伤生。毁不灭性,此圣人之政也。"

[译文]

陆澄跟随先生在南京鸿胪寺居住,突然收到家信,说儿子病危。陆澄心里又急又忧,难以承受这个打击。

先生说:"这时正应该在身心修养上下功夫,如果放过这个机会,平时讲学又有什么用?人就是要在关键时刻磨炼身心。父亲爱儿子是最深切的感情,但是天理也要中正适度,过度就是私欲。人在这种情形下多认为按照天理就该忧虑,于是就一味愁苦,不明白自己已经'过度愁苦以至于不能保持心态中正平和'。一般来说,七情六欲一旦发作,往往过分的多,不足的少。然而,有一点过分就不是本心,必须进行调节使之适中。比如父母过世,儿子哪有不想一下子哭死才觉得痛快的?然而圣人说过'孝子哀伤不能伤害性命'。这不是圣人要强人所难，天理本身就有限度，凡事不可太过分。人一旦认识了心体，自然就不会有丝毫增减。"

二八

"不可谓'未发之中'常人俱有。盖'体用一源'①，有是体即有是用。有'未发之中'，即有'发而皆中节之和'。今人未能有'发而皆中节之和'，须知是他'未发之中'亦未能全得。"

[注释]

①体用一源：语出《伊川易传·序》："至微者，理也；至著者，象也。体用一源，显微无间。"意为体与用同出于一个源头即易，它们虽然有或者显著或者微妙的差异，却是紧密结合，不可分割的。

[译文]

先生说："不能说常人都能保持'情感未发时的中正状态'。因为'本体和应用是统一的'，有什么样的体就有什么样的用。有'情感未发时的中正'，就有'情感发出来符合分寸的平和'。现在的人没能做到'情感发出来符合分寸的平和'，可知是因为他'情感未发时的中正'还没有完全做到。"

二九

"《易》之辞是'初九，潜龙勿用'①六字，《易》之象是初画，《易》之变是值其画②，《易》之占是用其辞。"③

[注释]

①初九，潜龙勿用：易经乾卦的初九爻爻辞，象征潜伏着的龙，不能发挥作用。初九，指乾卦从下数第一爻，亦称初画。易经中用九代表阳爻，用六代表阴爻。②值其画：从乾卦初爻开始。值：遇到，碰上，从某个时间或地方开始。其：代词，那个。画：指前面提到的乾卦初爻。③辞、象、变、占：《易经·系辞上》："《易》有圣人之道四焉：以言者尚其辞，以动者尚其变，

以制器者尚其象，以卜筮者尚其占。"象，即用卦爻等符号比拟自然界和社会的万事万物及其变化。

[译文]

先生说："《易经》最具代表性的辞是乾卦的初爻爻辞'初九，潜龙勿用'，最具代表性的卦象是初九爻，《易经》中的变化始于初九爻，《易经》的占卜用的还是初九爻的爻辞。"

三十

"'夜气'①是就常人说。学者能用功，则日间有事无事，皆是此气翕聚发生处。圣人则不消说'夜气'。"

[注释]

①夜气：人在夜里产生的清明和善的心气或精神状态。语出《孟子·告子上》："其日夜之所息，平旦之气，其好恶与人相近也者几希，则其旦昼之所为，有梏之矣。梏之反复，则其夜气不足以存；夜气不足以存，则其违禽兽不远矣。"

[译文]

先生说："存养'夜气'是对普通人而言。修习者能在本心修养上下功夫，不管白天有事还是无事，心中都有清明平和之气聚合散发。圣人则根本不用讲究'夜气'。"

三一

澄问"操存舍亡"①章。

曰："'出入无时，莫知其乡'，此虽就常人心说，学者亦须是知得心之本体亦元是如此，则操存功夫始没病痛。不可便谓出为亡，入为存。若论本体，元是无出无入的。若论出入，则其思虑运用是出，然主宰常昭昭在此，何出之有？既无所出，何入之有？程子所谓'腔子'②，亦只是天理而已。虽终日应酬而不出天理，即是在腔子里。若出天理，斯谓之放，斯谓之亡。"

又曰："出入亦只是动静，动静无端，岂有乡邪？"

[注释]

①操存舍亡：语出《孟子·告子上》："孔子曰：'操则存，舍则亡，出入无时，莫知其乡，惟心之谓欤？'"操，指保持人的善良本心。乡，家乡，引申为处所、位置。②腔子：指胸腔躯体。语出《河南程氏遗书》："心要在腔子里。"意指人的所思所想离不开身体的见闻、感受、体验，要身心保持一致。

[译文]

陆澄向先生请教《孟子》中"操存舍亡"一章。

先生说："'善念的出和入没有规律，不知道它朝什么方向去'，这虽然是对普通人的心而言，修习者也应该明白心的本体原本如此，那么，保存的功夫才不会有毛病。不能随便说出就为亡，入就为存。若是论及心的本体，原本是无所谓出入的；若是论及出入，则人的思考运用是出，但是人的主宰明明就在这里，哪有什么出？既然没有出，又哪有入呢？程颐所说的'腔子'，只不过就是天理。虽然一天到晚应酬不停，而没有超出天理，就是'心在腔子里'。假使它超出了天理，就叫做放纵，就叫做亡失。"

先生又说："本心的离开或回归只是运动、静止而已，动静无常，怎么会有方向呢？"

三二

王嘉秀①问："佛以出离生死诱人入道，仙以长生久视②诱人入道。其心亦不是要人做不好，究其极至，亦是见得圣人上一截③，然非入道正路。如今仕者，有由科，有由贡，有由传奉，一般做到大官。毕竟非入仕正路，君子不由也。仙、佛到极处，与儒者略同。但有了上一截，遗了下一截，终不似圣人之全。然

陆澄录 59

其上一截同者，不可诬也。后世儒者，又只得圣人下一截，分裂失真，流而为记诵、词章、功利、训诂，亦卒不免为异端。是四家者，终身劳苦，于身心无分毫益，视彼仙、佛之徒，清心寡欲，超然于世累之外者，反若有所不及矣。今学者不必先排仙、佛，且当笃志为圣人之学。圣人之学明，则仙、佛自泯。不然，则此之所学恐彼或有不屑，而反欲其俯就，不亦难乎！鄙见如此，先生以为何如？"

先生曰："所论大略亦是。但谓上一截、下一截，亦是人见偏了如此。若论圣人大中至正之道，彻上彻下，只是一贯，更有甚上一截、下一截？'一阴一阳之谓道'④，但'仁者见之便谓之仁，智者见之便谓之智，百姓又日用而不知，故君子之道鲜矣'⑤。仁、智岂可不谓之道？但见得偏了，便有弊病。"

[注释]

①王嘉秀：字实夫，王阳明学生，好谈佛道。②长生久视：指长生不老。语出《老子》："有国之母，可以长久，是谓深根固柢，长生久视之道。"③上一截：指上达。下文"下一截"指下学。当时一般认为孔子之学可以分为两个部分，即上下两截。上一截谈明明德的修身功夫，属于道的本体；下一截讲治国平天下的亲民功夫，属于道的应用。王阳明不同意这种看法。④一阴一阳之谓道：语出《易经·系辞上》。⑤"仁者"句：语出《易经·系辞上》。意为同一个道不同的人有不同的看法，能全面认识道的人很少。

[译文]

王嘉秀问："佛家用超脱生死轮回来诱人信佛，道家以长生不老来劝人修道。他们的本心也不是要人做坏事。从根本上说，他们也是看到了圣学的上一截，但这不是获得天理的正路。就好比现在做官的人，有的通过科举考试，有的通过举荐，有的则继承先辈爵位，同样做了大官。但如果走的不是做官的正道，正人君子是不愿的。修道、信佛到最高境界，跟儒家也差不多。但他们只看到了上一截，丢了下一截,终究不像圣道全面完整。但是佛、道看到的上一截与儒的上一截相同,这不能否认。后世的儒生,又只得到圣学的下一截,分割了圣学的完整,丧失了圣学的真谛,圣学遂沦落为记诵、词章、功利、训诂的学问,最终也难免蜕变为异端邪说。记诵、词章、功利、训诂四派的人,一生劳累辛苦,对身心却毫无益处,再看修道、信佛的人,清心寡欲,超然于世俗纷争劳苦之外,自己反倒不如人家。现在的修习者不必先盲目排斥佛、道,而应专心致志于圣人的学说。圣学发扬光大了,佛、道两派自然就会消亡。如若不然,儒生们所学的东西,恐怕佛、道两家不屑一顾,却想使佛、道两家俯首称臣,不是很难吗?这是我的浅见,先生您认为怎么样呀?"

先生说:"你的看法大体上对。但你说的上一截、下一截,也是一般人的片面认识。圣道广大中正,通天彻地,完美无缺,哪有什么上一截、下一截?《易经》说,'阴阳的统一就是天理',但是'仁者见仁,智者见智,百姓又对日常生活中的道视而不见,所以君子遵循的天理很少有人明白'。仁慈、智慧难道不是道吗?但片面理解便会有弊病。"

三三

"蓍固是《易》,龟亦是《易》。"

[译文]

先生说:"用蓍草占卜是《易经》,用龟甲占卜也是《易经》。"

三四

问:"孔子谓武王未尽善①,恐亦有不满意。"

先生曰:"在武王自合如此。"

曰:"使文王未没,毕竟如何?"

曰:"文王在时,天下三分已有其二②。若到武王伐商之时,文王若在，或者不致兴兵，必然这一分亦来归了。文王只善处纣，使不得纵恶而已。"

[注释]

①孔子谓武王未尽善：语出《论语·八佾》："子谓《韶》：'尽美矣，又尽善也。'谓《武》：'尽美矣，未尽善也。'"孔子认为武王用武力得到天下是最好的方法，但在尊奉天理方面却不是十分圆满。②"天下三分"句：语出《论语·泰伯》："三分天下有其二，以服事殷。周之德，其可谓至德也已矣。"意为当时三分之二的诸侯国已归顺周，而周文王仍然恪守臣节，尊奉殷朝。

[译文]

陆澄问："孔子说周武王还没有达到尽善，恐怕是孔子对武王的行为有所不满。"

先生说："周武王自然只能通过武力夺取天下。"

又问："假如文王没死，那又会怎么样呢？"

先生说："文王死前，西周已拥有天下的三分之二。如果武王讨伐商纣时文王还在，可能不需要动武，剩下的一份也会归顺。文王只要妥善处置商纣王，使他不能放纵作恶就是了，而不会像武王那样兴兵讨伐。"

三五

惟乾①问孟子言"执中无权犹执一"②。

先生曰："中只是天理，只是易。随时变易，如何执得？须是因时制宜，难预先定一个规矩在。如后世儒者，要将道理一一说得无罅漏，立定个格式，此正是执一。"

[注释]

①惟乾：冀元亨，字惟乾，武陵（今湖南常德）人，王阳明弟子。②执中无权犹执一：意为坚持中庸虽然正确，但如果不知因时制宜，加以权变，那就是偏执。语出《孟子·尽心上》："子莫执中，执中为近之。执中无权，犹执一也。所恶执一者，为其贼道也，举一而废百也。"执中，即坚持中庸之

道。无权，不知道灵活权变。执一，执其一端，意指固执而不灵活。

[译文]

惟乾请教孟子说"执中无权犹执一"的含义。

先生说："中庸就是天理，就是易。要因时而变，怎么能固执不变呢？必须因时制宜，很难事先确定一个标准。后世的儒生，想把各种道理阐述得完美无缺，确立个固定的模式，这恰恰是一种偏执。"

三六

唐诩①问："立志是常存个善念，要为善去恶否？"

曰："善念存时，即是天理。此念即善，更思何善？此念非恶，更去何恶？此念如树之根芽。立志者长立此善念而已。'从心所欲不逾矩'②，只是志到熟处。"

[注释]

①唐诩：江西人，王阳明弟子，馀不详。②"从心"句：意为心与天理已合而为一，不管做什么都不会背离规矩。语出《论语·为政》："吾十有五而志于学，三十而立，四十而不惑，五十而知天命，六十而耳顺，七十而从心所欲不逾矩。"

[译文]

唐诩问："立志就是在心中长存善念，就是要行善去恶吗？"

先生说："善念存在心中时，就是天理。这个念头就是善，还想别的什么善呢？既然这个念头不是恶，还有什么恶可去呢？这个意念像树的根和芽，立志的人，永远确立这个善念就是了。孔子说，'从心所欲不逾矩'，只因为立志修行已到了纯熟境地。"

三七

"精神、道德、言动，大率收敛为主，发散是不得已。天、地、人、物皆然。"

[译文]

先生说:"精神、道德、语言、行动,一般以内敛为主,向外发散是非常情况下的表现。天、地、人、物都是这样。"

三八

问:"文中子是如何人?"

先生曰:"文中子庶几'具体而微'①,惜其早死。"

问:"如何却有续经之非?"

曰:"续经亦未可尽非。"

请问。

良久曰:"更觉'良工心独苦'②。"

[注释]

①具体而微:意为已经具备了圣人的基本条件,只是某些方面稍微逊色。语出《孟子·公孙丑上》:"昔者窃闻之:子夏、子游、子张,皆有圣人之一体;冉牛、闵子、颜渊,则具体而微。敢问所安?"②良工心独苦:语出杜甫《题李尊师松树障子歌》。意为优秀的工匠匠心独运,却因此而常受到庸人们的非议,可是跟一般俗人又无法沟通,所以很苦闷。

[译文]

陆澄问:"文中子是什么样的人?"

先生说:"文中子几乎'已具备圣人的许多素质,只是气度规模还有所欠缺',可惜死得太早。"

问:"可是他怎么会做出伪造经典这种不妥的事呢?"

先生说:"他这样做也不全是错。"

陆澄问先生原因。

先生过了好一会儿才说:"我更体会到'良工心独苦'这句话的意思了。"

三九

"许鲁斋①谓儒者以治生为先之说,亦误人。"

[注释]

①许鲁斋:名衡,字仲平,号鲁斋,怀州河内(今河南沁阳)人。元代大儒,力倡程朱理学,为理学在北方的传播贡献极大。他曾说:"为学者治生最为先务。"

[译文]

先生说:"许鲁斋认为儒生以谋生为第一要务的说法,也有误导人的时候。"

四十

问仙家元气、元神、元精。

先生曰:"只是一件,流行为气,凝聚为精,妙用为神。"

[译文]

陆澄请教道家所说的元气、元神、元精。

先生说:"这三者是一回事,其运行则为元气,聚集起来则为元精,精妙运用则为元神。"

四一

"喜、怒、哀、乐本体自是中和的,才自家着些意思,便过不及,便是私。"

[译文]

先生说:"喜怒哀乐这些情感的生发本来是中正合度的,只是人在它们上面附着了别的意念,才会过度或不足,就成私欲了。"

四二

问"哭则不歌"①。

先生曰:"圣人心体自然如此。"

[注释]

①哭则不歌:语出《论语·述而》:"子于是日哭,则不歌。"意为孔子哭过后,当天就不再唱歌。

[译文]

陆澄问"哭过就不再歌"的含义。

先生说:"圣人本心就是这样。"

四三

"克己须要扫除廓清,一毫不存方是;有一毫在,则众恶相引而来。"

[译文]

先生说:"克制自己的私欲一定要完全彻底,一丝不留才对;有一点私念在,众多的恶行就会跟着而来。"

四四

问《律吕新书》①。

先生曰:"学者当务为急②,算得此数熟,亦恐未有用。必须心中先具礼乐之本方可。且如其书说,多用管以候气③。然至冬至那一刻时,管灰之飞或有先后,须臾之间,焉知那管正值冬至之刻?须自心中先晓得冬至之刻始得。此便有不通处。学者须先从礼乐本原上用功。"

[注释]

①《律吕新书》:音乐理论著作,南宋蔡元定著,上卷《律吕本原》,下

卷《律吕辨证》)。②为急：一本作"本原"。③候气：测量阴阳之气的变化。古人用黄钟律管测定节气变化，把芦苇之灰放进律管里，冬至来时，阳气上升，管中的灰就会飞扬。

[译文]

有人请教《律吕新书》。

先生说："学者首先要做的是在心中确定礼乐的根本，否则，把乐律确定的方法算得再熟也没有用。《律吕新书》中说，一般用律管查看阴阳二气的变化，但是到冬至那一刻，律管中的芦灰飞扬或许有先后，那么在顷刻之间，怎么能知道哪根律管中芦灰的振动代表冬至的到来呢？必须心中先知道冬至时刻到了才行。这就有些说不通了。所以学者必须先从礼乐的根本上下功夫。"

四五

曰仁云："心犹镜也。圣人心如明镜，常人心如昏镜。近世格物之说，如以镜照物，照上用功，不知镜尚昏在，何能照？先生之格物，如磨镜而使之明，磨上用功，明了后亦未尝废照。"

[译文]

徐爱说："人心好比镜子。圣人的心就像明镜，普通人的心就像昏暗的镜。朱熹的格物学说，就像用镜照物，只在照上下功夫，不知道镜子还很昏暗，怎么能照清呢？先生的格物学说，好比磨镜使它变明变亮，在磨镜上下功夫，镜子明亮了不会影响照物。"

四六

问道之精粗。

先生曰："道无精粗，人之所见有精粗。如这一间房，人初进来，只见一个大规模如此；处久，便柱壁之类一一看得明白；再久，如柱上有些文藻，细细都看得出来。然只是一间房。"

[译文]

陆澄问道的精深、粗浅。

先生说:"天理本身没有精粗之分,但人们对天理的认识有精粗之分。好比一间房子,人刚进来时,只看到一个大致轮廓;待久了,才把梁柱、墙壁等一一看清楚;时间再长些,梁柱上的花纹都看得清清楚楚。不过,房子还是这间房子,并无变化。"

四七

先生曰:"诸公近见时少疑问,何也?人不用功,莫不自以为已知为学,只循而行之是矣。殊不知私欲日生,如地上尘,一日不扫便又有一层。着实用功,便见道无终穷,愈探愈深,必使精白无一毫不彻方可。"

[译文]

先生说:"你们近来问题少多了,怎么回事?人不下功夫,就会自满,认为已知道如何做学问,只按照过去的方法去做就可以了。却不知道私欲天天生长,就像地上的灰尘,一天不扫便又积一层。踏踏实实下功夫,就会发现天理永无止境,越探究就越深奥,必须做到精确明白,没有丝毫不透彻才行。"

四八

问:"知至然后可以言诚意。今天理人欲知之未尽,如何用得克己功夫?"

先生曰:"人若真实切己用功不已,则于此心天理之精微日见一日,私欲之细微亦日见一日。若不用克己功夫,终日只是说话而已,天理终不自见,私欲亦终不自见。如人走路一般,走得一段方认得一段,走到歧路时,有疑便问,问了又走,方渐能到得欲到之处。今人于已知之天理不肯存,已知之人欲不肯去,且只管愁不能尽知,只管闲讲,何益之有?且待克得自己无私可克,方愁不能尽知,亦未迟在。"

[译文]

陆澄问:"《大学》中说,认识彻底了才能谈得上思想真诚。现在对天理、私欲还没搞明白,怎么做克制私欲的功夫呢?"

先生说:"一个人如果真正下决心不断用功修炼,那么,他对天理精妙细微的认识一天比一天深刻,对私欲的认识也是如此。如果不下功夫克制私欲,每天只在嘴上说说,终究认识不清天理、私欲。就像人走路一样,走过一段路之后才认识这段路。走到岔路口时,有疑惑便问,问了再向前走,才能慢慢到达要去的地方。现在有些人对已认识到的天理不愿存养,对认识到的私欲不愿清除,只顾发愁不能尽知天理,光是空谈,有什么益处?等到没什么私欲可克制时,再发愁不能完全认识天理,也不算迟。"

四九

问:"道一而已①,古人论道往往不同,求之亦有要乎?"

先生曰:"道无方体②,不可执著。却拘滞于文义上求道,远矣。如今人只说天,其实何尝见天?谓日、月、风、雷即天,不可;谓人、物、草、木不是天,亦不可。道即是天。若识得时,何莫而非道?人但各以其一隅之见认定,以为道止如此,所以不同。若解向里寻求,见得自己心体,即无时无处不是此道。亘古亘今,无终无始,更有甚同异?心即道,道即天。知心则知道、知天。"

又曰:"诸君要实见此道,须从自己心上体认,不假外求,始得。"

[注释]

①道一而已:语出《孟子·滕文公上》:"夫道,一而已矣。" ②道无方

体：语出《易经·系辞上》："故神无方而易无体。"神，指道变化神妙。方，方位，方向。体，具体形态。

[译文]

陆澄问："道只有一个，古人在论道时却往往不同，求道也有关键之处吗？"

先生说："道没有具体的方位形态，不能执著。想拘泥于词句探求天道，反而离天道越来越远。比如现在人说天，其实他们何尝认识天？他们认为日、月、风、雷就是天，不对；说人、物、草、木不是天，也不对。道就是天，如果认识到这一点，那么什么不是道？但人们只是根据自己的一孔之见来认定道，认为道只不过如此，所以每个人认识的道才会不一样。如果努力加强内心修养，认识到自己的本心，那么，时时处处都是这个道。从古至今，无始无终，哪有什么异同？心就是道，道就是天。认识本心就能认识道，认识天。"

先生又说："你们要真的想认识道，必须在自己的心中体会，不要从本心之外去探求才行。"

五十

问："名物度数，亦须先讲求否？"

先生曰："人只要成就自家心体，则用在其中。如养得心体，果有未发之中，自然有发而中节之和，自然无施不可。苟无是心，虽预先讲得世上许多名物度数，与己原不相干，只是装缀临时，自行不去。亦不是将名物度数全然不理，只要'知所先后，则近道'[①]。"

又曰："人要随才成就，才是其所能为。如夔[②]之乐、稷[③]之种，是他资性合下便如此。成就之者，亦只是要他心体纯乎天理。其运用处皆从天理上发来，然后谓之才。到得纯乎天理处，亦能'不器'。使夔、稷易艺而为，当亦能之。"

又曰："如'素富贵，行乎富贵。素患难，行乎患难'，皆是'不器'。此惟养得心体正者能之。"

[注释]

①知所先后，则近道：语出《大学》："物有本末，事有终始。知所先后，则近道矣。"②夔（kuí）：传说是舜的乐官。③稷：周人的先祖，尧舜时主管农事的官。

[译文]

陆澄问："事物的名称和数量，也必须预先探求吗？"

先生说："人只要能存养本心为天理，则发挥运用自然包含其中。如果修养心体达到未发之中的境界，即使私欲发作出来也合乎中正的法度，自然无所不可。如果没有存养本心，即使事先探求世上许多事物的知识，与自己也没有什么关系，只是能临时装点一下门面，不能行事。当然，也不是根本不管事物的名称数量，只要'知道先做什么，后做什么，这就接近天理了'。"

先生又说："人根据自己的特长做出成就，才是他所能做到的。就像夔对于音乐、后稷对于种庄稼一样，他们的天性本来就适合从事这些工作。造就一个人，也只是让他的心纯粹而成为天理。他做事都是天理自然的发挥运用，然后称他为'人才'。心体存养达到纯粹为天理的程度，干什么都可以成功，成为'不器'之才。让夔和后稷互换职业，他们也能做得很好。"

又说："像《中庸》所说，'身处富贵，就做富贵时能干的事；身处患难，就做患难中能做的事'，这都是'不器'。干什么都能成功，这只有存养心体达到中正的人才能做到。"

五一

"与其为数顷无源之塘水，不若为数尺有源之井水，生意不穷。"

时先生在塘边坐,旁有井,故以之喻学云。

[译文]

先生说:"与其挖一个数顷之大而无水源的池塘,不如挖一口数尺深而有水源的井,井里的水源源不断不会枯竭。"

当时,先生坐在池塘边,旁边有一口井,他就以井来比喻做学问。

五二

问:"世道日降,太古时气象如何复见得?"

先生曰:"一日便是一元①。人平旦时起坐,未与物接,此心清明景象,便如在伏羲时游一般。"

[注释]

①一元:宋代易学家邵雍所说的一个宇宙周期,指天地从形成到毁灭的过程,为129600年。

[译文]

陆澄问:"现在世风日下,人心不古,伏羲以前太古时代的清明风气如何才能重现呢?"

先生说:"一天就是一元。人早晨起来,尚未待人接物,心中清纯宁静,就好像游历伏羲时代一样。"

五三

问:"心要逐物,如何则可?"

先生曰:"人君端拱清穆,六卿分职,天下乃治。心统五官,亦要如此。今眼要视时,心便逐在色上;耳要听时,心便逐在声上。如人君要选官时,便自去坐在吏部;要调军时,便自去坐在兵部。如此,岂惟失却君体,六卿亦皆不得其职。"

[译文]

陆澄问:"人心追求外物,该怎么办?"

先生说:"君主庄严肃穆端坐在朝堂上,六卿各司其职,天下才能太平。人心统摄五官也要像这样。现在眼睛要看时,心就追逐在颜色上;耳朵要听时,心就追逐在声音上。这就好比君主要选拔官吏时,就去吏部;要调动军队时,就去兵部。这样,不但失去了君主的身份,文武百官也不能履行其职责。"

五四

"善念发而知之,而充之;恶念发而知之,而遏之。知与充与遏者,志也,天聪明也。圣人只有此,学者当存此。"

[译文]

先生说:"人心萌发善念时要认识它,并发展扩充它;人心萌发恶念时要认识它,并遏制清除它。知道扩充善念遏制恶念,就是心志,是上天赋予人的聪明才智。圣人只不过拥有这个聪明才智,修习者应该学习存养这种聪明才智。"

五五

澄曰:"好色、好利、好名等心,固是私欲,如闲思杂虑如何亦谓之私欲?"

先生曰:"毕竟从好色、好利、好名等根上起,自寻其根便见。如汝心中决知是无有做劫盗的思虑,何也?以汝元无是心也。汝若于货、色、名、利等心,一切皆如不做劫盗之心一般,都消灭了,光光只是心之本体,看有甚闲思虑?此便是'寂然不动',便是'未发之中',便是'廓然大公'。自然'感而遂通',①自然'发而中节',自然'物来顺应'。②"

[注释]

①寂然不动、感而遂通：语出《易经·系辞上》："寂然不动，感而遂通天下之故。"意为易本身是宁静不动的，有人来问吉凶，易便会与天下之事相通，显示出吉凶祸福来。②廓然大公、物来顺应：语出程颢《答横渠先生定性书》："君子之学，莫若廓然大公，物来而顺应。"意为心胸宽广、大公无私，遇到事情时能坦然自如地应对。

[译文]

陆澄说："心里喜好美色、追逐名利等肯定是私欲，但那些闲思杂虑怎么也叫私欲呢？"

先生说："闲思杂虑毕竟是从喜好美色、追逐名利这些根上生发出来的，从根源上找才能看清其实质。例如，你一定明白自己决没有去抢劫、偷盗的想法，为什么？因为你心中根本没有这个念头。如果你贪财、好色、追名、逐利之心等像做盗贼之心一样都被清除了，干干净净只剩下心的本体，看看还会有什么闲思杂虑？这便是'心宁静不动'，便是'未发之中'，便是'心胸宽广、大公无私'。这样，人心便会'与万事万物感应相通'，'感情发出来时中正合度'，也自然'能根据各种情况而应对自如'。"

五六

问"志至气次"①。

先生曰："志之所至，气亦至焉之谓，非极至、次贰之谓。'持其志'，则养气在其中。'无暴其气'，则亦持其志矣。孟子救告子②之偏，故如此夹持说。"

[注释]

①志至气次：语出《孟子·公孙丑上》："夫志，气之帅也；气，体之充也。夫志至焉，气次焉；故曰：'持其志，无暴其气。'"意思是说："所谓志向，是意气的统帅；意气，充满身体之内。志向为首要，意气还在其次。所以说：'把握住思想意志，不要随便意气用事。'"②告子：名不害，战国人。

他提出性无善恶论,并有"生之谓性"、"食色,性也"的论点,与孟子性善论相对立。所以有"孟子救告子之偏"说。

[译文]

陆澄问"志至"、"气次"的问题。

先生说:"这说的是志向到达的地方,意气也随之而至。并不是如朱熹所说,必须先立下志向,然后才能养气。'坚持志向'养气就在其中。'不意气用事'也就是'坚持志向'。孟子为了纠正告子的偏弊,才这样兼顾两方面讲。"

五七

问:"先儒曰:'圣人之道必降而自卑,贤人之言则引而自高。'①如何?"

先生曰:"不然。如此却乃伪也。圣人如天,无往而非天,三光之上天也,九地之下亦天也。天何尝有降而自卑?此所谓'大而化之'②也。贤人如山岳,守其高而已。然百仞者不能引而为千仞,千仞者不能引而为万仞。是贤人未尝引而自高也,引而自高则伪矣。"

[注释]

①"圣人"二句:程颐语,出自《二程外书》:"圣人之教人,俯就之若此,犹恐家人以为高远而不亲也。圣人之言,必降而自卑,不如此则人不亲。贤人之言,必引而自高,不如此则道不尊。"②大而化之:语出《孟子·尽心下》:"充实而有光辉之谓大,大而化之之谓圣。"意为内心充满善而且光明正大地表现出来便叫"大","大"又能融会贯通便叫"圣"。

[译文]

陆澄问:"程颐先生说:'圣人论道必然朴素谦卑,贤人说话却自我抬高。'这话怎么讲?"

先生说:"不对,假如这样就是作假了。圣人就像天,到哪里都是天,日月星辰之上是天,九泉之下也是天。天何曾自降身份至卑下的地位呢？这就是孟子说的'大而化之'。贤人像高山大岳，保持着自己的高度罢了。但是百仞之山不能自拔成千仞，千仞之山同样不能自拔为万仞。贤人并没有抬高自己，若这样就是作假。"

五八

问："伊川谓'不当于喜怒哀乐未发之前求中'①，延平②却教学者看未发之前气象，何如？"

先生曰："皆是也。伊川恐人于未发前讨个中，把中做一物看，如吾向所谓认气定时做中，故令只于涵养省察上用功。延平恐人未便有下手处，故令人时时刻刻求未发前气象，使人正目而视惟此，倾耳而听惟此，即是'戒慎不睹，恐惧不闻'③的工夫。皆古人不得已诱人之言也。"

[注释]

①不当于喜怒哀乐未发之前求中：程颐语，出自《河南程氏遗书》："若言求中于喜怒哀乐未发之前，则不可。"②延平：姓李，名侗，字愿中，世称延平先生，今福建南剑人。程颐三传弟子，朱熹曾从游其门下。③戒慎不睹，恐惧不闻：语出《中庸》："是故君子戒慎乎其所不睹，恐惧乎其所不闻。莫见乎隐，莫显乎微。故君子慎其独也。"意为君子在别人看不到听不到的情况下也不忘时时检点、警戒自己。

[译文]

陆澄问："程颐先生认为'不该在喜怒哀乐发出来之前追求中正平和'，延平先生却教育学生观察感情未发之前的状态，他们的说法对吗？"

先生说："都对。程颐先生怕人在感情未发之前追求中正，把中正看成一事物，就像我一向说的把气定当作中正平和那样，所以让人只在存养反省体察上下功夫。延平先生害怕人开始时找不到切入点，所以让人时刻观察感情未发前的气象，使人在全神贯注时看到的、听到的只是未发前的状况，这就是《中庸》所说的'戒慎不睹，恐惧不闻'的功夫。这都是古人诱导人修身养性时不得已说的话。"

五九

澄问："喜、怒、哀、乐之'中'、'和'，其全体常人固不能有。如一件小事当喜怒者，平时无有喜怒之心，至其临时，亦能'中节'，亦可谓之'中'、'和'乎？"

先生曰："在一时一事，固亦可谓之'中'、'和'。然未可谓之'大本'、'达道'①。人性皆善，'中'、'和'是人人原有的，岂可谓无？但常人之心既有所昏蔽，则其本体虽亦时时发见，终是暂明暂灭，非其全体大用②矣。无所不'中'，然后谓之'大本'；无所不'和'，然后谓之'达道'。惟天下之至诚，然后能立天下之'大本'。"

曰："澄于'中'字之义尚未明。"

曰："此须自心体认出来，非言语所能喻。'中'只是天理。"

曰："何者为天理？"

曰："去得人欲，便识天理。"

曰："天理何以谓之'中'？"

曰："无所偏倚。"

曰："无所偏倚是何等气象？"

曰："如明镜然，全体莹彻，略无纤尘染著。"

曰："偏倚是有所染著，如著在好色、好利、好名等项上，方见得偏倚。若未发时，美色、名、利皆未相著，何以便知其有所偏倚？"

曰："虽未相著，然平日好色、好利、好名之心原未尝无。既未尝无，即谓之有；既谓之有，则亦不可谓无偏倚。譬之病疟之人，虽有时不发，而病根原不曾除，则亦不得谓之无病之人矣。须是平日好色、好利、好名等项一应私心扫除荡涤，无复纤毫留滞，而此心全然廓然，纯是天理，方可谓之喜、怒、哀、乐'未发之中'，方是天下之'大本'。"

[注释]

①大本、达道：语出《中庸》："喜怒哀乐之未发，谓之中；发而皆中节，谓之和。中也者，天下之大本也；和也者，天下之达道也。"②全体大用：语出朱熹《大学》补传："是以《大学》始教……至于用力之久，而一旦豁然贯通焉，则众物之表里精粗无不到，而吾心之全体大用无不明矣。"

[译文]

陆澄问："喜怒哀乐等感情发出来中正平和，它的全体，一般人都不具有。比如遇到一件应该高兴或愤怒的小事，如果平时心中没有喜怒，遇到事时发出来的情感符合中正平和的标准，这算不算中正平和？"

先生说："在这一时一事上可以说达到了中正平和，但还不能说是大本、达道的境界。人本性善良，中和人人本来就有，怎么能说没有？不过普通人的天性有所蒙蔽，他们的本体虽然时时显现，终究时断时续，时明时灭，不是心的全体作用。无时无刻没有不中正才叫大本，无时无刻不平和才叫达道。只有天下最真诚的人，才能确立天下的大本。"

陆澄说："我对'中'字的含义还不明白。"

先生说："这必须从自己的本心上悟出来，不是语言所能表达清楚的。'中'就是天理。"

陆澄问："什么是天理？"

先生说："摒弃私欲，就会明白天理。"

陆澄说:"天理怎么叫做'中'呢?"

先生说:"因为天理不偏不倚。"

陆澄说:"不偏不倚是什么状态?"

先生说:"像明镜似的,通体晶莹无一丝灰尘。"

陆澄说:"偏倚是有所玷污,如沾染上好色、追名逐利等等,才能看出来是有所偏倚。如果情感尚未发生,好色、追名逐利都还没有表现出来,怎么便知道他有所偏倚呢?"

先生说:"虽然还没有表现出来,但平时好色、追名逐利的念头并不是没有。既然并不是没有,就是有这些念头;既然有这些念头,就不能说没有偏倚。比如有疟疾的人,虽然有时病未发作,病根却并没有根除,所以不能说他是没病的人。必须把平时的好色、追名逐利等私欲彻底清除,不留一丝一毫,此心完全至精至纯,全是天理,才能说是喜怒哀乐没发生时的中正,这才是天下的大本。"

六十

问:"'颜子没而圣学亡'①,此语不能无疑。"

先生曰:"见圣道之全者惟颜子,观'喟然一叹'②可见。其谓'夫子循循然善诱人,博我以文,约我以礼',是见破后如此说。博文、约礼如何是善诱人?学者须思之。道之全体,圣人亦难以语人,须是学者自修自悟。颜子'虽欲从之,末由也已',即文王'望道未见'意。望道未见乃是真见。颜子没而圣学之正派遂不尽传矣。"

[注释]

①颜子没而圣学亡:语出《阳明全书·送甘泉序》。颜子,姓颜名回,字子渊,亦称颜渊。春秋鲁国人,孔子最得意的学生。②喟然一叹:语出《论语·子罕》:"颜渊喟然叹曰:'仰之弥高,钻之弥坚;瞻之在前,忽焉在后。夫子循循然善诱人,博我以文,约我以礼,欲罢不能。既竭吾才,如有所立卓

尔。虽欲从之,末由也已。'"末由,没有路径,没有办法。

[译文]

陆澄问:"先生说'颜回死后孔子的学说就衰亡了',我对这句话不能不产生疑问。"

先生说:"全部领会圣人学说的只有颜回一人,这从《论语》中颜回那一声感慨可以看出。他说'孔子善于循序渐进地引导学生,用丰富的知识武装我,用道德规范来教化我',这是他全面领会掌握后才能说出的话。博文、约礼怎么能善于开导人呢?修习者需要认真思考。天理的全貌,圣人也难以告诉人,必须靠修习者自己修养感悟。颜回说'虽然我想追求天理,却找不到路径',文王说'我对天理只是远远望着却不能走近看个真切',他们两人表达的意思是相同的。望道未见,乃是真知灼见。颜回早夭,孔子学说的正宗就不能完全流传下来了。"

六一

问:"身之主为心,心之灵明是知,知之发动是意,意之所著为物,是如此否?"

先生曰:"亦是。"

[译文]

陆澄问:"身体的主宰是心,心的清明神妙是认识,认识发动便是思想,思想涉及的对象是事物,是这样吗?"

先生说:"可以这样说。"

六二

"只存得此心常见在,便是学。过去未来事,思之何益?徒放心耳!"

"言语无序,亦足以见心之不存。"

[译文]

先生说:"只要时刻存养本心,就是学习。过去和将来的事想它有什么益处?只不过是丧失本心罢了。"

先生说:"说话颠三倒四,足以说明没有存养本心。"

六三

尚谦①问孟子之"不动心"与告子异②。

先生曰:"告子是硬把捉著此心,要他不动;孟子却是集义到自然不动。"

又曰:"心之本体,原自不动。心之本体即是性,性即是理。性元不动,理元不动。集义是复其心之本体。"

[注释]

①尚谦:薛侃,字尚谦,号中离,广东揭阳人,王守仁的弟子。②孟子之"不动心"与告子异:语出《孟子·公孙丑上》:"敢问夫子之不动心,与告子之不动心,可得闻与?"

[译文]

尚谦问孟子讲的"不动心"与告子讲的有何差异。

先生说:"告子的观点,是硬要捉住心使它不动;孟子是要人不断存养本心使它自然不动。"

先生又说:"心的本体原本是不动,心的本体就是天性,天性便是天理。人的天性原是不动的,天理也是这样,不断积累正义就是要恢复心的本体。"

六四

"万象森然时,亦冲漠无朕;冲漠无朕,即万象森然。冲漠无朕者,'一'之父;万象森然者,'精'之母。'一'中有'精','精'中有'一'。"

"心外无物。如吾心发一念孝亲,即孝亲便是物。"

[译文]

先生说:"心中万事万物具体呈现时,也就达到了寂然无我的境界;达到了寂然无我的境界时,万事万物就会全部呈现在心中。冲漠无朕是'惟一'的父亲,万象森然是'惟精'的母亲。'惟一'中有'惟精','惟精'中有'惟一',二者是统一不可分的。"

先生说:"本心之外没有事物,如果我心里产生了孝顺父母的意念,那孝顺父母就是事物。"

六五

先生曰:"今为吾所谓格物之学者,尚多流于口耳。况为口耳之学者,能反于此乎?天理人欲,其精微必时时用力省察克治,方日渐有见。如今一说话之间,虽口讲天理,不知心中倏忽之间已有多少私欲!盖有窃发而不知者,虽用力察之尚不易见,况徒口讲而可得尽知乎?今只管讲天理来顿①放著不循,讲人欲来顿放著不去,岂格物致知之学?后世之学,其极至只做得个'义袭而取'②的功夫。"

[注释]

①顿:舍弃,丢下。②义袭而取:语出《孟子·公孙丑上》:"是集义所生者,非义袭而取之也。"

[译文]

先生说:"现在许多学习我的格物学说的人,还多半停留在口头上,何况那些喜欢空谈的人怎么能不如此呢?存天理去私欲,其精微之处必须时刻反省体察克制,才能渐渐有所得。现在有人说话的时候,虽然嘴里讲着存养天理,却不知心中刹那间产生出多少私欲来!私欲潜滋暗长,即使下功夫反省体察还不易发现,何况仅仅口头上说说,怎么可能全部发现?现在只讲天理而不遵循,谈到私欲而不克制，这难道是我的格物致知的学说吗？后世的学问，至多也只是做到'用偶然的合乎天理的举动博得个好名声'的地步。"

六六

问格物。

先生曰："格者，正也，正其不正以归于正也。"

问："'知止'者，知至善只在吾心，元不在外也，而后志定。"

曰："然。"

[译文]

陆澄请教格物。

先生说："格是纠正的意思，就是纠正错误使其复归中正。"

陆澄问："'知止'就是明白至善只存在于我们心中，而不在心外，然后志向才能坚定。"

先生说："对。"

六七

问："格物于动处用功否？"

先生曰："格物无间动静，静亦物也。孟子谓'必有事焉'①，是动静皆有事。"

[注释]

①必有事焉：语出《孟子·公孙丑上》："必有事焉而勿正，心勿忘，勿助长也。"这句话的意思是，任何时候都一定要培养浩然之气，不要有特定的目的，不要忘记、也不要违背客观规律去助长它。

[译文]

有人问："格物是在活动时下功夫吗？"

先生说："格物不分动静，静止也是一种事物。孟子说'必有事焉'，就是说不管是动还是静都要用功。"

六八

"功夫难处，全在格物致知上。此即诚意之事。意既诚，大段心亦自正，身亦自修。但正心、修身功夫亦各有用力处。修身是已发边，正心是未发边。心正则中，身修则和。"

[译文]

先生说："功夫最难的就是格物致知，这是关乎思想是否合于天理的事。思想合乎天理，基本上心也自然能中正，身也自然能遵道。但是正心、修身的功夫也各有切入点，修身是就情感发出来而言的，正心是就情感未发出来而言的。心正则无所偏倚，身修则合乎法度。"

六九

"自'格物'、'致知'至'平天下'①，只是一个'明明德'，虽'亲民'亦'明德'事也。'明德'是此心之德，即是仁。'仁者以天地万物为一体'②，使有一物失所，便是吾仁有未尽处。"

[注释]

①"格物"、"致知"至"平天下"：语出《大学》，阳明认为《大学》中的八条目即格物、致知、诚意、正心、修身、齐家、治国、平天下，都可归结为"明明德"，与程朱理学的解释不同。②仁者以天地万物为一体：程颢语，语出《河南程氏遗书》。意为仁者把天地万物包括自己都视为一个整体。

[译文]

先生说："从'格物'、'致知'到'平天下'，只是'明明德'的过程，即使是'亲民'也属于'明德'的事情。'明德'是本心的德性，就是仁爱。'仁爱的人把天地万物看作一个整体'，如果有一物失常，就说明我的仁爱还有没关怀到的地方。"

七十

"只说'明明德'而不说'亲民'，便似老、佛。"

[译文]

先生说："仅谈'明明德'而不说'亲民'，便有点像佛、道两家的思想。"

七一

"至善者性也，性元无一毫之恶，故曰至善。止之，是复其本然而已。"

[译文]

先生说："至善是人的天性，天性原本没有一点恶，所以叫最高的善。止至善，只是恢复人性的本来面目。"

七二

问："知至善即吾性，吾性具吾心，吾心乃至善所止之地，则不为向时之纷然外求而志定矣。定则不扰扰而静，静而不妄动则安，安则一心一意只在此处，千思万想务求必得此至善，是能虑而得矣。①如此说是否？"

先生曰："大略亦是。"

[注释]

①这段话是用阳明的观点解释《大学》中如下几句话："知止而后有定，定而后能静，静而后能安，安而后能虑，虑而后能得。"

[译文]

陆澄问："明白至善是人的天性，人的天性包含在人的本心之中，人的本心是至善所在的地方，就不会像过去那样匆忙在心外探求，志向也就坚定了。志向坚定，心就不会纷纷扰扰而是平静下来，心静不乱动则会安妥，心安就会全神贯注于至善，苦思冥想一定探求得到至善，这就是'虑而后能得'的意思。这样说对吗？"

先生说："基本上对。"

七三

问："程子云：'仁者以天地万物为一体。'何墨氏兼爱①，反不得谓之仁？"

先生曰："此亦甚难言，须是诸君自体认出来始得。仁是造化生生不息之理，虽弥漫周遍，无处不是，然其流行发生亦只有个渐，所以生生不息。如冬至一阳生，必自一阳生而后渐渐至于六阳②。若无一阳之生，岂有六阳？阴亦然。惟有渐，所以便有个发端处；惟其有个发端处，所以生；惟其生，所以不息。譬之木，其始抽芽，便是木之生意发端处，抽芽然后发干，发干然后生枝生叶，然后是生生不息。若无芽，何以有干有枝叶？能抽芽，必是下面有个根在，有根方生，无根便死。无根何从抽芽？父子、兄弟之爱便是人心生意发端处，如木之抽芽。自此而仁民，而爱物，便是发干生枝生叶。墨氏兼爱无差等，将自家父子、兄弟与途人一般看，便自没了发端处。不抽芽，便知得他无根，便不是生生不息，安得谓之仁？孝弟为仁之本，却是仁理从里面发生出来。"

[注释]

①墨氏兼爱：墨翟（约前468~前376年），春秋战国之际思想家，鲁国人，曾为宋国大夫。墨家学派的创始人，后世称为墨子。"兼爱"是墨子政治思想和伦理思想的核心，以为天下之所以有众暴寡、强凌弱的现象，根源在于人们不能兼相爱，提倡天下人相爱互利，反对儒家的"亲亲"主张。②渐渐

至于六阳：汉代易学家孟喜用《周易》中六阳卦分别代表夏历十一月至第二年四月，用六阴卦分别代表夏历五月至十月，显示阴阳的消长，决定四季寒暑的变化。这十二个卦又称十二消息卦。

[译文]

有人问："程颢先生说：'仁爱的人把天地万物看作一个整体。'为什么提倡兼爱的墨子反而不被认为是仁爱呢？"

先生说："这很难说清楚，你们必须自己体会才能明白。仁是孕育万物生生不息的天理，虽然它无处不在，充满天地间，但是它的运动变化，也有个过程，所以它才是生生不息的。例如冬至时一阳初生，一定从一阳产生后逐渐发展到六阳。若没有一阳产生，哪有六阳？阴也是如此。就因为它是不断发展的，所以才有个发端，有发端才会诞生；有诞生才会不断生长。好比树木，开始发芽就是树木生长的开端。发芽后生出树干，长出树干后生出枝条树叶，最后是生生不息。如果没有发芽，树木哪来树干、枝条和叶子？能发芽，说明下面一定有根，有根才能生长，没有根就会枯死。没有根从哪儿发芽？父子、兄弟间的关爱之情，就是人心意念产生的开端，好比树木发芽。由此而关爱百姓、关爱万物，就是长干生枝长叶。墨子兼爱说的'爱'没有差别，把自家父子、兄弟与路人同等看待，这就没有了开端。不发芽，便知道他的兼爱无根，不是生生不息，怎么能称为仁呢？孝顺父亲、尊敬兄长是仁的根本，仁就是从这个根本中产生出来的。"

七四

问："延平云：'当理而无私心。'① '当理'与'无私心'，如何分别？"

先生曰："心即理也。无私心即是当理，未当理便是私心。若析心与理言之，恐亦未善。"

又问:"释氏于世间一切情欲之私都不染著,似无私心。但外弃人伦,却似未当理。"

曰:"亦只是一统事,都只是成就他一个私己的心。"

[注释]

①当理而无私心:李侗语,语出《延平答问》。意为既合天理又没有私心。

[译文]

陆澄问:"延平先生说:'符合天理而没有私心。'符合天理和没有私心,怎么区别?"

先生说:"心就是天理。没有私心就是符合天理,不符合天理便是有私心。如果把心与天理分开来讲,恐怕不太好。"

又问:"佛家对尘世间的一切情欲、私心都不沾染,好像没有私心。但是佛家抛弃人伦,似乎不符合天理。"

先生说:"佛教和世人都是一回事,都是只要成全他自己的私心。"

薛侃录

一

侃问:"持志如心痛,一心在痛上,安有功夫说闲话、管闲事?"

先生曰:"初学工夫如此用亦好,但要使知'出入无时,莫知其乡'。心之神明原是如此,功夫方有著落。若只死死守著,恐于功夫上又发病。"

[译文]

薛侃问:"坚持志向好比心痛,一心全在痛上,哪有时间说闲话、管闲事?"

先生说:"初学时这样下工夫也行,但是要知道天理的神明原来就是'进出没有时间,不知它要到哪里',这样工夫才有着落。如果只是死守志向,恐怕又会在下功夫上出毛病。"

二

侃问:"专涵养而不务讲求,将认欲作理,则如之何?"

先生曰:"人须是知学。讲求亦只是涵养,不讲求只是涵养之志不切。"

曰："何谓知学？"

曰："且道为何而学？学个甚？"

曰："尝闻先生教，学是学存天理。心之本体即是天理，体认天理，只要自心地无私意。"

曰："如此则只须克去私意便是，又愁甚理欲不明？"

曰："正恐这些私意认不真。"

曰："总是志未切。志切，目视、耳听皆在此，安有认不真的道理？'是非之心，人皆有之'①，不假外求。讲求亦只是体当自心所见，不成去心外别有个见。"

[注释]

①是非之心，人皆有之：语出《孟子·公孙丑上》："恻隐之心，仁之端也；羞恶之心，义之端也；辞让之心，礼之端也；是非之心，智之端也。人之有是四端也，犹其有四体也。"

[译文]

薛侃问："专注存养本性而不注重学习研究，结果把私欲当作天理，该怎么办？"

先生说："人必须知道学习，学习研究也就是存养，不研究就是存养天性的志向不坚定。"

薛侃说："怎样叫知道学习？"

先生说："你先说说为什么学，学什么？"

薛侃说："曾经听先生教诲，学就是学习存养天理，心的本体是天理，体察认识天理，只要自己本心没有私念。"

先生说："如此说来，只要注意克制私欲就行了，还发愁什么不明白天理、私欲？"

薛侃说："正是害怕认不清私欲。"

先生说："还是志向不坚定。志向坚定，眼睛看、耳朵听都集中在天理上，哪有认不清私欲的道理？'辨别对错的能力是人与生俱来的'，不需要到心外去探求。探求学问也只是体察本心的认识，而不是本心之外还有别的认识。"

三

先生问在座之友："比来功夫何似？"

一友举虚明意思①。先生曰："此是说光景。"

一友叙今昔异同。先生曰："此是说效验。"

二友惘然，请是。

先生曰："吾辈今日用功，只是要为善之心真切。此心真切，见善即迁，有过即改，②方是真切功夫。如此，则人欲日消，天理日有。若只管求光景、说效验，却是助长外驰病痛，不是功夫。"

[注释]

①虚明意思：由静坐而产生的超觉体验，恍如海市蜃楼，故曰"光景"。
②见善即迁，有过即改：语出《易经·益卦》："君子以见善则迁，有过即改。"

[译文]

先生问在座的朋友："近来功夫有什么进展吗？"

一位朋友说自己心中寂静却又光明。先生说："这是做功夫时的情景。"

一位朋友叙述了过去和现在的异同，先生说："这是说做功夫的效果。"

两位朋友感到茫然，向先生请教。

先生说："我们现在下功夫，只是要使求善之心更加真切。这个心真诚确切，见善就靠近，有过就改正，这才是真诚确切的功夫。只有这样，私欲才会一天天消亡，天理才会一天天清明。如果只是追求做功夫的情景和效果，反而会助长在心外求理的毛病，这不是真正的功夫。"

四

朋友观书，多有摘议晦庵者。

先生曰："是有心求异，即不是。吾说与晦庵时有不同者，为入门下手处有毫厘千里①之分，不得不辩。然吾之心与晦庵之心未尝异也。若其余文义解得明当处，如何动得一字？"

[注释]

①毫厘千里：语出《礼记·经解》："《易》曰：'君子慎始，差若毫厘，缪以千里。'"

[译文]

朋友们看书，经常批评指摘朱熹先生。

先生说："这是故意求新求异，是不对的。我的学说与朱熹多有不同，主要是在入门功夫上有毫厘千里的差别，不得不分辨清楚。但是我的心与朱熹先生的心是相同的。朱熹先生其他解释得明白精当的地方，怎么能改动一字呢？"

五

希渊①问："圣人可学而至，然伯夷、伊尹于孔子才力终不同，其同谓之圣者②安在？"

先生曰："圣人之所以为圣，只是其心纯乎天理而无人欲之杂，犹精金之所以为精，但以其成色足而无铜铅之杂也。人到纯乎天理方是圣，金是足色方是精。然圣人之才力亦有大小不同，犹金之分两有轻重。尧、舜犹万镒③，文王、孔子犹九千镒，禹、汤、武王犹七八千镒，伯夷、伊尹犹四五千镒。才力不同而纯乎天理则同，皆可谓之圣人，犹分两虽不同，而足色则同，皆可谓之精金。以五千镒者而入于万镒之中，其足色同也；以夷、尹而厕之尧、孔之间，其纯乎天理同也。盖所以为精金者，在足色而不在分两；所以为圣者，在纯乎天理而不在才力也。故虽凡人，而肯为学，使此心纯乎天理，则亦可为圣人，犹一两之金，比之万镒，分两虽悬绝，而其到足色处可以无愧。故曰'人皆可以为尧舜'④者以此。学者学圣人，不过是去人欲而存天理耳，犹炼金而求其足色。金之成所争不多，则锻炼之工省而功易成，成色愈下则锻炼愈难。人之气质清浊粹驳，有中人以上、中人以下，其于道有生知安行、学知利行，其下者必须人一己百、人十己千⑤，及其成功则一。

"后世不知作圣之本是纯乎天理，却专去知识才能上求圣人，以为圣人无所不知，无所不能，我须是将圣人许多知识才能逐一理会始得。故不务去天理上着功夫，徒弊精竭力，从册子上钻研、名物上考索、形迹上比拟。知识愈广而人欲愈滋，才力愈多而天理愈蔽。正如见人有万镒精金，不务锻炼成色，求无愧于彼之精纯，而乃妄希分两，务同彼之万镒，锡、铅、铜、铁杂然而投，分两愈增而成色愈下，既其梢末，无复有金矣。"

时曰仁在旁，曰："先生此喻，足以破世儒支离之惑，大有功于后学。"

先生又曰："吾辈用功，只求日减，不求日增。减得一分人欲，便是复得一分天理，何等轻快脱洒，何等简易！"

[注释]

①希渊：蔡宗兖，字希渊，号我斋，山阴（今浙江绍兴）人，王守仁的得意弟子。②同谓之圣者：语出《孟子·万章下》："孟子曰：'伯夷，圣之清者也；伊尹，圣之任者也；柳下惠，圣之和者也；孔子，圣之时者也。孔子之谓集大成。'"③镒（yì）：古代重量单位，一镒合二十两，一说为二十四两。④人皆可以为尧舜：语出《孟子·告子下》："曹交问曰：'人皆可以为尧、舜，有诸？'孟子曰：'然。'"⑤人一己百、人十己千：语出《中庸》："人

一能之，己百之；人十能之，己千之。果能此道矣，虽愚必明，虽柔必强。"

[译文]

希渊问："通过学习可以成为圣人，然而伯夷、伊尹同孔子的才智终究不同，为什么孟子把他们都称为圣人呢？"

先生说："圣人之所以是圣人，只因为他们的心中没有掺杂人欲而至纯至精为天理，好比纯金之所以是纯金，是因为其成色足而没有一点铜铅等杂质。人心至纯为天理才是圣人，金到成色十足时才是纯金。不过，圣人的才智也有大小差异，好比金的分量有轻重。尧、舜就像是万镒的纯金，文王、孔子就像是九千镒，大禹、商汤、武王则为七八千镒，伯夷、伊尹则重四五千镒。他们才智虽不同，但在心纯为天理方面是相同的，都可以称为圣人。好比虽然分量不同，但成色十足，都是纯金。重五千镒的纯金熔入重万镒的纯金中，它们的成色是相同的；伯夷、伊尹与唐尧、孔子同为圣人，他们的心都纯为天理。所以纯金是看其成色而不是分量，圣人是在于心纯为天理而不在于才力大小。因此即使是普通人，只要肯学习，使己心纯为天理，那么也可以成为圣人。这好比重一两的金子，与重万镒的金子分量相差悬殊，但其成色十足时，也无愧于纯金的美名。孟子说'人人都可以成为尧舜一样的圣人'的原因就在于此。修习者学习圣人，不过是清除私欲存养天理，就好比炼金使其成色十足。金的成色离足赤相差不多时，冶炼起来就比较省功夫；成色越低，冶炼就越难。人的气质有清粹浊杂之分，智力有中等以上、中等以下之别，对于天理，有天生就知道并自然能去实践的人，有通过学习才知道并顺利实践的人，资质更低下的人，必须别人用一倍、十倍的功夫而自己需要用百倍、千倍的功夫，等到成功了则都是一样的。

后世的人不知道成为圣人的根本在于存养己心到纯为天理，却想专门在知识上努力成为圣人，认为圣人无所不知，无所不能，必须把圣人的许多知识才能一一掌握才能成为圣人，所以不在存养天理上用功。他们殚精竭虑从书本上钻研，探究事物的名称形态，作各种形式上的比拟推理。他们的知识越广博私欲就越多，才智越高天理越被蒙蔽。正像看见别人有万镒纯金，却不冶炼自己的金子使其成色与别人的相比毫不逊色，而只妄想使自己金子的分量与人家的一样重，把锡、铅、铜、铁等杂质一起掺进去冶炼，重量越增成色越低，炼到最后就不再是金子了。"

这时徐爱在旁边说："先生这个比喻，足以破除世俗儒生造成的支离破碎的疑惑，对以后学习的人大有裨益。"

先生又说："我们下功夫，只求每天减少，不求每天增加，减少一分私欲，便是恢复一分天理，这多么轻快洒脱，多么简单易行呀！"

六

士德①问曰："格物之说，如先生所教，明白简易，人人见得。文公②聪明绝世，于此反有未审，何也？"

先生曰："文公精神气魄大，是他早年合下便要继往开来，故一向只就考索著述上用功。若先切己自修，自然不暇及此。到得德盛后，果忧道之不明。如孔子退修六籍，删繁就简，开示来学，亦大段不费甚考索。文公早岁便著许多书，晚年方悔③，是倒做了。"

士德曰："晚年之悔，如谓'向来定本之误'，又谓'虽读得书，何益于吾事'，又谓'此与守书籍，泥言语，全无交涉'，④是他到此方悔从前用功之错，方去切己自修矣。"

曰："然。此是文公不可及处。他力量大，一悔便转。可惜不久即去世，平日许多错处皆不及改正。"

[注释]

①士德：杨骥，字士德，广东潮州人，王守仁的学生。②文公：朱熹死

后谥"文",故称。③晚年方悔:王阳明与弟子编《朱子晚年定论》,认为朱熹晚年后悔自己的学说有误。后人认为这种观点不符合事实。④"向来定本之误"句、"虽读得书"句、"此与守书籍"句:均出自《朱子晚年定论》中所录朱熹强调内心觉悟的书信。

[译文]

杨骥问:"先生教的格物思想,简单明了,人人能懂能做。朱熹绝世聪明,对格物却没有弄明白,为什么?"

先生说:"朱熹的精神气魄宏大,他早年就下决心要继往圣、开来学,所以一直在考据著书上下功夫。如果他先认真存养本心,自然就没有时间进行考据著述了。等到德业鼎盛后,如果真的担心大道不明,就像孔子那样删述《六经》,去繁就简,启示后学,也就不用费劲去考证了。朱熹早年写了许多书,晚年才后悔功夫做颠倒了。"

杨骥说:"朱熹晚年悔悟,比如他说'当初确定根本的错误',又说'读了这么多书,对我的事业有什么帮助',又说'这与死守书本、拘泥于词句没有关系',说明他此时才后悔过去功夫下错了,才开始认真存养自己的本心。"

先生说:"对,这是常人不能与朱熹相比的地方。他才高智广,一旦悔悟能马上转到正道上来。可惜他不久便去世,过去的许多错误都未来得及改正。"

七

侃去花间草,因曰:"天地间何善难培,恶难去?"

先生曰:"未培未去耳。"少间,曰:"此等看善恶,皆从躯壳起念,便会错。"

侃未达。

曰:"天地生意,花草一般,何曾有善恶之分?子欲观花,则以花为善，以草为恶。如欲用草时，复以草为善矣。此等善恶，皆由汝心好恶所生，故知是错。"

曰："然则无善无恶①乎？"

曰："无善无恶者理之静，有善有恶者气之动。不动于气即无善无恶，是谓至善。"

曰："佛氏亦无善无恶，何以异？"

曰："佛氏著在无善无恶上，便一切都不管，不可以治天下。圣人无善无恶，只是'无有作好'，'无有作恶'，不动于气。然'遵王之道'，'会其有极'，②便自一循天理，便有个裁成辅相③。"

曰："草即非恶，即草不宜去矣。"

曰："如此却是佛、老意见。草若有碍，何妨汝去？"

曰："如此又是作好作恶。"

曰："不作好恶，非是全无好恶，却是无知觉的人。谓之不作者，只是好恶一循于理，不去又着一分意思。如此，即是不曾好恶一般。"

曰："去草如何是一循于理，不着意思？"

曰："草有妨碍，理亦宜去，去之而已；偶未即去，亦不累心。若着了一分意思，即心体便有贻累，便有许多动气处。"

曰："然则善恶全不在物？"

曰："只在汝心。循理便是善，动气便是恶。"

曰："毕竟物无善恶？"

曰："在心如此，在物亦然。世儒惟不知此，舍心逐物，将格物之学看错了，终日驰求于外，只做得个'义袭而取'，终身行不著，习不察④。"

曰："'如好好色，如恶恶臭'，则如何？"

曰："此正是一循于理，是天理合如此，本无私意作好作恶。"

曰："如好好色，如恶恶臭，安得非意？"

曰："却是诚意，不是私意。诚意只是循天理。虽是循天理，亦着不得一分意。故有所忿懥、好乐，则不得其正。⑤须是廓然大公，方是心之本体。知此，即知未发之中。"

伯生⑥曰："先生云：'草有妨碍，理亦宜去。'缘何又是躯壳起念？"

曰："此须汝心自体当。汝要去草，是什么心？周茂叔⑦窗前草不除，是什么心？"

[注释]

①无善无恶：语出《坛经·行由品第一》："惠能云：'不思善，不思恶。正与应时，那个是明上座本来面目。'"②"无有作好"等句：语出《尚书·洪范》："无有作好，遵王之道；无有作恶，遵王之路；无偏无党，王道荡荡；无党无偏，王道平平；无反无侧，王道正直。会其有极，归其有极。"无有作好、无有作恶，意为没有自私的好恶。遵王之道，意为遵行王道、公道。会其有极，意为会归于法度、准则。③裁成辅相：语出《周易·泰卦·象传》："天地交泰，后以财（裁）成天地之道，辅相天地之宜，以左右民。"裁成，意为剪裁成适用的样子。辅相，意为辅助、帮助。④行不著，习不察：意为这样做了，但不知道本来应当这样做，习惯之后，又不知道为什么应当这样做。语出《孟子·尽心上》："孟子曰：'行之而不著焉，习矣而不察焉，终身由之而不知其道者，众也。'"⑤"故有所"句：语出《大学》："身有所忿懥，则不得其正；有所恐惧，则不得其正；有所好乐，则不得其正；有所忧患，则不得其正。"⑥伯生：孟源，字伯生，王阳明弟子，馀不详。⑦周茂叔：周敦颐（1017~1073年），字茂叔，湖南道州营道（今道县）人。著有《太极图说》、《通书》等，是宋明理学的创始人，程颐的老师，世称濂溪先生。他窗前的草不除，程颐问为什么，周回答说："与自家意思一般。"意思是草体现了天地的生意，周氏的心同天地相合，认为草长在窗前是理所当然，除草反而

违背天理。

[译文]

薛侃清除花间杂草，顺便问："天地间为什么善难以培养，恶难以去除？"

先生说："这是因为人们没有去培养善、铲除恶。"过了一会儿又说："这样看善恶，都是从心外去思考，就会出错。"

薛侃不明白。

先生说："天地间万物生生不息，比如花草，哪里有善恶的区别？你想赏花，就以花为善，以草为恶；若想用草时，就认为草是好的。这样区别善恶，都是由你心中的好恶而产生的，所以是错的。"

薛侃说："那么没有善恶之分吗？"

先生说："没有善没有恶是天理处于静止的状态，有善恶之分是思想感情发动的结果。思想感情没有发动，就没有善恶之分，这是最高的善。"

薛侃说："佛教也主张没有善恶之分，这与先生的主张怎么区别？"

先生说："佛家执着于无善无恶，其他的一切都不管了，这样是不能治理天下的。圣人讲的无善无恶，只是'不要从私欲出发为善为恶'，不为气所动。但'遵循王道'、'归到准则上来'，就自然能依照天理，就像《易经》中所说的那样'裁成天地之道，辅助天地之宜'。"

薛侃说："既然草不是恶的，那么草也不应该除了。"

先生说："这样说就是佛、道的观点了。草如果碍事的话，你除掉它又有何妨？"

薛侃说："这样又是在有意为善为恶。"

先生说："不由私欲产生好恶之心，并不是完全没有好恶之心，如果这样就成没知觉的人了。所谓不有意，是指人的好恶要遵循于天理，不另外掺杂一丝个人的欲念。这样，就像没有好恶似的。"

薛侃说："除草怎样才是遵循天理而不掺杂私念呢？"

先生说："如果草有所妨碍，按照天理应当除去，除去就行了。偶尔有些没有除去，也不要放在心上。心中如果有一分在意，就会感到有些牵累，就会有许多地方被意气所动。"

薛侃说："那么善恶完全与事物无关？"

先生说："善恶就在你心中，遵循天理就是善，意气用事便是恶。"

薛侃说："那么事物本身是无善恶的？"

先生说："在心是这样，在物也是这样。世俗的儒生不明白这个道理，舍弃本心存养而追求于外物，把格物的学问搞错了，每天在心外寻求，只是做得'义袭而取'，一生做事开始时不知其然，习惯后仍然不知其所以然。"

薛侃说："像喜好美色、厌恶恶臭，该如何理解？"

先生说："这正是遵循天理的结果，天理本身就是这样，这里没有有意区分好坏。"

薛侃说："喜欢美色、厌恶恶臭，怎么能不是有意呢？"

先生说："这是诚意而不是私欲，诚意就是遵循天理。虽说是按天理做事，却也不能着意去做，而是自然而然地去做。所以，一有愤怒、怨恨、喜欢、高兴，心就不能保持中正平和了。只有心胸宽广，大公无私，才是心的本体。明白了这个道理，也就明白了'未发之中'。"

孟源说："先生说'草有所妨碍，按理应该除掉'，为什么又说这是从心外产生的念头呢？"

先生说："这需要你自己心中体会。你要去除草，是什么心思？周敦颐先生不除窗前的草，又是什么心思？"

八

先生谓学者曰:"为学须得个头脑,功夫方有着落。纵未能无间,如舟之有舵,一提便醒。不然,虽从事于学,只做个'义袭而取',只是行不著,习不察,非大本、达道也。"

又曰:"见得时,横说竖说皆是。若于此处通,彼处不通,只是未见得。"

[译文]

先生对学生们说:"学习必须有个宗旨,下功夫才有方向,即使中间有间断,也像船有舵一样,一提就清醒了。否则,虽然不停地学习,只不过'义袭而取'罢了,开始时不明其然,习惯后仍不明其所以然,这不是学习的大本、达道。"

又说:"如果明白了学习的宗旨,不管怎样说都对。如果这里懂了,那里却不清楚,说明还是不明白为学的宗旨。"

九

或问:"为学以亲故,不免业举之累。"

先生曰:"以亲之故而业举为累于学,则治田以养其亲者,亦有累于学乎?先正云:'惟患夺志。'①但恐为学之志不真切耳。"

[注释]

①惟患夺志:程颐语,语出《河南程氏外书》:"故科举之事,不患妨功,惟患夺志。"意为不怕科举耽误、妨碍学习,只怕因科举丧失了为学的志向。

[译文]

有人问:"为了父母而参加科举考试,难免影响对圣道的学习。"

先生说:"为父母而参加科举妨碍学习,那么,种田赡养父母也妨碍学习吗?程颐先生说:'最害怕失去志向。'就害怕做学问的志向不够坚定。"

十

崇一①问:"寻常意思多忙,有事固忙,无事亦忙,何也?"

先生曰:"天地气机,元无一息之停。然有个主宰,故不先不后,不急不缓,虽千变万化而主宰常定,人得此而生。若主宰定时,与天运一般不息,虽酬酢万变,常是从容自在,所谓'天君泰然,百体从令'②。若无主宰,便只是这气奔放,如何不忙?"

[注释]

①崇一:欧阳德(1495~1554年),字崇一,号南野,江西泰和人,官至礼部尚书,王守仁弟子。②天君泰然,百体从令:语出宋范浚《香溪集》。范浚,南宋著名理学家、教育家、诗人,浙江婺州(金华古称)兰溪香溪镇人,世称香溪先生,为"婺学之开宗,浙学之托始"。

[译文]

欧阳德问:"平常思想意念很乱,有事时固会忙乱,无事时也忙乱,这是为什么?"

先生说:"天地万物的变化原本就没有一刻停息。但是它有个主宰,所以变化时不先不后、不缓不急,虽是千变万化,而主宰却恒定不变。人是有了这个主宰后才产生的,如果人的主宰恒定,像天地运行一样永不停息,虽然应酬变化不止,却是从容自在,这就是所谓的'天君泰然不动,百体遵令而行'。若是没有主宰,只是气奔放乱窜,怎么能不忙乱呢?"

十一

先生曰:"为学大病在好名。"

侃曰:"从前岁自谓此病已轻,比来精察,乃知全未。岂必务外为人?只闻誉而喜,闻毁而闷,即是此病发来。"

曰:"最是。名与实对,务实之心重一分,则务名之心轻一分;全是务实之心,即全无务名之心。若务实之心如饥之求食、渴之求饮,安得更有功夫好名!"

又曰:"'疾没世而名不称'①,'称'字去声读,亦'声闻过情,君子耻之'②之意。实不称名,生犹可补,没则无及矣。'四十五十而无闻'③,是不闻道,非无声闻也。孔子云:'是闻也,非达也。'④安肯以此望人!"

[注释]

①疾没世而名不称:语出《论语·卫灵公》:"子曰:'君子疾没世而名不称焉。'"此句有二解,一为,到去世时名字不为人称道("称"读chēng),君子引以为憾;二为,到去世时名声与自己的实际不相符("称"读chèn),君子引以为憾。王阳明从第二种解释。②声闻过情,君子耻之:语出《孟子·离娄下》:"故声闻过情,君子耻之。"意为盛名之下,其实难副,君子以此为耻。③四十五十而无闻:语出《论语·子罕》:"子曰:'后生可畏,焉知来者之不如今也?四十、五十而不闻焉,斯亦不足畏也已。'"④是闻也,非达:语出《论语·颜渊》:"子曰:'是闻也,非达也。夫达也者,质直而好义,察言而观色,虑以下人。在邦必达,在家必达。夫闻也者,色取仁而行违,居之不疑。在邦必闻,在家必闻。'"

[译文]

先生说:"做学问最大的弊病是沽名钓誉。"

薛侃说:"从去年起,我自觉这个毛病已减轻了,但是近来认真反省,才知道完全不是那回事。难道我一直喜好虚名吗?听到赞扬就高兴,听到批评就郁闷,就是此病发作的表现。"

先生说:"正是如此。逐名与务实相对,务实之心多一分,逐名之心就少一分;全是务实之心,那就全无求名之心。如果务实之心像饥饿要吃饭、口渴要喝水一样,哪有时间逐名?"

又说:"'疾没世而名不称','称'字读四声,也就是'名声超过了实际,君子感到羞耻'的意思。实际和名声不符,活着还可想法补救,死后就没办法了。'四十五十而无闻',这个'闻'是指没有闻道,而不是没有名声。孔子说:'这是有名声,而不是达道。'他哪里会以是否有名声来看人呢?"

十二

侃多悔。

先生曰:"悔悟是去病之药,然以改之为贵①。若留滞于中,则又因药发病。"

[注释]

①改之为贵:语出《论语·子罕》:"子曰:'法语之言,能无从乎?改之为贵。'"意为庄重、合理的话,怎能不听从?改正错误才可贵。

[译文]

薛侃经常后悔。

先生说:"悔悟是治病的良药,但贵在改正错误。如果把悔悟留在心中,就又会因药生病了。"

十三

德章①曰:"闻先生以精金喻圣,以分两喻圣人之分量,以锻炼喻学者之功夫,最为深切。惟谓尧、舜为万镒,孔子为九千镒,疑未安。"

先生曰:"此又是躯壳上起念,故替圣人争分两。若不从躯壳上起念,即尧、舜万镒不为多,孔子九千镒不为少。尧、舜万镒只是孔子的,孔子九千镒只是尧、舜的,原无彼我。所以谓之圣,只论'精一',不论多寡。只要此心纯乎天理处同,便同谓之圣。若是力量气魄,如何尽同得?后儒只在分两上较量,所以流入功利。若除去了比较分两的心，各人尽着自己的力量精神，只在此心纯天理上用功，即人人自有，个个圆成，便能大以成大，小以成小，不假外慕，无不具足②。此便是实实落落明善诚身的事。

后儒不明圣学，不知就自己心地良知良能③上体认扩充，却去求知其所不知，求能其所不能，一味只是希高慕大，不知自己是桀、纣心地，动辄要做尧、舜事业，如何做得？终年碌碌，至于老死，竟不知成就了个什么，可哀也已！"

[注释]

①德章：姓刘，王阳明弟子，馀不详。②具足：佛教名词，指佛教比丘和比丘尼所受戒律，与沙弥和沙弥尼所受十戒相比，戒品具足，故称具足戒。这里是完备的意思。③良知良能：语出《孟子·尽心上》："孟子曰：'人之所不学而能者，其良能也；所不虑而知者，其良知也。'"

[译文]

德章说："先生以纯金比喻圣人，以金的分两比喻圣人的才智大小，用炼金比喻学者的修养功夫，最为深刻准确。只是把尧、舜比喻成重万镒的纯金，孔子为重九千镒的纯金，似乎不妥。"

先生说："这又是从外在形式上考虑，有意去给圣人争些分量。如果不是这样，那么把尧、舜比作万镒纯金也不算多，把孔子比作九千镒的纯金也不算少，尧、舜的万镒也是孔子的，孔子的九千镒也是尧、舜的，原无差别。圣人之所以是圣人，只看心体是否'精一'，而不看才智大小。只要心至纯至精为天理，就都是圣人。如果谈及他们的才能气魄，怎么可能相同呢？后世儒生只在才能上作比较，因此蜕变为只考虑功利。如果消除了比较才能的私心，每个人尽自己的力量精神在存养天理上下功夫，就会人人功德圆满，能力大的做出大的成就，能力小的做出小的成就，无须借助外力，无不完美纯粹。这才是踏踏实实、明善诚身的事情。后世儒生不明白圣人的学说,不知道在自己心体良知良能上体察扩充,却去追求了解自己所不能了解的,做自己所不能做的,一味好高骛远,爱慕虚荣,不知道自己是桀、纣的心地,动不动就想做尧、舜的事业,这怎么可能?一年到头忙忙碌碌直到老死,却不知道干了什么,这样的人真可怜呀!"

十四

侃问:"先儒以心之静为体,心之动为用,①如何?"

先生曰:"心不可以动静为体用。动静,时也。即体而言用在体,即用而言体在用,是谓'体用一源'②。若说静可以见其体,动可以见其用,却不妨。"

[注释]

①"先儒"句:语出程颐《与吕大临论中书》:"心一也。有指体而言者,寂然不动是也;有指用而言者,感而遂通天下之故是也。"②体用一源:语出程颐《伊川易传》:"至微者理也,至著者象也;体用一源,显微无间。"体即本体,指"理";用即效用,指"象"。

[译文]

薛侃问:"先儒认为静是心的本体,动是心的运用。对吗?"

先生说:"心不能用动静来区分本体和运用。动静只是相对于不同时间的状态而言的。就本体来说,功用在本体之中;就功用来说,本体也寓于功用之中,这就是所谓的'体用一源'。如果说静时可以看到其本体,动时可以见到其运用,倒也无妨。"

十五

问:"上智、下愚如何不可移①?"

先生曰:"不是不可移,只是不肯移。"

[注释]

①上智、下愚不可移：语出《论语·阳货》："子曰：'唯上智与下愚不移。'"一般认为孔子说的不移是不可移。

[译文]

薛侃问："聪明和愚笨为什么不能改变呢？"

先生说："不是不能改变，只是不愿改变。"

十六

问"子夏门人问交"①章。

先生曰："子夏是言小子之交，子张②是言成人之交。若善用之，亦俱是。"

[注释]

①子夏门人问交：语出《论语·子张》："子夏之门人问交于子张，子张曰：'子夏云何？'对曰：'子夏曰：可者与之，其不可者拒之。'子张曰：'异乎吾所闻。君子尊贤而容众，嘉善而矜不能。我之大贤与，于人何所不容？我之不贤与，人将拒我，如之何其拒人也？'"子夏，姓卜，名商，字子夏，春秋时晋国人，孔子的弟子。②子张：姓颛孙，名师，字子张，春秋时陈国人，孔子的弟子。

[译文]

有人请教"子夏门人问交"这一章。

先生说："子夏说的是小孩间的交往，子张说的是成人间的交往，如果善于运用，都是正确的。"

十七

子仁①问："'学而时习之，不亦说乎'②，先儒以学为'效先觉之所为'③，如何？"

先生曰："'学'是学去人欲、存天理。从事于去人欲、存天理，则自正诸先觉，考诸古训，自下许多问辨、思索、存省、克治功夫。然不过欲去此心之人欲、存吾心之天理耳。若曰'效先觉之所为',则只说得学中一件事,亦似专求诸外了。'时习'者,'坐如尸',非专习坐也,坐时习此心也;'立如斋',④非专习立也,立时习此心也。'说'是'理义之说我心'⑤之'说',人心本自说理义,如目本说色,耳本说声。惟为人欲所蔽所累,始有不说。今人欲日去,则理义日洽浃,安得不说?"

[注释]

①子仁:冯恩,字子仁,号南江,今上海松江人,王守仁的学生。②学而时习之,不亦说乎:语出《论语·学而》。③效先觉之所为:语出朱熹《论语集注》:"学之为言效也。人性皆善,而觉有先后。后觉者,必效先觉之所为,乃可以明善而复其初也。"④坐如尸、立如斋:语出《礼记·曲礼》:"若夫坐如尸,立如斋。礼从宜,使从俗。"坐如尸,意为像祭礼中受祭者一样端正地坐;立如斋,指谦恭地站立。⑤理义之说我心:语出《孟子·告子上》:"谓理也,义也,圣人先得我心之所同然耳。故理义之悦我心,犹刍豢之悦我口。"

[译文]

子仁问:"孔子说'学习并时时复习,这不是很愉快的事吗?'朱熹认为学习是效法先觉者的行为,对吗?"

先生说:"'学'的意思是学习怎样存养天理、摒除私欲。如果不中断此功夫,则自然能验证先觉,考察典籍,在问辨、思考、存养、反省、克制上下很多功夫。但这些不过是为了存养天理、摒除人欲。如果说是'效法先觉者的行为',那么只说了学习中的一件事,似乎是专门在心外探求。'时习'时'坐如尸',不是专门学习端坐,而是端坐时修习本心;'立如斋'不是专门学习站立,而是站立时修习本心。'悦'是'天理使我心高兴'的'悦'。人心原本就愉悦于天理,像眼睛喜欢颜色,耳朵喜欢声音一样,只因为私欲遮蔽牵累,才不喜欢天理。如果私欲一天天被清除,天理一天天滋养身心,又怎么会不高兴呢?"

十八

国英①问:"曾子三省②虽切,恐是未闻一贯③时功夫?"

先生曰:"一贯是夫子见曾子未得用功之要,故告之。学者果能忠恕上用功,岂不是一贯?'一'如树之根本,'贯'如树之枝叶。未种根,何枝叶之可得?体用一源,体未立,用安从生?谓'曾子于其用处,盖已随事精察而力行之,但未知其体之一'④。此恐未尽。"

[注释]

①国英:陈桀,字国英,福建莆田人,王阳明的学生。②三省:语出《论语·学而》:"曾子曰:'吾日三省吾身:为人谋而不忠乎?与朋友交而不信乎?传不习乎?'"曾子,即曾参,字子舆,鲁国人,孔子著名弟子。③一贯:即一以贯之。语出《论语·里仁》:"子曰:'参乎!吾道一以贯之。'曾子曰:'唯。'子出,门人问曰:'何谓也?'曾子曰:'夫子之道,忠恕而已矣。'"④"曾子于其用处"三句:语出朱熹《论语集注》,这是朱熹对"一以贯之"的解释。

[译文]

国英问:"曾参每天多次反省自己,虽然很真诚,恐怕是他还没有领会'一以贯之'时的功夫。"

先生说:"'一以贯之'是孔子发现曾参没有掌握用功的关键,才告诉他的。学习的人如果能在忠恕上下功夫,难道不是'一以贯之'?'一'好比树木的根本,'贯'就像树木的枝和叶。没有根,哪来树枝和树叶?体和用同源,没有体哪有用?朱熹说'曾参对于心的运用,已经可以在事上精确体察并付诸实践,只是他还不知道心的本体和作用是统一的',这样说恐怕也不全面。"

十九

黄诚甫①问"汝与回也,孰愈"②章。

先生曰:"子贡③多学而识,在闻见上用功,颜子在心地上用功,故圣人问以启之。而子贡所对又只在知见上,故圣人叹惜之,非许之也。"

[注释]

①黄诚甫:名宗贤,字诚甫,号致斋,宁波人,王阳明弟子,官至礼部侍郎。②汝与回也,孰愈:语出《论语·公冶长》:"子谓子贡曰:'女与回也,孰愈?'对曰:'赐也何敢望回?回也闻一以知十,赐也闻一以知二。'子曰:'弗如也,吾与女弗如也。'"③子贡:姓端木,名赐,字子贡,亦作子赣,春秋卫国人,孔子的得意弟子。能言善辩,长于经商。

[译文]

黄诚甫向先生请教《论语》中"汝与回也,孰愈"一章。

先生说:"子贡博学多识,常常在见闻上下功夫;颜回在存养心性上下功夫,所以孔子问他以启发他。但是子贡回答仅停留在知识见解上,所以孔子感叹、惋惜,而不是称赞他。"

二十

"颜子不迁怒,不贰过,①亦是有'未发之中'始能。"

[注释]

①颜子不迁怒,不贰过:语出《论语·雍也》:"孔子对曰:'有颜回者好学,不迁怒,不贰过。不幸短命死矣。'"

[译文]

先生说:"颜回不迁怒于人,同样的错误不犯两次,这是有了'未发之中'的功夫才能做到的。"

二一

"种树者必培其根,种德者必养其心。欲树之长,必于始生时删其繁枝;欲德之盛,必于始学时去夫外好。如外好诗文,则精神日渐漏泄在诗文上去。凡百外好皆然。"

又曰:"我此论学,是无中生有[1]的功夫。诸公须要信得及,只是立志。学者一念为善之志,如树之种,但勿助勿忘,只管培植将去,自然日夜滋长,生气日完,枝叶日茂。树初生时,便抽繁枝,亦须刊落,然后根干能大。初学时亦然,故立志贵专一。"

[注释]

①无中生有:常人没有一定要成为圣人的志向,王阳明认为只要立此志向并加强心性修养,就能获得天理,成为圣人。这就像是无中生有。

[译文]

先生说:"种树必须先培育根,培养德行必须存养心性。要想使树长高,必须在初生时就修剪它的乱枝;要想使品德隆盛,必须在开始修习时摒除外在的喜好。比如喜好诗文,那么精神就会渐渐分散到诗文上面。其他各种喜好都是这样。"

先生又说:"我这样讨论学问是无中生有的功夫。你们要相信的话,那就必须立志。修习者有一点立志行善的念头,就像种一棵树,只要不拔苗助长,也不遗忘它,一直培植下去,它自然会天天生长,生机一天天旺盛,枝叶一天天繁茂。树木刚开始生长时发出的乱枝,必须剪除,树根才能长大,树干才能长粗。开始学习时也是这样,所以立志贵在专一。"

二二

因论先生之门,某人在涵养上用功,某人在识见上用功。

先生曰:"专涵养者,日见其不足;专识见者,日见其有余。日不足者日有余矣,日有余者日不足矣。"

[译文]

在分析先生这一门派的弟子时,谈到某人在存心养性上下功夫,某人在知识见闻上下功夫。

先生说:"专心在存养上用功的,每天都发现自己的不足;专门在知识见闻上用功的,每天都发现自己懂得越来越多。每天发现自己不足的人,品德修养每一天都在提高;每天发现自己知识越来越多的人,品德修养却一天天在降低。"

二三

梁日孚①问:"居敬、穷理是两事②,先生以为一事,何如?"

先生曰:"天地间只此一事,安有两事?若论万殊,'礼仪三百,威仪三千'③,又何止两?公且道居敬是如何,穷理是如何?"

曰:"居敬是存养工夫,穷理是穷事物之理。"

曰:"存养个甚?"

曰:"是存养此心之天理。"

曰:"如此,亦只是穷理矣。"

曰:"且道如何穷事物之理?"

曰:"如事亲便要穷孝之理,事君便要穷忠之理。"

曰:"忠与孝之理在君、亲身上,在自己心上?若在自己心上,亦只是穷此心之理矣。且道如何是敬?"

曰:"只是主一。"

曰:"如何是主一?"

曰:"如读书便一心在读书上,接事便一心在接事上。"

曰:"如此,则饮酒便一心在饮酒上,好色便一心在好色上,却是逐物,成甚居敬功夫!"

日孚请问。

曰:"一者,天理。主一是一心在天理上。若只知主一,不知一即是理,有事时便是逐物,无事时便是着空。惟其有事无事，一心皆在天理上用功，所以居敬亦即是穷理。就穷理专一处说，便谓之居敬；就居敬精密处说，便谓之穷理。却不是居敬了别有个心穷理，穷理时别有个心居敬。名虽不同，功夫只是一事。就如《易》言'敬以直内，义以方外'④。敬即是无事时义，义即是有事时敬，两句合说一件。如孔子言'修己以敬'⑤，即不须言义。孟子言'集义'，即不须言敬。会得时，横说竖说，功夫总是一般。若泥文逐句，不识本领，即支离决裂，功夫都无下落。"

问："穷理何以即是尽性？"

曰："心之体，性也，性即理也。穷仁之理，直要仁极仁；穷义之理，真要义极义。仁、义只是吾性，故穷理即是尽性。如孟子说'充其恻隐之心，至仁不可胜用'⑥，这便是穷理工夫。"

日孚曰："先儒谓'一草一木亦皆有理⑦，不可不察'，何如？"

先生曰："'夫我则不暇。'⑧公且先去理会自己性情，须能尽人之性，然后能尽物之性。"

日孚悚然有悟。

[注释]

①梁日孚：梁焯，字日孚，广东南海人，王阳明弟子。②居敬、穷理是两事：语出朱熹《朱子语类》："学者工夫，唯在居敬、穷理二事，此二事互相发，能穷理，则居敬工夫日益进；能居敬，则穷理工夫日益密。"居敬，居心恭敬；穷理，通晓事物之理。③礼仪三百，威仪三千：语出《中庸》："礼仪三百，威仪三千，待其人而后行。"④敬以直内，义以方外：意为内心恭敬而正直，待人接物则要合乎正义。语出《周易·坤卦·文言》："君子敬以直内，义以方外，敬义立而德不孤。"⑤修己以敬：意为以恭敬的心情修身养性。语出《论语·宪问》："子路问君子。子曰：'修己以敬。'"⑥充其恻隐之心，至仁不可胜用：语出《孟子·尽心下》："人能充无欲害人之心，而仁

不可胜用也。人能充无穿逾之心,而义不可胜用也。"⑦一草一木亦皆有理:程颐语,语出《二程遗书》:"然一草一木皆有理,须是察。"⑧夫我则不暇:意为没有时间做与修道无关的事。语出《论语·宪问》:"子贡方人。子曰:'赐也贤乎哉?夫我则不暇。'"

[译文]

梁日孚问:"程朱学派认为居敬、穷理是两件事,先生却认为是一件事,为什么?"

先生说:"天地之间只有一件事,怎么能有两件事呢?如果说到具体事物的千差万别,则礼仪有三百,威仪有三千,又何止两个?你且说说居敬是什么,穷理又是什么?"

梁日孚说:"居敬是存养的功夫,穷理是研讨事物的道理。"

先生说:"存养什么?"

梁日孚说:"存养心中的天理。"

先生说:"这样解释,居敬也就是穷理了。"

又说:"你再说说如何研究事物的道理?"

梁日孚说:"若是侍奉双亲就要搞通孝顺的道理,辅助君主就要明白尽忠的道理。"

先生说:"忠和孝的道理是在国君、双亲身上,还是在自己的心里?如果在自己心里,也仅仅是穷此心的道理。你再说说什么是居敬?"

梁日孚说:"居敬就是主一。"

先生说:"怎么才算是主一?"

梁日孚说:"比如读书就全神贯注在读书上,做事就全身心在做事上。"

先生说:"如此说来,喝酒就一心扑在喝酒上,好色就一心扑在好色上,这是追求物欲,算什么居敬功夫?"

梁日孚向先生请教怎样才是主一的功夫。

先生说:"一就是天理,主一是一心一意在天理上。如果只知道主一,却不知道一就是天理,那么有事时便是追求物欲,无事时便胡乱瞎想。真正的主一是有事无事心都只在天理上下功夫,因此居敬就是穷理。就穷理的专一来说,穷理就是居敬;就居敬的精细来说,居敬就是穷理。而不是所谓居敬的同时还有一个心去穷理,穷理时另有一个心去居敬。两者名字虽不同,功夫却是一回事。就像《易经》中说的那样'以敬存心而内直,以义行事而外方'。敬就是无事时的义,义就是有事时的敬,两句话说的是同一件事。所以孔子说'恭恭敬敬地修养自己'时,就不必说义;孟子谈'积累善德使行为合于正义'时,也不必说敬。明白了其内涵,不管怎么去说,功夫都是一样。如果拘泥于文句,不知根本,就会把完整的东西割裂得支离破碎,不知从什么地方入手下功夫。"

梁日孚问:"穷尽天理为什么是彻底发挥天性呢?"

先生说:"心的本体就是天性,天性就是天理。穷尽仁的道理,就是使仁成为至仁;穷尽义的道理,就是使义成为至义。仁、义是人的天性,所以穷理就是尽性,像孟子所说'扩充恻隐之心到仁的程度,就会用之不竭',这就是穷理的功夫。"

梁日孚说:"程颐先生说'一草一木也都体现着天理,不能不仔细研究',这是什么意思呢?"

先生说:"借用孔子的话说就是'我没那闲功夫',你先去修养自己的性情,只要能穷尽人的本性,然后就能穷尽事物的道理。"

梁日孚猛然有所省悟。

二四

惟乾问:"知如何是心之本体?"

先生曰:"知是理之灵处。就其主宰处说便谓之心,就其禀赋处说便谓之性。孩提之童，无不知爱其亲，无不知敬其兄,[①] 只是这个灵能不为私欲遮隔，充拓得尽，便完完是他本体，便与天地合德[②]。自圣人以下，不能无蔽，故须格物以致其知。"

[注释]

①"孩提"三句：语出《孟子·尽心上》："孩提之童，无不知爱其亲者，及其长也，无不知敬其兄也。"孩提，指儿童。②与天地合德：语出《易经·乾卦·文言》："圣人与天地合其德。"

[译文]

惟乾问："知为何是心的本体？"

先生说："知是天理的奇妙表现，从它的主宰来说就是心，从它的先天禀赋来说就是性。儿童没有不知道热爱父母、尊敬兄长的，只要这个灵性不被私欲蒙蔽，能充分发挥出来，这便完全是心的本体，与天地的德性合一。除了圣人，别的人不能不被蒙蔽，所以必须通过格物以达到良知。"

二五

守衡[①]问："《大学》功夫只是诚意，诚意功夫只是格物，修、齐、治、平，只诚意尽矣。又有正心之功，'有所忿懥好乐，则不得其正'，何也？"

先生曰："此要自思得之。知此则知未发之中矣。"

守衡再三请。

曰："为学功夫有浅深，初时若不着实用意去好善恶恶，如何能为善去恶？这着实用意便是诚意。然不知心之本体原无一物，一向着意去好善恶恶，便又多了这分意思，便不是廓然大公。《书》所谓'无有作好作恶'，方是本体。所以说'有所忿懥好乐，则不得其正'。正心只是诚意功夫里面体当自家心体，常要鉴空衡平[②]，这便是未发之中。"

[注释]

①守衡：姓氏、生平不详。②鉴空衡平：语出朱熹《大学或问》："人之一心，湛然虚明，如鉴之空，如衡之平，以为一身之主者，固其真体之本然。"鉴，镜子。衡，秤杆。此语以镜之空、秤之平比喻心体的清明中正。

[译文]

守衡问："《大学》的功夫就是诚意，诚意的功夫就是格物。修身、齐家、治国、平天下的功夫，一个诚意就全包括了。可是《大学》中又有正心的功夫，说'心中有怨愤喜好就失去了心的中正'，这是为什么？"

先生说："这要自己思考才能明白，明白了这一点就知道了未发之中了。"

守衡再三请教。

先生说："做学问的功夫有深有浅，刚开始时如果不着实用心去喜好善厌恶恶，怎么能为善除恶？这着实用心就是为了达到诚意的境界。但是经过一番修习后，还不知道心的本体原本是纯净无物的，一直执著于扬善憎恶，心里就多了有意为善憎恶的成分，就不再广阔坦荡中正平和了。像《尚书》中所说的'不有意为善为恶'，才是心的本体。因此《大学》才说'有所忿懥好乐，则不得其正'。正心只是在诚意中体察自己心的本体，使它经常像镜子一样空净、像秤一样平衡，这就是未发之中。"

二六

正之①问曰："戒惧是己所不知时功夫，慎独是己所独知时功夫②，此说如何？"

先生曰："只是一个功夫。无事时固是独知，有事时亦是独知。人若不知于此独知之地用力，只在人所共知处用功，便是作伪，便是'见君子而后厌然'③。此独知处便是诚的萌芽。此处不论善念恶念，更无虚假，一是百是，一错百错。正是王霸、义利、诚伪、善恶界头。于此一立立定，便是端木澄源，便是立诚④。古人许多诚身的功夫，精神命脉，全体只在此处，真是莫见莫显，无时无处，无终无始，只是此个功夫。今若又分戒惧为己所不知，即功夫便支离，亦有间断。既戒惧即是知，己若不知，是谁戒惧？如此见解，便要流入断灭禅定⑤。"

曰："不论善念恶念，更无虚假，则独知之地，更无无念时邪？"

曰："戒惧亦是念。戒惧之念，无时可息。若戒惧之心稍有不存，不是昏聩，便已流入恶念。自朝至暮，自少至老，若要无念，即是己不知，此除是昏睡，除是槁木死灰。"

[注释]

①正之：黄弘纲（1492~1561年），字正之，号洛村，江西雩县人。官至刑部主事，王守仁的学生。②戒惧、慎独：语出《中庸》："天命之谓性，率性之谓道，修道之谓教。道也者，不可须臾离也，可离非道也。是故君子戒慎乎其所不睹，恐惧乎其所不闻。莫见乎隐，莫显乎微，是故君子慎其独也。"独知：只有自己知道这是朱熹的解释。③见君子而后厌然：意为见到君子后掩饰自己的恶行。语出《大学》："小人闲居为不善，无所不至，见君子而后厌然，掩其不善而著其善。"④立诚：语出《易经·乾卦》爻辞："君子进德修业。忠信，所以进德也；修辞立其诚，所以居业也。"⑤断灭禅定：一种否定本心常住的精神修炼活动，为佛家所批评。断灭，指人死不能复生。禅定，指通过精神集中于某一特定对象而参悟事理。

[译文]

黄弘纲问："戒惧是自己不知道时下的功夫，慎独是独处时下的功夫，这话对吗？"

先生说："两者是同一个功夫。没事时固然是独知，有事时也是独知。人如果不在独知上下功夫，只在大家都知道时下功夫，这是作假,就是'见到君子后收敛自己的恶行'。这独知的地方便是真诚的发端,这时不管善念恶念,没有一丝虚假,一对都对,一错都错,是所谓王道和霸道、义和利、诚和伪、善与恶的界线。在这里坚定志向,就是正本清源,就是立志虔诚。古人许多诚身的功夫,其精神实质全都在于此。不显不见,无时无地,无始无终,都是这个功夫。现在如果又区分戒惧是自己不知时的功夫,那么便把功夫肢解了,中间就有隔断。既然戒惧,就是自己知道时的功夫,如果自己不知道,那是谁在戒惧?这样的见解,就会沦入佛家批评的断灭禅定。"

黄弘纲说:"不管善念恶念,毫无虚假,那么独处时,就没有无思无虑的时候吗?"

先生说:"戒惧也是意念,戒惧的意念永不间断。如果戒惧的意念稍有不存,人心不是糊涂,就是被恶念所占据。从早到晚,从小到老,如果没有意念,就是自己没有知觉,这除非是昏睡,除非是身如槁木,心同死灰。"

二七

志道①问:"荀子云:'养心莫善于诚'②,先儒非之③,何也?"

先生曰:"此亦未可便以为非。'诚'字有以功夫说者。诚是心之本体,求复其本体,便是思诚的功夫。明道说'以诚敬存之'④,亦是此意。《大学》'欲正其心,先诚其意'。荀子之言固多病,然不可一例吹毛求疵。大凡看人言语,若先有个意见,便有过当处。'为富不仁'之言,孟子有取于阳虎⑤,此便见圣贤大公之心。"

[注释]

①志道:姓管,字登之,号东溟,江苏太仓人。王阳明门人耿定向弟子。

②养心莫善于诚：意为养心最好的办法是思诚。语出《荀子·不苟》："君子养心莫善于诚，致诚则无它事矣。"③先儒非之：语出《河南程氏遗书》："孟子言'养心莫善于寡欲'，寡欲则心自诚。荀子言'养心莫善于诚'，既诚矣，又何养？此已不识诚，又不知所以养。"程子认为诚是一种境界，是修习的结果，而王阳明则认为诚也可以是一种功夫，即致诚的功夫。④以诚敬存之：语出《河南程氏遗书》："学者须先识仁。仁者浑然与物同体，义礼知信，皆仁也。识得此理，以诚敬存之而已。不须防检，不须穷索。"⑤孟子有取于阳虎：指孟子在谈话中引用阳虎的话。语出《孟子·滕文公上》："阳虎曰：'为富不仁矣，为仁不富矣'。"阳虎，春秋晚期鲁国人，正卿季氏的家臣，曾挟持季氏专政鲁国，后因失败而流亡。阳虎本非贤人，但孟子不因人废言，体现了圣贤的宽广胸怀。

[译文]

志道问："荀子说'养心最好的办法就是思诚'，程子认为不对，为什么？"

先生说："这也不能就认为不对。'诚'字也可以从存养身心的功夫上来理解。'诚'是心的本体，要恢复心的本体，就是思诚的功夫。程颢先生说'用诚敬的心存养它'，也是这个意思。《大学》说'要端正人心，必须先端正他的思想'，也是如此。荀子的话有不少毛病，但不能一概吹毛求疵。一般来说，看待别人的话，如果事先就有偏见，就会出现不公正的现象。'为富不仁'一词，就是孟子引用阳虎的话，由此可见圣贤的大公无私之心。"

二八

萧惠①问："己私难克，奈何？"

先生曰："将汝己私来替汝克②。"又曰："人须有为己之心，方能克己，能克己，方能成己。"

萧惠曰："惠亦颇有为己之心，不知缘何不能克己？"

先生曰："且说汝有为己之心是如何？"

惠良久曰："惠亦一心要做好人，便自谓颇有为己之心。今思之，看来亦只是为得个躯壳的己，不曾为个真己。"

先生曰："真己何曾离躯壳？恐汝连那躯壳的己也不曾为。且道汝所谓躯壳的己，岂不是耳、目、口、鼻、四肢？"

惠曰："正是为此。目便要色，耳便要声，口便要味，四肢便要逸乐，所以不能克。"

先生曰："'美色令人目盲，美声令人耳聋，美味令人口爽，驰骋田猎令人发狂。'③这都是害汝耳、目、口、鼻、四肢的，岂得是为汝耳、目、口、鼻、四肢？若为着耳、目、口、鼻、四肢时，便须思量耳如何听，目如何视，口如何言，四肢如何动。必须非礼勿视、听、言、动④，方才成得个耳、目、口、鼻、四肢，这个才是为著耳、目、口、鼻、四肢。汝今终日向外驰求，为名、为利，这都是为著躯壳外面的物事。汝若为着耳、目、口、鼻、四肢，要非礼勿视、听、言、动时，岂是汝之耳、目、口、鼻、四肢自能勿视、听、言、动？须由汝心。这视、听、言、动皆是汝心。汝心之视发窍于目，汝心之听发窍于耳，汝心之言发窍于口，汝心之动发窍于四肢。若无汝心，便无耳、目、口、鼻、四肢。所谓汝心，亦不专是那一团血肉。若是那一团血肉，如今已死的人，那一血团还在，缘何不能视、听、言、动？所谓汝心，却是那能视、听、言、动的，这个便是性，便是天理。有这个性，才能生这性之生理，便谓之仁。这性之生理，发在目便会视，发在耳便会听，发在口便会言，发在四肢便会动，都只是那天理发生，以其主宰一身，故谓之心。这心之本体，原只是个天理，原无非礼。这个便是汝之真己，这个真己是躯壳的主宰。若无真己，便无躯壳。真是有之即生，无之即死。汝若真为那个躯壳的己，必须用着这个真己，便须常常保守着这个真己的本体，戒慎不睹，恐惧不闻，惟恐亏损了他一些。才有一毫非礼萌动，便如刀割，如针刺，忍耐不过，必须去了刀，拔了针。这才是有为己之心，方能克己。汝今正是认贼作子，缘何却说有为己之心不能克己？"

[注释]

①萧惠：王阳明弟子，生平不详。②将汝己私来替汝克：据《景德传灯录》记载：禅宗二祖神光师从达摩老祖之初，曾对达摩说："我心未安，请师安心。"达摩说："将心来，与汝安。"③"美色令人目盲"四句：语出《老子》："五色令人目盲，五音令人耳聋，五味令人口爽，驰骋畋猎令人心发狂。"意为过度的感官享受有损人的健康。爽，败坏、差错，此指味觉有失误。④非礼勿视、听、言、动：语出《论语·颜渊》："子曰：'非礼勿视，非礼勿听，非礼勿言，非礼勿动。'"

[译文]

萧惠问："自己的私欲难以去除，该怎么办？"

先生说："把你的私欲拿来，我替你克服。"又说："人一定要有为自己的心才能克制私欲，才能成全自己。"

萧惠说："我也很有为自己的心，却不知为何不能战胜私欲？"

先生说："你先说说你为自己的心是什么？"

萧惠沉思很久才说："我一心想做个好人，就自以为很有为自己的心。现在想来，也只是为了外在躯体的自己，而不是为了真正的自己。"

先生说："真正的自己什么时候离开过躯体？恐怕连自己的躯体你也不曾为过。再说，你所说的躯体的自己，难道不是耳、目、口、鼻和四肢吗？"

萧惠说："是啊，眼要看美色，耳要听美音，嘴要尝美味，四肢要安逸享乐，因此不能克制私欲。"

先生说："美色使人眼瞎，美声使人耳聋，美味使人口味败坏，骑马打猎使人疯狂，这都是危害你的耳、目、口、鼻、四肢的，怎么是满足你的耳、目、口、鼻、四肢呢？如果为耳、目、口、鼻、四肢，就应该考虑耳朵怎么听，眼怎么看，口怎么说，四肢怎么运动，只有不符合道德规范的就不看、不听、不说、不做，才是成就它们，为它们着想。你现在一天到晚向心外探求，求名求利，这都是为了心外的物欲。你如果是为了耳、目、口、鼻、四肢，就应该不看、不听、不说、不做违背礼仪的事。难道它们自己能不看、不听、不说、不做吗？这是由你的心决定的，看、听、说、做就是你的心在活动。你的心通过眼睛去看，通过耳朵去听，通过嘴巴去说，通过四肢去活动。如果没有心的指挥，就没有耳、目、口、鼻、四肢的活动。所谓你的心，也不专指那一块血肉，若专指那一块血肉，现在已经死去的人，它的那一块血肉还在，怎么不能去看、去听、去说、去做？所以你的心就是那个能看、能听、能说、能做的心，这就是本性，就是天理。有了这个本性才会产生本性的生理，这就是仁。本性的生理表现在眼睛便能看，表现在耳朵就能听，表现在嘴巴就能说，表现在四肢就能动，这都是天理在起作用。因为它主宰人的身体，所以称之为心。心的本体，原本就是天理，原本没有违背人性天理的地方。这才是你的'真我'，这个'真我'是身体的主宰。若没有'真我'就没有躯体，有了它人就有生命，没有它人就会死去。你如果真为自己的躯体，就必须依靠'真我'，经常存养'真我'的本体，在独处时谨慎敬戒，在别人听不见时也恐慌畏惧，唯恐对其有一丝伤害。于是，有一丝违背道德规范的念头萌生，就像针刺、刀割，疼痛难忍，必须去刀拔针，这才是有为自己的心，才能战胜自己的私欲。你现在认贼作子，为何却说有为自己的心，而不能战胜自己呢？"

二九

有一学者病目，戚戚甚忧，先生曰："尔乃贵目贱心。"

[译文]

有一个学者眼睛有病,非常担忧,先生说:"你这是看重眼睛而轻视本心。"

三十

萧惠好仙、释。

先生警之曰:"吾亦自幼笃志二氏,自谓既有所得,谓儒者为不足学。其后居夷三载,见得圣人之学若是其简易广大,始自叹悔错用了三十年气力①。大抵二氏之学,其妙与圣人只有毫厘之间。汝今所学,乃其土苴,辄自信自好若此,真鸱鸮窃腐鼠②耳。"

惠请问二氏之妙。

先生曰:"向汝说圣人之学简易广大,汝却不问我悟的,只问我悔的。"

惠惭谢,请问圣人之学。

先生曰:"汝今只是了人事问,得汝办个真要求为圣人的心,来与汝说。"

惠再三请。

先生曰:"已与汝一句道尽,汝尚自不会!"

[注释]

① "始自叹悔"句:据《王阳明年谱》,正德九年五月,王阳明曾告诫王嘉秀、萧惠曰:"吾幼时求圣学不得,亦尝笃志二氏。其后居夷三载,始见圣人端绪,悔错用功三十年。"② 鸱鸮窃腐鼠:语出《庄子·秋水》:"夫鹓鶵,发于南海而飞于北海,非梧桐不止,非练实不食,非醴泉不饮。于是鸱鸮得腐鼠,鹓鶵过之,仰而视之,曰:'吓!'"鸱鸮恐鹓鶵来抢鼠,发"吓"声以驱之。鸱鸮(chī xiāo),猫头鹰一类的鸟。鹓鶵(yuān chú),古书上说的凤凰一类的鸟。

[译文]

萧惠喜好佛、道。

先生提醒他说:"我从小专注于佛、道,自认为颇有所得,认为儒学不值得学。后来我在贵州龙场待了三年,领悟了圣人的学说是如此简易广大宏深,才开始感叹后悔自己错花了三十年的功夫。大致说来,佛道两家的学说,其精妙处与圣人之学差别甚小。你现在所学的不过是佛道两家的糟粕,却还自信喜好到这种程度,真像猫头鹰捉到了一只腐鼠。"

萧惠请教佛道两家的精妙之处。

先生说:"刚给你说过圣人之学简易广大宏深,你不问我所领悟的,却只问我所后悔的。"

萧惠向先生道歉,请教圣人之学。

先生说:"你现在只是顾及人情面子才问,等你有真正有做圣人的心愿时,我再给你说。"

萧惠再三请教。

先生说:"已经一句话对你说完了,你还不明白!"

三一

刘观时[①]问:"'未发之中'是如何?"

先生曰:"汝但戒慎不睹,恐惧不闻,养得此心纯是天理,便自然见。"

观时请略示气象。

先生曰:"哑子吃苦瓜,与你说不得。你要知此苦,还须你自吃。"

时曰仁在旁,曰:"如此才是真知,即是行矣。"

一时在座诸友皆有省。

[注释]

①刘观时：湖南常德人，王阳明弟子，余不详。

[译文]

刘观时问："'未发之中'是什么样？"

先生说："你只要戒慎不睹，恐惧不闻，存养己心至纯至精为天理，自然就明白了。"

刘观时请先生简单说明一下"未发之中"的状态。

先生说："哑巴吃苦瓜，给你没法说，你要想知道苦瓜的苦味，还得你自己去品尝。"

这时徐爱在旁边说："这才是真正的认识，也就是实践。"

一时间在座的同学们都有所省悟。

三二

萧惠问死生之道。

先生曰："知昼夜即知死生。"

问昼夜之道。

曰："知昼则知夜。"

曰："昼亦有所不知乎？"

先生曰："汝能知昼？懵懵而兴，蠢蠢而食，行不著，习不察，终日昏昏，只是梦昼。惟'息有养，瞬有存'①，此心惺惺明明，天理无一息间断，才是能知昼。这便是天德②，便是通乎昼夜之道而知③，更有什么死生？"

[注释]

①息有养，瞬有存：意为瞬息之间都不要间断存养的功夫。语出张载《张子全书》卷三："言有教，动有法，昼有为，宵有得，息有养，瞬有存。"②天德：语出《中庸》："苟不固聪明圣知达天德者，其孰能知之？"③"通乎"句：意为通晓了昼夜阴阳的变化规律就会明白天地宇宙的运动规律。语

出《易经·系辞上》："范围天地之化而不过，曲成万物而不遗，通乎昼夜之道而知，故神无方而易无体。"

[译文]

萧惠请教生死的道理。

先生说："明白昼夜变化就知道生死。"

于是萧惠问昼夜更替的道理。

先生说："知道白天就知道黑夜。"

萧惠说："白天也有不知道的吗？"

先生说："你能知道白昼吗？迷迷糊糊起床，傻乎乎吃饭，开始不明白是怎么回事，习惯后仍不知为什么这样，一天到头昏昏沉沉，这只是大白天在睡觉做梦。只有时刻不忘存养本心，保持本心的清醒明白，天理没有瞬间中断，才是能明白白昼。这就是天理，明白了昼夜更替的道理，还有什么生死问题不明白呢？"

三三

马子莘[①]问："'修道之教'[②]，旧说谓圣人品节吾性之固有[③]，以为法于天下，若礼、乐、刑、政之属。此意如何？"

先生曰："道即性即命。本是完完全全，增减不得，不假修饰的。何须要圣人品节？却是不完全的物件。礼、乐、刑、政是治天下之法，固亦可谓之教，但不是子思本旨。若如先儒之说，下面由教入道的，缘何舍了圣人礼、乐、刑、政之教，别说出一段'戒慎恐惧'功夫？却是圣人之教为虚设矣。"

子莘请问。

先生曰："子思性、道、教皆从本原上说。天命于人，则命便谓之性；率性而行，则性便谓之道；修道而学，则道便谓之教。率性是'诚者'事，所谓'自诚明，谓之性'也。修道是'诚之者'事，所谓'自明诚，谓之教'[④]也。圣人率性而行即是道。圣人以下未能率性，于道未免有过不及，故须修道。修道则贤知者不得而过，愚不肖者不得而不及，都要循着这个道，则道便是个教。此'教'字与'天道至教'⑤、'风雨霜露，无非教也'⑥之'教'同。'修道'字与'修道以仁'⑦同。人能修道，然后能不违于道，以复其性之本体，则亦是圣人率性之道矣。下面'戒慎恐惧'便是修道的功夫，'中和'便是复其性之本体。如《易》所谓'穷理尽性以至于命'⑧、'中和'、'位育'，便是尽性至命。"

[注释]

①马子莘：马明衡，字子莘，福建莆田人。官至御史，王阳明弟子。②修道之教：语出《中庸》："天命之谓性，率性之谓道，修道之谓教。"③"旧说"句：指朱熹对"修道之教"的解释。语出朱熹《中庸集注》："修，品节之也。性道虽同，而气禀或异，故不能无过、不及之差。圣人因人物之所当行者而品节之，以为法于天下，则谓之教，若礼、乐、刑、政之属是也。"品节之，按素质而加以评价，并规定什么是人应该做的。④自诚明，谓之性；自明诚，谓之教：意为由于天生具有道德觉悟而有道德认识，这是圣人本性所固有的，是尽心知性；由于有了道德认识而产生道德觉悟，是贤人受教化的结果，是存心养性。语出《中庸》："自诚明，谓之性。自明诚，谓之教。诚则明矣，明则诚矣。"⑤天道至教：意为天道就是最高的教化。语出《礼记·礼器》："天道至教，圣人至德。"⑥风雨霜露，无非教也：意为天象的变化都是教化。语出《礼记·孔子闲居》："天有四时，春秋冬夏，风雨霜露，无非教也。"⑦修道以仁：意为修养道德要依靠仁。语出《中庸》："故为政在人，取人以身，修身以道，修道以仁。"⑧"穷理"句：语出《易经·说卦传》："穷理尽性以至于命。"意为《周易》可以穷究物理、通晓人性、渗透天命。

[译文]

马子莘问："'修道之教'，朱熹说是圣人评价和规定我们人性中固有的道，作为世人遵守的规范，如礼、乐、刑、政等，这种说法对吗？"

先生说："道就是人性，就是天命。道本身完全圆满，不需修饰，无须增减，何必要圣人评价、规定？只有不圆满的东西才需评价、规定。礼、乐、刑、政是治理天下的制度，固然也可以说具有教化的功能，但不是子思所说的'教'的原义。如果按朱熹所说，中下资质的人通过教化才能体悟天道，为何舍弃圣人的礼、乐、刑、政的教化，而另讲一套'戒慎恐惧'的功夫？这是把圣人的教诲当作摆设了。"

马子莘向先生请教。

先生说："子思所说的性、道、教，都是从根本上说的。天命在人，那么命就是性；按照人性而实践，那么性就是道；为体悟天道而去学习，那么道就是教。真正按照天性而行，只有那些心地符合天道的人才能做到，就是《中庸》里所说的'自诚明，谓之性'。为体悟天道而去学习，是那些希望能遵行天道的人需要做的事，就是《中庸》里所说的'自明诚，谓之教'。圣人按自己的天性而行，就是行天道。圣人以下的人不能按照天性而行，对于天道难免有过分或不足的地方，所以必须修道。通过修行体悟天道，贤明的人就不会做过了头，愚蠢及才能低下的人就不会出现做得欠缺的情况，而都会遵循天道，那么天道就有教化的意思。这个'教'字和'天道至教'、'风雨霜露，无非教也'的'教'相同。'修道'两个字也与'修道以仁'的'修道'相同。人能修养体悟天道，不违背天道，恢复其天性的本体，那就也与圣人率性之道一样了。《中庸》后面所说的'戒慎恐惧'就是修道的功夫，'中和'就是恢复其天性的本体。就像《易经》中所说的'穷理尽性以至于命'，'中和'、'位育'就是充分发挥天性，完全遵照天命行事。"

三四

黄诚甫问："先儒于孔子告颜渊为邦[①]之问，是立万世常行之道②，如何？"

先生曰："颜子具体圣人，其于为邦的大本大原都已完备。夫子平日知之已深，到此都不必言，只就制度文为上说。此等处亦不可忽略，须要是如此方尽善。又不可因自己本领是当了，便于防范上疏阔，须是要'放郑声，远佞人'。盖颜子是个克己向里、德上用心的人，孔子恐其外面末节或有疏略，故就他不足处帮补说。若在他人，须告以'为政在人，取人以身，修身以道，修道以仁'，'达道'，'九经'及'诚身'许多功夫，③方始做得。这个方是万世常行之道。不然只去行了夏时，乘了殷辂，服了周冕，作了《韶》、《武》，天下便治得？后人但见颜子是孔门第一人，又问个为邦，便把做天大事看了。"

[注释]

①孔子告颜渊为邦：语出《论语·卫灵公》："颜渊问为邦。子曰：'行夏之时，乘殷之辂，服周之冕，乐则《韶》、《武》。放郑声，远佞人，郑声淫，佞人殆。'"朱熹认为，孔子所言，是从先王之礼中总结出来的万世常行之道。②万世常行之道：朱熹《论语集注》引程颐言："盖三代之制，皆因时损益。及其久也，不能无弊。周衰，圣人不作。故孔子斟酌先王之礼，立万世常行之道，发此以为之兆尔。"③为政在人……诚身：语出《中庸》："故为政在人，取人以身，修身以道，修道以仁……天下之达道五，所以行之者三。曰君臣也，父子也，夫妇也，昆弟也，朋友之交也。五者天下之达道也……凡为天下国家有九经，曰修身也，尊贤也，亲亲也，敬大臣也，体群臣也，子庶民也，来百工也，柔远人也，怀诸侯也……诚身有道，不明乎善，不诚乎身矣。"

[译文]

黄诚甫问："朱熹认为孔子回答颜回关于治国的话，是为万世确立了治国的根本原则，这话对吗？"

先生说："颜渊是分量较轻的圣人，他对治国安邦的总的方法原则都已掌握。孔子平时就很了解他，在这里就没有必要再说那么多，只就典章制度方面谈了谈，当然这方面也不能忽略，加上这些才算完善。不要因为自己的才能胜任治国安邦了，就疏于防范克制，必须'禁止郑国那样的靡靡之音，远离阿谀奉迎的小人'。大概由于颜渊是个严于律己、性格内向、注重德行的人，孔子担心他在制度的细节上有所疏漏，便就他不足的地方加以补充提示。如果对其他人，孔子肯定会告诉他'为政在人，取人以身，修身以道，修道以仁'，'达道'、'九经'以及'诚身'等许多功夫，这样才能把国家治理好。上面说的这些才是千秋万代常行的准则。如若不然，仅仅推行夏朝的历法，乘坐商朝的辂车，穿上周朝的服饰，听《韶》、《武》那样的音乐，天下就能治理好？后世的人只知颜渊是孔子最出色的弟子，又问了如何治国的道理，就把孔子有针对性的回答当作教条了。"

三五

蔡希渊问："文公《大学》新本，先'格致'而后'诚意'功夫，似与首章次第相合。①若如先生从旧本之说，即'诚意'反在'格致'之前，于此尚未释然。"

先生曰："《大学》功夫即是'明明德'，'明明德'只是个'诚意'，'诚意'的功夫只是'格物''致知'。若以'诚意'为主，去用'格物致知'的功夫，即功夫始有下落。即为善去恶，无非是'诚意'的事。如新本先去穷格事物之理，即茫茫荡荡，都无着落处，须用添个'敬'字，方才牵扯得向身心上来，然终是没根源。若须用添个'敬'字，缘何孔门倒将一个最要紧的字落了，直待千余年后要人来补出？正谓以'诚意'为主，即不须添'敬'字。所以提出个'诚意'来说，正是学问的大头脑处。于此不察，真所谓毫厘之差，千里之谬。大抵《中庸》功夫只是'诚身'，'诚身'之极便是'至诚'；《大学》功夫只是'诚意'，'诚意'之极便是'至善'。功夫总是一般。

今说这里补个'敬'字,那里补个'诚'字,未免画蛇添足。"

[注释]

① "《大学》新本"三句:朱熹所著《大学章句》中,"诚意"在"格物致知"之后。

[译文]

蔡希渊问:"朱熹先生修改过的《大学》中,先有'格物致知',后有'诚意'功夫,似乎和《大学》第一章的内容次序相符合。如果依先生遵从旧本的观点,那么'诚意'反而在'格物致知'之前,对此我尚未明白。"

先生说:"《大学》中讲的功夫就是'明明德','明明德'就是'诚意','诚意'的功夫就是'格物致知'。如果以'诚意'为宗旨去下'格物致知'的功夫,功夫才有落脚点。就是说,行善去恶无非是'诚意'的事情。如果像朱熹先生新本说的那样,先去透彻地研究事物的道理,那么功夫就会茫无边际,没有落脚点。必须增加一个'敬'字,才能把功夫拉到自己的身心上来,但这终究缺乏根基。如果必须增加一个'敬'字,为什么孔子及其弟子却把这一最重要的字丢掉了,要等到千年之后让别人增添?而如果以'诚意'为根本,就不需要增添'敬'字。所以要提出一个'诚意'来,这正是做学问的根本出发点。不明白这一点,就真的是差之毫厘,谬以千里了。大体上来说,《中庸》讲的功夫就是'诚身','诚身'的最高境界就是'至诚';《大学》中讲的功夫就是'诚意','诚意'的最高境界就是'至善'。它们所讲的修养功夫都是相同的。如果在这里加个'敬'字,那里加个'诚'字,未免画蛇添足。"

中 卷

钱德洪[①] 序

德洪曰：昔南元善[②]刻《传习录》于越，凡二册。下册摘录先师手书，凡八篇。其答徐成之[③]二书，吾师自谓"天下是朱非陆，论定既久，一旦反之为难，二书姑为调停两可之说，使人自思得之"。[④]故元善录为下册之首者，意亦以是欤！今朱、陆之辨明于天下久矣。洪刻先师《文录》，置二书于《外集》者，示未全也，故今不复录。

其余指知行之本体，莫详于答人论学[⑤]与答周道通、陆清伯、欧阳崇一四书。而谓格物为学者用力日可见之地，莫详于答罗整庵一书。平生冒天下之非诋推陷，万死一生，遑遑然不忘讲学，惟恐吾人不闻斯道，流于功利机智，以日堕于夷狄禽兽，而不觉其一体同物之心，诿诿终身，至于毙而后已。此孔孟以来贤圣苦心，虽门人子弟未足以慰其情也。是情也，莫详于答聂文蔚之第一书。此皆仍元善所录之旧。而揭"必有事焉"即"致良知"功夫，明白简切，使人言下即得入手，此又莫详于答文蔚之第二书，故增录之。

元善当时汹汹，乃能以身明斯道，卒至遭奸被斥，油油然惟以此生得闻斯学为庆，而绝无有纤芥忿郁不平之气。斯录之刻，人见其有功于同志甚大，而不知其处时之甚艰也。今所去取，裁之时义则然，非忍有所加损于其间也。

[注释]

①钱德洪（1496~1574年）：原名宽，字洪甫，号绪山。浙江余姚人，官至刑部郎中。阳明去世后，收集阳明遗稿，编成传世本《传习录》及《阳明文录》等多种书籍，对王学的发扬光大起了重要作用。②南元善（1487~1541年）：名大吉，字元善，号瑞泉，陕西渭南人。官至户部郎中、知府，王守仁的学生，曾刊刻《传习录》。因支持王学被罢官后，归陕讲学，致力于王学的传播。③徐成之：人名，余不详。④"吾师自谓"句：语出《王阳明全集》卷二十一《答徐成之》。南宋淳熙二年（1175年），在信州（今江西上饶）鹅湖寺，朱熹与陆九渊进行了一次学术辩论，陆讥朱为支离，朱讥陆为空渺。朱陆门户之争历数百年，阳明之前，朱派一直占上风。⑤答人论学：即《答顾东桥书》。顾东桥，名璘（1476~1545年），字华玉，号东桥，江苏吴县人，进士，官至南京刑部尚书，王阳明友人。少有才，工诗文。

[译文]

德洪谨记：从前南大吉在浙江刻印《传习录》上、下两册，下册收录了先生的八篇书信。在回答徐成之的两封信中，先生自己说"世间肯定朱熹否定陆九渊，这种局面由来已久，很难一下改变过来，这两封信就是试图调和两家学说，使人通过自己的思考得出正确结论"。南大吉把这两封信放在下册的卷首，其目的就是如此。现在，朱、陆二人的争论早已大白于天下。我刻印先生的文录时，把这两封信放在《外集》中，以表明信中思想观点还不完善，本次刻印就不再收录。

其余有关知行本体方面的记述，最详细的莫过于回答顾东桥、周道通、陆原静、欧阳崇一等的四封信。而论述学者日常学习用功的格物理论，最详细最集中的是回答罗整庵的信。先生一生不顾天下的责难、诋毁和陷害，于九死一生中始终不忘坚持传播自己的学说，是唯恐我们不了解他的学说，沦入追逐功利和计谋之中，以至于一天天堕落到与蒙昧之徒及飞禽走兽为伍，而不能领悟他的天地万物为一体的思想。先生终生都在为此大声疾呼，直至死而后已。这是孔孟以来圣贤的良苦用心，就是门人学生也不足以宽慰他的情怀。在回答聂文蔚的第一封信中，这种情怀表现最为强烈。这几封信仍按南大吉先生的版本刊刻。而揭示孟子所说的"必有事焉"就是"致良知"功夫，既简单明了、使人一听就能入门，又讲得最详细的，莫过于答聂文蔚的第二封信，所以这次增补进来。

南大吉在当时天下群起攻击先生、处境十分艰难的情况下，能够奋不顾身地弘扬先生的学说，以至于最后遭到奸臣的排挤而被罢免，但他欣然以此生能接受先生的学说为幸事，心中无丝毫愤怒郁闷的不平之气。他刻印《传习录》，一般人只看到对同道中人的学习帮助很大，而不知道他当时处境的艰难。我这次刻印时对其版本所作的取舍，是出于目前情况的考虑，而不是故意要有所增删。

答顾东桥书

一

来书云:"近时学者,务外遗内,博而寡要。故先生特倡'诚意'一义①,针砭膏肓,诚大惠也!"

吾子洞见时弊如此矣,亦将何以救之乎?然则鄙人之心,吾子固已一句道尽,复何言哉?复何言哉!若"诚意"之说,自是圣门教人用功第一义,但近世学者乃作第二义看,故稍与提掇紧要出来,非鄙人所能特倡也。

[注释]

①"故先生"句:王阳明早期曾强调"诚意"的重要性,他所著《大学古本序》第一句就是:"《大学》之要,诚意而已矣。"

[译文]

你来信说:"当今的学者,注重外在知识学问的追求而忽略存养本心,知识虽广却不得要害。所以先生特别倡导'诚意'这一点,以治疗这些病入膏肓的学者,这对他们真是大有裨益呀!"

你对时弊洞若观火,打算怎样匡正呢?我的思想观点,你已经一语道破,我还用再说什么?我还用再说什么!至于"诚意"的理论,原来就是圣人教人用功的根本出发点,但是近代的学者却把它看作次要的事，放到第二位，所以我才稍微把它的重要性提示出来，并不是我本人的特别提倡。

二

来书云："但恐立说太高，用功太捷，后生师传，影响谬误，未免坠于佛氏明心见性①、定慧顿悟②之机，无怪闻者见疑。"

区区格、致、诚、正之说，是就学者本心日用事为间，体究践履，实地用功，是多少次第、多少积累在！正与空虚顿悟之说相反。闻者本无求为圣人之志，又未尝讲究其详，遂以见疑，亦无足怪。若吾子之高明，自当一语之下便了然矣，乃亦谓"立说太高，用功太捷"，何邪？

[注释]

①明心见性：佛教禅宗的主张，意为让自己心地澄澈，待看到自己的真性，就可以成佛，而无须于文字上抠求。②定慧顿悟：定慧，佛家的修养功夫，指禅定与智慧。除去心中的杂念为定，明了事物的道理为慧。顿悟，意为突然之间明白了困惑已久的佛理，一悟成佛。与儒家的"困知"相对。

[译文]

你信中说："只恐怕先生的学说立论太高，实践起来又太方便简捷，学生们相互传承时出现错误，不免沦入佛教的明心见性、定慧顿悟的禅机中，这也难怪听了先生学说的人会产生怀疑。"

我关于格物、致知、诚意、正心的学说，是指学者的本心要在日常行事中间体察、探求、实践、落实，实实在在地下功夫，中间可是有很多阶段、很多积累啊！这正与佛学的禅静顿悟相反。听到我的学说的人本没有做圣人的志向，又没有仔细研究我的思想，于是产生疑问，这并不奇怪。像你这样聪慧高明的人，对我的思想本来应该是一点就透，却为什么也说我"立论太高，用功太捷"呢？

三

来书云:"所喻知行并进,不宜分别前后,即《中庸》'尊德性而道问学'之功交养互发,内外本末一以贯之之道。然功夫次第,不能无先后之差,如知食乃食,知汤乃饮,知衣乃服,知路乃行,未有不见是物先有是事。此亦毫厘倏忽之间,非谓截然有等、今日知之而明日乃行也。"

既云"交养互发,内外本末一以贯之",则知行并进之说无复可疑矣。又云"功夫次第,不能无先后之差",无乃自相矛盾已乎?"知食乃食"等说,此尤明白易见。但吾子为近闻①障蔽,自不察耳。夫人必有欲食之心,然后知食,欲食之心即是意,即是行之始矣。食味之美恶,必待入口而后知,岂有不待入口而已先知食味之美恶者邪?必有欲行之心,然后知路,欲行之心即是意,即是行之始矣。路歧之险夷,必待身亲履历而后知,岂有不待身亲履历而已先知路歧之险夷者邪?"知汤乃饮,知衣乃服",以此例之,皆无可疑。若如吾子之喻,是乃所谓"不见是物而先有是事"者矣。吾子又谓"此亦毫厘倏忽之间,非谓截然有等、今日知之而明日乃行也",是亦察之尚有未精。然就如吾子之说,则知行之为合一并进,亦自断无可疑矣。

[注释]

①近闻:指朱熹的知先行后的观点。

[译文]

你信中说:"你所讲的知行齐头并进,不应该区分先后,就是《中庸》所说的'尊德性而道问学'这两种功夫互相存养,互相促进,本心和外物始终如一,不可分割。但是修行功夫有一个顺序,不可能没有先后的差别,例如认识到食才吃,认识到汤才喝,认识到衣才穿,认识到路才走。不可能还没见到这个东西就先有这个行为。这中间先后差别是瞬间毫厘的，并不是像今天认识了明天才去实践那样，截然分明。"

既然说"交养互发，内外本末一以贯之"，那么知行齐头并进的说法没有什么可怀疑的了。你又说"修行功夫有一个顺序，不可能没有先后差别"，这难道不是自相矛盾吗？"知食乃食"等说法，尤其明白易懂，但是你被朱熹的观点所蒙蔽，而自己没有觉察。人必然是有想吃的心，然后认识食物；想吃的心就是意念，就是实践的开始。食物味道好坏如何，必须等吃过才知道，哪有不放入口中就先知道食物味道好坏的？一定有想走的心，然后才认识路；想走的心就是意念，就是行走的开始。道路的艰险与平坦，必须亲自走过才会知道，哪有不走就先知道道路的艰险或平坦的？"知汤乃饮，知衣乃服"，以此类推，都没有什么可怀疑的。如果像你所说的那样，才正是"不见是物而先有是事"。你又说"此亦毫厘倏忽之间，非谓截然有等、今日知之而明日乃行也"，这是你省察还不够精确。然而就你所说的这些来看，知行齐头并进也肯定没什么可怀疑的。

四

来书云："真知即所以为行，不行不足谓之知。此为学者吃紧立教，俾务躬行则可。若真谓行即是知，恐其专求本心，遂遗物理，必有暗而不达之处，抑岂圣门知行并进之成法哉？"

知之真切笃实处即是行，行之明觉精察处即是知。知行功夫本不可离，只为后世学者分作两截用功，失却知行本体，故有合一并进之说。真知即所以为行，不行不足谓之知。即如来书所云"知食乃食"等说可见，前已略言之矣。此虽吃紧救弊而发，然知行之体本来如是，非以己意抑扬其间，姑为是说，以苟一时之效者也。

专求本心，遂遗物理，此盖失其本心者也。夫物理不外于吾心,外吾心而求物理,无物理矣;遗物理而求吾心,吾心又何物邪?心之体,性也,性即理也。故有孝亲之心即有孝之理,无孝亲之心即无孝之理矣;有忠君之心即有忠之理,无忠君之心,即无忠之理矣。理岂外于吾心邪?晦庵谓"人之所以为学者,心与理而已,心虽主乎一身而实管乎天下之理,理虽散在万事而实不外乎一人之心",是其一分一合之间,而未免已启学者心、理为二之弊。此后世所以有"专求本心遂遗物理"之患,正由不知心即理耳。夫外心以求物理,是以有暗而不达之处,此告子义外之说①,孟子所以谓之不知义也。心一而已,以其全体恻怛而言谓之仁,以其得宜而言谓之义,以其条理而言谓之理。不可外心以求仁,不可外心以求义,独可外心以求理乎?外心以求理,此知行之所以二也。求理于吾心,此圣门知行合一之教,吾子又何疑乎?

[注释]

①告子义外之说:语出《孟子·告子上》:"告子曰:'仁,内也,非外也;义,外也,非内也。'"孟子的评论见《孟子·公孙丑上》:"我故曰:'告子未尝知义,以其外之也。'"

[译文]

你信中说:"真正的认识是能够实践的,不能实践则不能叫认识,这是给学者提出的重要而实在的要求,目的是使他们脚踏实地付诸实践。如果真的认为实践就是认识,恐怕人们专门探究本心,因而遗弃了事物的道理,这样就会有不明和不通的地方,这难道是圣学知行并进的既定方法吗?"

忠实求真、切合实际的认知活动就是行,清醒感觉、精细体察的实践活动就是知。知行两者的功夫原来就不可分开,只因为后世的学者把二者截然分开,失去了知行的本体,所以才有知行合一并进的说法。正确的认识是能够用于实践的,不能用于实践就不能叫真知，这从你信中"知食乃食"等说法就可以明白，前面已简单说过了。这一观点虽然是我在紧急情况下为了纠正时弊而发表的，不过知行的本体就是如此，不是我有意在学界兴波起澜，而草率地提出这一说法，以追求一时的效果。

专门探求本心，遗弃外物的道理，这大概正是失去了本心。事物的道理不在本心之外，在心外探求也就得不到事物的道理。遗弃事物的道理而专门探求本心，人的本心又是什么呢？心的本体是人性，人性就是天理。所以，有孝顺父母的心就是怀有孝顺父母的道理，没有孝顺父母的心就是不怀有孝顺父母的道理；有忠君的心就是怀有忠君的道理，没有忠君的心就是不怀有忠君的道理。天理难道存在于人心之外吗？朱熹认为"人之所以从事学习，就是为了追求心和理，心虽然是全身的主宰而实际上统管着天下万物的道理，理虽然体现在万事万物上而实际上存在于人心之中"，他这样把心和理先分开再合并起来，未免产生使学者把心与理看成是两件事的弊病。后来的人之所以有"专求本心，遂遗物理"的错误，正是由于不知人心就是天理。在心外探求事物的道理，就会有不明和不通的现象，这实际就是告子的"义外"观点，而孟子也因此批评告子不懂得什么是义。心就是一回事，以它充满同情忧伤而言就是仁，以它具有正当性而言就是义，以它符合逻辑而言就是理。不能在心外探求仁、义，难道可以单独在心外探求理吗？在心外探求理，这就是把知行视为两件事。在自己的心里寻求理，这正是圣学知行合一的教诲，你又有什么疑惑呢？

五

来书云："所释《大学》古本，谓致其本体之知[①]，此固孟子尽心之旨。朱子亦以虚灵知觉为此心之量[②]。然尽心由于知性，致知在于格物。"

"尽心由于知性,致知在于格物",此语然矣。然而推本吾子之意,则其所以为是语者,尚有未明也。朱子以"尽心、知性、知天"为格物、致知,以"存心、养性、事天"为诚意、正心、修身,以"夭寿不贰,修身以俟"为知至、仁尽、圣人之事。若鄙人之见,则与朱子正相反矣。夫"尽心、知性、知天"者,生知安行,圣人之事也;"存心、养性、事天"者,学知利行,贤人之事也;"夭寿不贰,修身以俟"者,困知勉行,学者之事也。岂可专以"尽心知性"为知,"存心养性"为行乎?吾子骤闻此言,必又以为大骇矣。然其间实无可疑者,一为吾子言之。

夫心之体,性也;性之原,天也。能尽其心,是能尽其性矣。《中庸》云:"惟天下至诚为能尽其性。"又云:"知天地之化育,质诸鬼神而无疑,知天也。"此惟圣人而后能然。故曰:此"生知安行",圣人之事也。存其心者,未能尽其心者也,故须加存之之功;心存之既久,不待于存而自无不存,然后可以进而言尽。盖"知天"之"知",如"知州"、"知县"之"知",知州则一州之事皆己事也,知县则一县之事皆己事也,是与天为一者也。"事天"则如子之事父,臣之事君,犹与天为二也。天之所以命于我者,心也,性也,吾但存之而不敢失,养之而不敢害,如"父母全而生之,子全而归之"③者也。故曰:此"学知利行",贤人之事也。至于"夭寿不贰",则与存其心者又有间矣。存其心者虽未能尽其心,固已一心于为善,时有不存则存之而已。今使之"夭寿不贰",是犹以夭寿二其心者也。犹以夭寿二其心,是其为善之心犹未能一也,存之尚有所未可,而何尽之可云乎?今且使之不以夭寿二其为善之心,若曰死生夭寿皆有定命,吾但一心于为善,修吾之身以俟天命而已,是其平日尚未知有天命也。事天虽与天为二，然已真知天命之所在，但惟恭敬奉承之而已耳。若俟之云者，则尚未能真知天命之所在，犹有所俟者也，故曰：所以立命。立者"创立"之"立"，如"立德"、"立言"、"立功"、"立名"之类④。凡言"立"者，皆是昔未尝有而今始建立之谓，孔子所谓"不知命，无以为君子"⑤者也。故曰：此"困知勉行"，学者之事也。

今以"尽心、知性、知天"为格物致知，使初学之士尚未能不二其心者，而遽责之以圣人生知安行之事，如捕风捉影，茫然莫知所措其心，几何而不至于"率天下而路"⑥也？今世致知格物之弊，亦居然可见矣。吾子所谓"务外遗内，博而寡要"者，无乃亦是过欤？此学问最紧要处，于此而差，将无往而不差矣。此鄙人之所以冒天下之非笑，忘其身之陷于罪戮，呶呶其言，其不容已者也。

[注释]

①致其本体之知：语出王阳明《大学古本序》："至其本体之知，而动无不善。"②"朱子"句：语出朱熹《中庸章句序》："心之虚灵知觉，一而已。"③"父母"句：语出《礼记·祭义》："父母全而生之，子全而归之，可谓孝矣。"意为父母把子女完好地生下来，子女要好好地保全身体发肤，等到死的时候完完整整地归还给父母，这才是孝。④"立德"句：语出《左传·襄公二十四年》："太上有立德，其次有立功，其次有立言。虽久不废，此之谓不朽。"讲做人的几种境界。⑤不知命，无以为君子：语出《论语·尧曰》："不知命，无以为君子也。不知礼，无以立也。子曰：'不知言，无以知人也。'"⑥率天下而路：语出《孟子·滕文公上》："且一人之身，而百工之所为备。如必自为而后用之，是率天下而路也。"意为对一个人来说，各种工匠的产品对他都是不可缺少的，如果每件东西都要自己制造出来才能用，这是率领天下的人疲于奔命。

[译文]

你信中说："先生所注释的《大学》旧本认为，致知是获得对心的本体的认识，这与孟子'尽心'说的宗旨相同。朱熹也认为虚灵知觉是人心的本体。然而尽心是由于知性，致知依赖于格物。"

"尽心是由于知性，致知依赖于格物"，这话是对的。但是我仔细推敲你的意思，你所以说这话是因为你对我的观点还有不明白的地方。朱熹认为"尽心、知性、知天"是格物、致知，"存心、养性、事天"是诚意、正心、修身，"夭寿不贰，修身以俟"是认识的至境、仁爱的顶点、圣人的行为。但是我的观点与朱熹正好相反。"尽心、知性、知天"，是天生就懂得、自然能实践，这是圣人才能做到的事；"存心、养性、事天"，是学习了才懂得、能够顺利实践，这是贤人才能做到的事；"夭寿不贰，修身以俟"，则是艰难认知、勉强实践，这是学者的事情。怎么能只把"尽心、知性"作为认识，只把"存心、养性"作为实践呢？你乍一听我这话，肯定又要大惊失色了。然而这确实没什么可怀疑的，让我一一给你说明。

心的本体即人性，人性的本原就是天理。能尽其心，也就能尽其性。《中庸》里面说："只有天下最虔诚的人才能充分发挥其天性。"又说："明白天地万物的生化孕育，求证于鬼神而没有疑问，这就是知天。"这只有圣人才能做到，所以我说这是天生就懂得、自然能实践，是圣人才能做到的事。存养心体，是还不能充分发挥本心，所以必须加上存养的功夫；存养时间长了，不需有意去存养而无时无刻不自然存养，然后可以进一步讲充分发挥本心。"知天"的"知"，就如"知州""知县"的"知"，管理一州、一县是知州、知县的分内之事。"知天"就是与天合而为一；"事天"就像儿子侍奉父亲、大臣忠于君主一样，这是还未与天合而为一。上天赋予我们的，是本心、本性，我们只有小心存养而不敢丢失、损害，如同"父母全而生之，子全而归之"。所以我说这是学习了才懂得、能够顺利地实践，是贤人才能做到的事。至于"夭寿不贰"

的人,这和存养本心的贤人又有一定距离。存养本心的人虽不能充分发挥本心,但已经在一心为善了,只不过有时失去了本心,存养它就行了。现在要求人不管长寿短命都要始终如一,是由于还有人因为寿命有长有短而心生杂念。因为寿命有长短之分而三心二意,这说明他为善的心还不能始终如一,存养它还不一定行,哪里谈得上充分发挥呢?现在要让这种人不因寿命长短而改变向善之心,就是说生死夭寿都有一定的天命,我只是一心向善,加强修养等待天命安排,这说明他平时还不知道天命。事天虽然尚未与天合而为一,然而已经真正认识到天命所在,只是恭恭敬敬顺应它而已。像等待天命这样的人,则是尚未能真正认识到天命所在,还只是在等待天命的安排。因此孟子说:"这就是安身立命。""立"是"创立"的"立",如同"立德"、"立言"、"立功"、"立名"的"立"。凡是说到"立",都是指过去没有而现在开始建立,也就是孔子所说的"不知道天命,不能成为君子"的那种人。所以我说,这是认知艰难、勉强实践,是学者的事情。

现在把"尽心、知性、知天"当作格物致知,在初学之人还没能做到专心致志时,就马上责备他不能像圣人那样天生能知能行,这如同捕风捉影,让人茫然不知所措,怎能不把天下人引向疲于奔命的地步呢?如今社会上格物致知学说的弊端,已暴露无遗。你所说的重视外在知识的学习而忽视存养本心,学识广博而不得要领,难道不也是这种过失造成的吗?这是做学问最关键的地方,这里出错,就会处处皆错。这就是我冒着天下人的讽刺、挖苦,不顾迫害打击的危险,喋喋不休宣传我的观点的原因。

六

来书云:"闻语学者,乃谓'即物穷理'[①]之说亦是玩物丧志',又取其'厌繁就约'、'涵养本原'[②]数说标示学者,指为晚年定论③,此亦恐非。"

朱子所谓格物云者,在即物而穷其理也。即物穷理是就事事物物上求其所谓定理者也,是以吾心而求理于事事物物之中,析心与理而为二矣。夫求理于事事物物者,如求孝之理于其亲之谓也。求孝之理于其亲,则孝之理其果在于吾之心邪?抑果在于亲之身邪?假而果在于亲之身,则亲没之后,吾心遂无孝之理欤?见孺子之入井,必有恻隐之理,是恻隐之理果在于孺子之身欤?抑在于吾心之良知欤?其或不可以从之于井④欤,其或可以手而援之⑤欤,是皆所谓理也。是果在于孺子之身欤?抑果出于吾心之良知欤?以是例之,万事万物之理莫不皆然,是可以知析心与理为二之非矣。夫析心与理而为二,此告子义外之说,孟子之所深辟也。"务外遗内,博而寡要",吾子既已知之矣,是果何谓而然哉?谓之玩物丧志,尚犹以为不可欤?

若鄙人所谓致知格物者,致吾心之良知于事事物物也。吾心之良知即所谓天理也,致吾心良知之天理于事事物物,则事事物物皆得其理矣。致吾心之良知者,致知也。事事物物皆得其理者,格物也。是合心与理而为一者也。合心与理而为一,则凡区区前之所云,与朱子晚年之论,皆可以不言而喻矣。

[注释]

①即物穷理:意为通过接触事物来研究事物的道理。语出朱熹《大学章句》:"所谓致知在格物者,言欲致吾之知,在即物而穷其理也。"②涵养本原:语出朱熹《答吕子约书》:"文字虽不可废,然涵养本原而察于天理人欲之判,此是日用动静之间,不可顷刻间断底事。"③晚年定论:王阳明作《朱子晚年定论》,收录朱熹一些包含"厌繁就约"、"涵养本原"等论点的书信,认为朱熹晚年改变了观点,与陆九渊的观点接近。此说遭到后世非议。④从之于井:语出《论语·雍也》:"宰我问曰:'仁者,虽告之曰"井有仁焉",其从之也?'子曰:'何为其然也?君子可逝也,不可陷也;可欺也,不可罔

也。'"⑤手而援之：语出《孟子·离娄上》："嫂溺不援，是豺狼也。男女授受不亲，礼也；嫂溺，援之以手者，权也。"

[译文]

你信中说："听说你对学生讲，'即物穷理就是玩物丧志'，又把朱熹关于'厌繁就约'、'涵养本原'的几封信展示给学生，认为是朱熹晚年的定论，这恐怕不对。"

朱熹所谓的格物，就在于即物穷理，也就是在事物上探求其固有的道理，是用自己的心在事物上探求道理，这就把心与天理一分为二了。在事物上寻求道理，就像在父母身上追求孝顺的道理。在双亲身上探求孝顺的道理，那么孝顺的道理是在我们心中，还是在父母身上？假如真的在双亲身上，那么父母死后，我们心中就没有孝顺的道理了吗？看见孩子掉到井里，一定会有恻隐之心，那么恻隐的道理是在孩子身上，还是在我们心中的良知上？不管说不能跟着孩子跳进井里，还是说可以伸手把孩子拉上来，这都是所谓的道理。道理在孩子身上，还是在我们本心的良知上呢？以此类推，万事万物的道理莫不如此。这就可以明白把心与天理一分为二是错误的。把心与天理一分为二，这是告子的"义外"学说，孟子曾深刻批评过。"在身外探求道理而忽略存养本心，知识广博而不得要领"，你既然已经明白这样不对，为什么还要这样说呢？我说"即物穷理"是玩物丧志，你还认为不对吗？

我所说的格物致知，是把我们心中的良知应用到万事万物上。我们本心的良知，就是天理。把我们心中的良知、天理应用到事物上，那么万事万物的道理就明白了。致知是获得良知的方法，格物就是使万事万物都得到天理，这是把心与天理合二为一。把心与天理合二为一，那么我前面所讲的，以及我关于朱熹晚年思想的说法，就都不言而喻了。

七

来书云:"人之心体,本无不明,而气拘物蔽,鲜有不昏。非学、问、思、辨以明天下之理,则善恶之机、真妄之辨不能自觉,任情恣意,其害有不可胜言者矣。"

此段大略似是而非。盖承沿旧说之弊,不可以不辨也。夫学、问、思、辨、行皆所以为学,未有学而不行者也。如言学孝,则必服劳奉养,躬身孝道,然后谓之学。岂徒悬空口耳讲说,而遂可以谓之学孝乎?学射则必张弓挟矢,引满中的;学书则必伸纸执笔,操觚染翰①。尽天下之学,无有不行而可以言学者,则学之始固已即是行矣。笃者,敦实笃厚之意。已行矣,而敦笃其行,不息其功之谓尔。盖学之不能以无疑,则有问,问即学也,即行也;又不能无疑,则有思,思即学也,即行也;又不能无疑,则有辨,辨即学也,即行也。辨既明矣,思既慎矣,问既审矣,学既能矣,又从而不息其功焉,斯之谓笃行,非谓学问思辨之后而始措之于行也。是故以求能其事而言谓之学,以求解其惑而言谓之问,以求通其说而言谓之思,以求精其察而言谓之辨,以求履其实而言谓之行。盖析其功而言则有五,合其事而言则一而已。此区区心、理合一之体,知、行并进之功,所以异于后世之说者,正在于是。

今吾子特举学、问、思、辨以穷天下之理,而不及笃行,是专以学、问、思、辨为知,而谓穷理为无行也已。天下岂有不行而学者邪?岂有不行而遂可谓之穷理者邪?明道云:"只穷理,便尽性至命。"故必仁极仁而后谓之能穷仁之理,义极义而后谓之能穷义之理。仁极仁则尽仁之性矣,义极义则尽义之性矣。学至于穷理至矣,而尚未措之于行,天下宁有是邪?是故知不行之不可以为学，则知不行之不可以为穷理矣；知不行之不可以为穷理，则知知行之合一并进，而不可以分为两节事矣。

夫万事万物之理不外于吾心，而必曰穷天下之理，是殆以吾心之良知为未足，而必外求天下之广，以裨补增益之，是犹析心与理而为二也。夫学、问、思、辨、笃行之功，虽其困勉至于人一己百②，而扩充之极至于尽性知天，亦不过致吾心之良知而已。良知之外，岂复有加于毫末乎？今必曰穷天下之理，而不知反求诸其心，则凡所谓善恶之机、真妄之辨者，舍吾心之良知，亦将何所致其体察乎？吾子所谓'气拘物蔽'者，拘此蔽此而已。今欲去此之蔽，不知致力于此，而欲以外求，是犹目之不明者，不务服药调理以治其目，而徒伥伥然求明于其外，明岂可以自外而得哉？任情恣意之害，亦以不能精察天理于此心之良知而已。此诚毫厘千里之谬者，不容于不辨。吾子毋谓其论之太刻也！

[注释]

①操觚（gū）染翰：意为提笔作文。觚，古人书写时用的竹简。翰，笔。②人一己百：语出《中庸》："人一能之己百之，人十能之己千之。果能此道矣，虽愚必明，虽柔必强。"

[译文]

你信中说："人心的本体，原来明白清楚，可由于浊气的拘束和污物的蒙蔽，很少有不昏暗模糊的。不通过学习、询问、思考、辨析来弄明白天下的道理，那么，善恶的原因、真假的异同，就不可能明白，就会肆意妄为，所产生的危害是无法用语言描述的。"

这段话大致上似是而非。大概是沿袭了朱熹说法的弊端，不能不分辨清楚。博学、询问、思考、辨析、实践都是学习的方法，不存在学习而不实践的。比如说学习孝顺，就必须服侍奉养双亲，亲身实践孝的道理，这才叫学习孝。难道仅仅红口白牙夸夸其谈就可以称为学孝吗？学习射箭必须张弓搭箭，射中靶心；学习书法必须铺纸提笔，泼墨书写。穷尽天下的学习，没有不亲自实践而可以算作学习的。因此，学习的开始本来就已经是实践了。笃是认真切实的意思。已经实践了，而又敦笃其实践，也就是不间断实践的意思。学习不可能没有疑惑，于是就有询问，问就是学习，是实践；然而询问后可能还有疑惑，这就需要思考，思考也是学习，是实践；思考后可能还有疑惑，这就需要辨析，辨析也是学习，是实践。辨析明白了，思考也很谨慎了，询问也很仔细，学习也有了长进，还坚持用功不懈，这叫笃行，而不是学、问、思、辨后，才开始着手实践。所以，就追求能做成某事而言叫做学，就追求解除困惑而言叫做问，就通晓其理论而言叫做思，就考察精细而言叫做辨，就落到实处而言叫做行。分析它们的功效则有五个方面，综合它们的效果则是一件事而已。我所说的心与理合一为本体、知行并进是方法，之所以不同于朱熹的思想，原因就在这里。

现在你特别举出学习、询问、思考、辨析以探求天下的事理，却没有提及踏踏实实付诸行动，这是专门把学、问、思、辨当作认识活动，而认为穷理的活动不是实践。天下难道有不实践而学习的吗？难道有不实践就能穷尽事理的吗？程颢先生说："只要穷尽事理，就可充分发挥天性，认识天命。"所以必须在实践中达到仁的最高境界后，才能说穷尽仁的道理，在实践中达到义的顶点后，才能说穷尽义的道理。达到仁的最高境界就能彻底发挥仁的天性，达到义的顶点就能充分发挥义的天性。学习达到了穷尽事理的程度，却还没有着手实践，天下有这种情况吗？所以，知道不实践就不能学习，那么也就知道不实践就不能穷尽天理。知道不实践就不能穷尽天理，也就知道知行必然是合一并进的，而不能把它们分成两节。

既然万事万物的道理不存在于我们心外，却又一定要说穷尽天下事理，这大概是因为我们心中的良知还不够，而必须向外寻求天下万事万物的道理，以便对我们的心有所裨益，这还是把心与天理一分为二。学、问、思、辨、笃行的功夫，虽然资质较差的人得比别人付出百倍的努力，但是努力扩展到极致，到了尽性知天的境界，也不过是使我们心中的良知圆满罢了。除了良知，难道还能增加一丝一毫的东西吗？现在说一定要穷尽天下事理，却不知道在自己心中探求，那么凡是善恶的原因、真假的异同，舍去我们心中的良知，又将怎么体察明白呢？你所说的"气拘物蔽"，正是受这种观点的束缚与蒙蔽。现在要清除这一弊病，不知道在内心努力，而想在心外探求，这好比眼睛有病的人，不想方设法吃药来调理治疗眼睛，而只是茫然地在眼睛外面去探求光明，眼睛明亮难道可以从其他地方得到吗？肆意妄为的危害，也是由于不能在我们心中的良知上精细体察天理而已。这的确是差之毫厘谬之千里的事，不能不分辨清楚，你别觉得我说得太刻薄了。

八

来书云："教人以致知、明德，而戒其即物穷理，诚使昏暗之士深居端正，不闻教告，遂能至于知致而德明乎？纵令静而有觉，稍悟本性，则亦定慧无用之见，果能知古今、达事变而致用于天下国家之实否乎？其曰'知者意之体，物者意之用'，'格物如格君心之非之格'。①语虽超悟独得，不蹈陈见，抑恐于道未相吻合？"

区区论致知格物，正所以穷理，未尝戒人穷理，使之深居端坐而一无所事也。若谓即物穷理，如前所云务外而遗内者，则有所不可耳。昏暗之士，果能随事随物精察此心之天理，以致其本然之良知，则"虽愚必明，虽柔必强"②。大本立而达道行，九经③之属可一以贯之而无遗矣，尚何患其无致用之实乎？彼顽空虚静之徒，正惟不能随事随物精察此心之天理，以致其本然之良知,而遗弃伦理,寂灭虚无以为常,是以"要之不可以治家国天下"。孰谓圣人穷理尽性之学,而亦有是弊哉?

心者,身之主也,而心之虚灵明觉,即所谓本然之良知也。其虚灵明觉之良知应感而动者,谓之意。有知而后有意,无知则无意矣。知非意之体乎?意之所用必有其物,物即事也。如意用于事亲,即事亲为一物;意用于治民,即治民为一物;意用于读书,即读书为一物;意用于听讼,即听讼为一物。凡意之所用,无有无物者。有是意即有是物,无是意即无是物矣,物非意之用乎?

"格"字之义,有以"至"字训者,如"格于文祖"④、"有苗来格"⑤,是以"至"训得也。然"格于文祖",必纯孝诚敬,幽明之间无一不得其理,而后谓之"格"。有苗之顽,实以文德诞敷而后"格",则亦兼有"正"字之义在其间,未可专以"至"字尽之也。如"格其非心"、"大臣格君心之非"⑥之类,是则一皆"正其不正以归于正"之义,而不可以"至"字为训矣。且《大学》"格物"之训,又安知其不以"正"字为训,而必以"至"字为义乎?如以"至"字为义者,必曰"穷至事物之理",而后其说始通。是其用功之要全在一"穷"字,用力之地全在一"理"字也。若上去一"穷"、下去一"理"字,而直曰"致知在至物",其可通乎?夫"穷理尽性"⑦,圣人之成训,见于《系辞》者也。苟格物之说而果即穷理之义,则圣人何不直曰"致知在穷理",而必为此转折不完之语,以启后世之弊邪?

盖《大学》"格物"之说,自与《系辞》"穷理"大旨虽同,而微有分辨。穷理者,兼格、致、诚、正而为功也。故言穷理则格、致、诚、正之功皆在其中,言格物则必兼举致知、诚意、正心，而后其功始备而密。今偏举格物而遂谓之穷理，此所以专以穷理属知，而谓格物未常有行，非惟不得格物之旨，并穷理之义而失之矣。此后世之学所以析知、行为先后两截，日以支离决裂，而圣学益以残晦者，其端实始于此。吾子盖亦未免承沿积习，则见以为于道未相吻合，不为过矣。

[注释]

①知者意之体……君心之非之格：王阳明的观点，非其原话。②"虽愚"句：语出《中庸》："果能此道矣，虽愚必明，虽柔必强。"③九经：语出《中庸》："凡为天下国家有九经，曰：修身也，尊贤也，亲亲也，敬大臣也，体群臣也，子庶民也，来百工也，柔远人也，怀诸侯也。"④格于文祖：语出《尚书·舜典》："归，格于艺祖。"注曰："归，告至文祖之庙。艺，文也。"格，至、到。文祖，尧的庙。⑤有苗来格：意为有苗族人到来。语出《尚书·大禹谟》："七旬，有苗格。"格，至、到。⑥大臣格君心之非：语出《孟子·离娄上》："惟大人为能格君心之非。"格，纠正。⑦穷理尽性：语出《易传·说卦》："穷理尽性以至于命。"下文谓此语见于《系辞》，有误。

[译文]

你信中说："你教育学生致知、明德，却不让他们从事物上研究天理。如果让糊涂的人深居静坐，不听圣人的教诲和告诫，就能致知、明德吗？即使他们在静坐中有所觉悟，稍微体悟到人的本性，那也是定慧之类的佛家的无用见识，难道真能通晓古今、明了事变，对治国安邦有实际作用吗？你说'认识是意念的本体，事物是意念的作用'，格物的格就是'格君心之非'的格，这话虽然显示出高超的悟性，独到而不落俗套，但恐怕与天道不符合吧？"

我所讲的格物致知，正是穷尽事理的意思，我从没有禁止人穷尽事理，使其深居静坐而无所事事。如果说即物穷理就是前面所讲的追求外物的道理而忽视存养内心，则是错误的。糊涂的人，如果能在事物中精确体察心中的天理，发现其原本的良知，那么"即使愚蠢也一定能变得聪明，柔弱也一定能变得刚强"，也就能行达道，立大本，九经之类则可一以贯之而不遗漏，还担心他没有治国安邦的实际本领吗？那些顽固坚持空虚寂静的佛、道之徒，恰恰不能在万事万物上精确体悟心中的天理，发现其原本的良知，而是抛弃伦常，把寂灭虚无当作根本的道理，所以他们不能齐家、治国、平天下。谁说圣人穷尽天理充分发挥人性的学说也有这样的弊病？

心是身体的主宰，心的虚灵明觉就是人固有的良知。虚灵明觉的良知因感应而发动，就是意念。有良知然后有意念，无良知则没有意念，良知难道不是意念的本体吗？意念的作用，一定有相对应的东西，这就是事。如果意念作用于侍奉父母，侍奉父母就是一个事物；如果意念作用于治理百姓，治理百姓就是一个事物；意念作用于读书，读书就是一个事物；意念作用于诉讼，诉讼就是一个事物。凡是意念作用的地方，都有事物存在。有这样的意念就有这样事物，没有这样的意念就没有这样的事物，事物难道不是意念的应用吗？

"格"字的意思，有用"至"来解释的，如"格于文祖"、"有苗来格"，其中的"格"字都是"至"的意思。然而"格于文祖"，必定是至孝至敬，对阳世和阴间的道理无一不明，然后才叫做"格"。苗人顽固、愚昧，只有推行礼乐教化之后才能"格"，所以"格"也有"正"字的含义，用"至"来解释并不能完全说明"格"字的含义。如"格其非心"、"大臣格君心之非"的"格"，都是"纠正错误以恢复于正"的意思，而不能用"至"字来解释。况且《大学》中关于"格物"的解释，又怎么知道它不能用"正"字而必须用"至"字来解释呢？如果用"至"的含义，必须说"穷至事物之理"，这样解释才说得通。这样，用功的关键全在"穷"字，用功的对象全在"理"字。如果前面去掉"穷"字，后面去掉"理"字，直接说"致知在至物"，能说得通吗？"穷理尽性"是圣人既定的教诲，在《易经·说卦》中有记载。假如格物真的就是穷理的意思，圣人为什么不直接说"致知在穷理"，却一定要说这种语意转折且不完整的话来，导致后来的弊端呢？

《大学》中的"格物"，同《易经》中的"穷理"，基本意思相同，但也有细微差别。穷理包含有格物、致知、诚意、正心等功夫。所以一谈穷理，那么格物、致知、诚意、正心的功夫都在其中。说到格物，就必然兼有致知、诚意、正心，这样格物的功夫才完整严密。现在仅提到格物就说它是穷理，这是只把穷理当作认识，而认为格物中不包括实践，这不但没有把握格物的宗旨，而且连穷理的本义也丢掉了。后世学者把知行分为前后两截，使其日益支离破碎，圣学日益残缺晦涩，其开端实际就在这里。你因袭过去的观点也在所难免，认为我的学说不符合天道，也不是你的过错。

九

来书云："谓致知之功，将如何为温凊、如何为奉养即是诚意，非别有所谓格物，此亦恐非。"

此乃吾子自以己意揣度鄙见而为是说，非鄙人之所以告吾子者矣。若果如吾子之言，宁复有可通乎？盖鄙人之见，则谓：意欲温凊、意欲奉养者，所谓意也，而未可谓之诚意；必实行其温凊奉养之意，务求自慊而无自欺，然后谓之诚意。知如何而为温凊之节、知如何而为奉养之宜者，所谓知也，而未可谓之致知；必致其知如何为温凊之节者之知，而实以之温凊，致其知如何为奉养之宜者之知，而实以之奉养，然后谓之致知。温凊之事，奉养之事，所谓物也，而未可谓之格物；必其于温凊之事也，一如其良知之所知当如何为温凊之节者而为之，无一毫之不尽，于奉养之事也，一如其良知之所知当如何为奉养之宜者而为之，无一毫之不尽，然后谓之格物。温凊之物格，然后知温凊之良知始致；奉养之物格，然后知奉养之良知始致。

故曰："物格而后知至。"[①] 致其知温凊之良知，而后温凊之意始诚；致其知奉养之良知，而后奉养之意始诚。故曰"知至而后意诚"。此区区诚意、致知、格物之说盖如此。吾子更熟思之，将亦无可疑者矣。

[注释]

①物格而后知至：语出《大学》："物格而后知至，知至而后意诚，意诚而后心正，心正而后身修，身修而后家齐，家齐而后国治，国治而后天下平。"

[译文]

你信中说："致知的功夫就是如何使父母冬暖夏凉，如何对他们供养适宜，这就是诚意，此外没有所谓的格物，这恐怕也不对。"

这是你用自己的思想来猜测我的观点，并不是我这样对你讲过。如果像你说的那样，难道能讲得通吗？我的看法是：想使父母冬暖夏凉，想对他们供养适宜，这只是意念，还不能说是诚意；必须切实实践了使父母冬暖夏凉、有所奉养的愿望，并且务求自己对此感到愉快而不是违心，这才能叫诚意。知道如何使父母冬暖夏凉、得到很好的奉养，这仅仅是知道，还不能说是达到良知；必须知道了，并且切实做到了，这才能说是达到良知。使父母冬暖夏凉，对父母供养适宜，这是物，而不能说是格物；对于使父母冬暖夏凉和供养适宜的事，按照自己良知的要求去做，而没有一丝一毫的保留，这才叫格物。父母冬暖夏凉这个物"格"了，使父母冬暖夏凉的良知才算是"致"了；对父母供养适宜这个物"格"了，然后很好地供养父母的良知才算是"致"了。

所以《大学》里说"物格而后知至"。达到了那个知道冬暖夏凉的良知，使父母冬暖夏凉的意念才能诚；达到了那个知道供养适宜的良知，对父母供养适宜的意念才能诚。所以《大学》中说"知至而后意诚"。我的诚意、致知、格物的观点大致如此。希望你再好好想想，就不会有什么疑惑了。

十

来书云："道之大端易于明白，所谓'良知良能，愚夫愚妇可与及者'①。至于节目时变之详，毫厘千里之谬，必待学而后知。今语孝于温清定省，孰不知之？至于舜之不告而娶②，武之不葬而兴师③，养志、养口④，小杖、大杖⑤，割股⑥、庐墓⑦等事，处常处变、过与不及之间，必须讨论是非，以为制事之本。然后心体无蔽，临事无失。"

"道之大端易于明白"，此语诚然。顾后之学者忽其易于明白者而弗由，而求其难于明白者以为学，此其所以"道在迩而求诸远，事在易而求诸难"⑧也。孟子云："夫道若大路然，岂难知哉？人病不由耳。"⑨良知良能，愚夫愚妇与圣人同。但惟圣人能致其良知，而愚夫愚妇不能致，此圣愚之所由分也。

"节目时变"，圣人夫岂不知，但不专以此为学。而其所谓学者，正惟致其良知，以精审此心之天理，而与后世之学不同耳。吾子未暇良知之致，而汲汲焉顾是之忧，此正求其难于明白者以为学之弊也。夫良知之于节目时变，犹规矩尺度之于方圆长短也。节目时变之不可预定，犹方圆长短之不可胜穷也。故规矩诚立，则不可欺以方圆，而天下之方圆不可胜用矣；尺度诚陈，则不可欺以长短，而天下之长短不可胜用矣；良知诚致，则不可欺以节目时变，而天下之节目时变不可胜应矣。毫厘千里之谬，不于吾心良知一念之微而察之，亦将何所用其学乎？是不以规矩而欲定天下之方圆，不以尺度而欲尽天下之长短。吾见其乖张谬戾，日劳而无成也已。

吾子谓"语孝于温清定省，孰不知之"，然而能致其知者鲜矣。若谓粗知温清定省之仪节，而遂谓之能致其知，则凡知君之当仁者，皆可谓之能致其仁之知；知臣之当忠者，皆可谓之能致其忠之知，则天下孰非致知者邪？以是而言可以知，"致知"之必在于行，而不行之不可以为"致知"也，明矣。知行合一之体，不益较然矣乎？

夫舜之不告而娶，岂舜之前已有不告而娶者为之准则，故舜得以考之何典、问诸何人而为此邪？抑亦求诸其心一念之良知，权轻重之宜，不得已而为此邪？武之不葬而兴师，岂武之前已有不葬而兴师者为之准则，故武得以考之何典、问诸何人而为此邪？抑亦求诸其心一念之良知，权轻重之宜，不得已而为此邪？使舜之心而非诚于为无后⑩，武之心而非诚于为救民，则其不告而娶与不葬而兴师，乃不孝不忠之大者。而后之人不务致其良知，以精察义理于此心感应酬酢之间，顾欲悬空讨论此等变常之事，执之以为制事之本，以求临事之无失，其亦远矣。其余数端皆可类推，则古人致知之学从可知矣。

[注释]

①愚夫愚妇可与及者：语出《中庸》："君子之道费而隐。夫妇之愚，可以与知焉；及其至也，虽圣人亦有所不知焉。"②舜之不告而娶：语出《孟子·万章上》："孟子曰：'告则不得娶。男女居室，人之大伦也。如告，则废人之大伦以怼父母，是以不告也。'"③武之不葬而兴师：语出《史记·伯夷列传》："西伯卒，武王载木主，号为文王，东伐纣。"④养志、养口：语出《孟子·离娄上》："曾子养曾晳，必有酒肉，将彻，必请所与，问：'有余？'必曰：'有。'曾晳死，曾元养曾子，必有酒肉，将彻，不请所与，问：'有余？'曰：'亡矣。'将以复进也。此所谓养口体者也。若曾子，则可谓养志也。事亲若曾子，可也。"曾晳名点，曾子的父亲，孔子的学生。曾元，曾子的儿子。彻，同"撤"。⑤小杖、大杖：语出《孔子家语·六本》。曾子在瓜地锄草时，锄掉了瓜苗。其父大怒，用大杖将其打昏在地。曾子醒来后，先向父亲请安，又回到屋里弹琴，使父亲知道自己安然无恙。孔子知道后很生气，教育曾子应像大舜侍奉父亲那样，父亲用小杖打时则坦然承受，用大杖打时则

逃跑，以免使自己身体受伤，使父亲背上不义的罪名。⑥割股：春秋时期，晋文公重耳流亡时，介子推曾割大腿肉给文公吃。后以割股治疗父母之病为至孝。⑦庐墓：古时，父母亡故之后，孝子在墓旁搭建草棚，一般要住三年，以表达对父母的哀思怀念之情。⑧"道在迩"二句：语出《孟子·离娄上》："道在迩而求诸远，事在易而求诸难。人人亲其亲、长其长，而天下平。"⑨"夫道"三句：语出《孟子·告子下》："夫道，若大路然，岂难知哉？人病不求耳。子归而求之，有馀师。"王阳明在引用时将"求"改为"由"。⑩为无后：语出《孟子·离娄上》："不孝有三，无后为大。舜不告而娶，为无后也，君子以为犹告也。"

[译文]

你信中说："圣道大的方面容易明白，就如你所说的'良知良能，即使蠢汉愚妇也可以明白'。至于具体内容随时代而变化的详情，则差之毫厘谬之千里，必须学习后才能明白。现在就父母的冬暖夏凉、早晚请安上谈孝道，谁不明白？至于舜不告诉父母而娶亲，武王没安葬文王就兴兵伐纣，曾子赡养父亲是遵从父亲的意愿、而曾元赡养父亲只是让父亲活命，父亲用小杖打则应该承受、用大杖打则应该逃走，割股疗亲、结庐守孝等事，在正常与非常时期、过分和不足之间，一定要讨论出个是非曲直，作为处理事情的准则，然后人心的本体才能不被蒙蔽，遇事才能没有过失。"

"圣道大的方面容易明白"，这话很对。然而看看后来的学者，忽略容易明白的大道理不遵循，却把那些难以明白的东西作为学问，这是孟子所说的"道在迩而求诸远，事在易而求诸难"。孟子说："圣道就像大路，难道很难认知吗？人们的问题在于不遵从罢了。"在良知良能上，蠢汉愚妇和圣人是相同的。但是只有圣人能致其良知，蠢汉愚妇却不能，这是两者差别的所在。

"具体内容随时代而变化"，圣人怎么会不知道，只是不专门把它当作学问。圣人所谓的学问，只是致其良知以精确体察心中的天理，这与后世所说的学问不同。你不花时间去致良知，却念念不忘为这些细节问题发愁,这正是把那些难以明白的东西当成学问的弊病。良知对于随时而变的具体内容,就像规矩尺度对于方圆长短一样。随时而变的细节不能事先确定,好比方圆长短无穷无尽。所以规矩一旦确定,则是方是圆就无法蒙骗了,天下的方圆也就都能测量出来;尺度一旦制定,则是长是短就无法蒙骗了,天下的长短也就都能测量出来;良知确实达到了,则细节随时变化就显露无遗,天下不断变化的具体情况就都能够应付。差之毫厘就会谬之千里,不在我们心中良知的细微处认真体察,所学的东西又有什么用呢?这是不用规矩而要确定天下的方圆,不用尺度而要度量天下的长短,我看这种荒诞做法,只会是天天辛劳而无所收获。

你说:"有关孝子温凊定省的礼数,谁不知道?"但是真正能致孝的人却很少。如果说粗略明白温凊定省的礼数就算是能致孝的良知,那么,凡是知道君王应当仁爱的人,都可以说他能致仁的良知;凡是知道臣子应当忠心的人,都可以说他能致忠的良知,这样,天下还有谁没有致知呢?因此,"致知"一定要付诸实践,不实践不能算"致知",就很清楚了。知行合一的概念,不是更明了吗?

至于舜不告诉父母而娶妻,难道是以前已经有这样的准则,所以舜能够考证于某某经典、咨询于某某人,才这样做?还是他根据心中的一念良知,权衡轻重利弊,迫不得已才这样做?周武王不安葬文王就兴兵讨伐商纣,难道是以前已经有这样的准则,所以武王能够考证于某某经典、咨询于某某人,才这样做?还是他根据自己心中的一念良知,权衡轻重利弊,迫不得已才这样做?假使舜的心中不是真的怕没有后代,武王心中不是真的要救民于水火,那么,不告诉父母而娶妻和不安葬父亲而兴师伐纣,就是最大的不孝不忠。后世的人不努力致其良知,不在处理事物时精确体察天理,只想凭空去研究此类非常的事变,把它作为待人处事的原则,以求得处事时没有过失,这距离正确也太远了。其余几件,都可依此类推，那么，古人致良知的学说，就可以知道了。

十一

来书云："谓《大学》格物之说，专求本心，犹可牵合。至于《六经》、《四书》所载'多闻多见'①、'前言往行'②、'好古敏求'③、'博学审问'、'温故知新'④、'博学详说'⑤、'好问好察'⑥，是皆明白求于事为之际，资于论说之间者，用功节目固不容紊矣。"

格物之义，前已详悉，牵合之疑，想已不俟复解矣。至于"多闻多见"，乃孔子因子张之务外好高，徒欲以多闻多见为学，而不能求诸其心，以阙疑殆，此其言行所以不免于尤悔，而所谓见闻者，适以资其务外好高而已。盖所以救子张多闻多见之病，而非以是教之为学也。夫子尝曰："盖有不知而作之者，我无是也。"⑦是犹孟子"是非之心人皆有之"之义也。此言正所以明德性之良知，非由于闻见耳。若曰"多闻，择其善者而从之，多见而识之"，则是专求诸见闻之末，而已落在第二义矣，故曰"知之次也"。夫以见闻之知为次，则所谓知之上者果安所指乎？是可以窥圣门致知用力之地矣。夫子谓子贡曰："赐也，汝以予为多学而识之者欤？非也，予一以贯之。"使诚在于多学而识，则夫子胡乃谬为是说以欺子贡者邪？一以贯之，非致其良知而何？《易》曰："君子多识前言往行以畜其德。"夫以畜其德为心，则凡多识前言往行者，孰非畜德之事？此正知行合一之功矣。

"好古敏求"者，好古人之学而敏求此心之理耳。心即理也，学者学此心也，求者求此心也。孟子云："学问之道无他，求其放心而已矣。"⑧非若后世广记博诵古人之言词以为好古，而汲汲然惟以求功名利达之具于外者也。"博学审问"，前言已尽。"温故知新"，朱子亦以温故属之尊德性矣。德性岂可以外求哉？惟夫知新必由于温故，而温故乃所以知新，则亦可以验知行之非两节矣。"博学而详说之"者，将"以反说约"也。若无反约之云，则"博学详说"者果何事邪？舜之"好问好察"，惟以用中而致其精一于道心耳。道心者，良知之谓也。君子之学，何尝离去事为而废论说？但其从事于事为论说者，要皆知行合一之功，正所以致其本心之良知，而非若世之徒事口耳谈说以为知者，分知行为两事，而果有节目先后之可言也。

[注释]

①多闻多见：意为通过多闻多见增长知识。语出《论语·为政》："子曰：'多闻阙疑，慎言其馀，则寡尤。多见阙殆，慎行其馀，则寡悔。言寡尤，行寡悔，禄在其中矣。'"②前言往行：语出《周易·大畜》卦辞："君子以多识前言往行，以畜其德。"意为君子应该多了解古代前贤的言行，以培育自己的德性。③好古敏求：意为喜欢古代文化，勤奋学习。语出《论语·述而》："子曰：'我非生而知之者，好古，敏以求之者也。'"④温故知新：语出《论语·为政》："子曰：'温故而知新，可以为师矣。'"⑤博学详说：语出《孟子·离娄下》："博学而详说之，将以反说约也。"意为广泛地学习并详细地解说，等融会贯通之后，再回过头来简要地述其精髓大义。⑥好问好察：意为喜欢请教别人，并且喜欢体察人们的日常言谈，以便能了解民意。语出《中庸》："舜其大知也与！舜好问而好察迩言。"⑦"盖有"二句：语出《论语·述而》："子曰：'盖有不知而作之者，我无是也。多闻，择其善者而从之；多见而识之，知之次也。'"⑧"孟子云"句：语出《孟子·告子上》："学问之道无他，求其放心而已矣。"

[译文]

你信中说："你认为《大学》中'格物'的意思是专门探求本心，还勉强说得过去。至于《六经》、《四书》中记载的'多闻多见'、'前言往行'、'好古敏求'、'博学审问'、'温故知新'、'博学详说'、'好问好察'，这些都很明显是在处事和辩论的过程中探求的，下功夫的名目次序是不能乱的。"

格物的含义，前面已详细说过，关于你觉得牵强的疑惑，想来已不用我再解释。至于说"多闻多见"，乃是孔子针对子张的毛病而说的。子张好高骛远，专门在身心之外探求，仅仅以多闻多见为学问，却不能探求本心，对疑问之处有所保留，因此他的语言行动难免有过错和悔恨。他所谓的见闻正好助长了他骛远求外的毛病。所以，孔子的话是为了纠正子张的毛病，而不是教导子张把多闻多见当作学问。孔子曾说过："大概有一种人，并不知道什么，却凭空瞎说一气，我不是这种人。"这句话同孟子所说的"是非之心人皆有之"的意思相同。这说明人的德性良知不是由见闻中来。至于孔子说"多闻，择其善者而从之，多见而识之"，则是专门探求见闻的细节，这已是第二位的事了，所以孔子说"知之次也"。以见闻方面的知识为次要学问，那么首要的学问指的是什么呢？从这里可以看出圣学致知用功的地方。孔子对子贡说："端木赐呀，你认为我是多学多识的人吗？不是的，我的学说是一个忠恕之道贯串着的。"如果良知真的在于多闻多见，那么孔子为何要说这种谬论来欺骗子贡呢？一以贯之，不是致良知是什么？《易经》中说："君子多识前言往行，以畜其德。"如果目的在于积累存养德性，那么更多地了解圣人的言行，难道不是积累存养德性的事吗？这正是知行合一的功夫。

所谓"好古敏求"，是喜爱古人的学问，勤奋地探索心中的天理，心就是天理，学就是学习这个本心，求就是探求这个本心。孟子说："学问之道没有别的，不过就是找回失去的本心。"不像后世的人们，广泛背诵记忆古人的词句，以为这就是好古，却又念念不忘追求功名利禄等外在的东西。"博学审问"，前面已谈过。"温故知新"，朱熹也认为"温故"属于尊德性的范畴。德性难道可以在心外探求吗？知新必须通过温故，温故才能知新，这也可以证明知行不是两件事。至于"博学而详说之"，是为了再返回到简约的表述中来，如果不是为了"以反说约"，那么"博学详说"到底是为了什么呢？大舜好问好察，就是中正平和，使其心至精至纯达到天理的境界。道心就是良知。君子的学问，什么时候离开过实践、抛弃过辨析呢？但是实践和辨析，都要遵行知行合一的功夫，这正是为了致其本心的良知，而不是像世人只把夸夸其谈当作认识，把认识和实践分成两件事，从而产生用功的名目有先有后的观点。

十二

来书云："杨、墨之为仁义①，乡原之乱忠信②，尧、舜、子之之禅让③，汤、武、楚项之放伐④，周公、莽、操之摄辅⑤，谩无印证，又焉适从？且于古今事变、礼乐名物未尝考识，使国家欲兴明堂，建辟雍，制历律，草封禅，⑥又将何所致其用乎？故《论语》曰'生而知之'者，义理耳。若夫礼乐名物、古今事变，亦必待学而后有以验其行事之实。此则可谓定论矣。"

所喻杨、墨、乡愿、尧、舜、子之、汤、武、楚项、周公、莽、操之辨，与前舜、武之论，大略可以类推。古今事变之疑，前于良知之说已有规矩尺度之喻，当亦无俟多赘矣。

至于明堂、辟雍诸事，似尚未容于无言者。然其说甚长，姑就吾子之言而取正焉，则吾子之惑将亦可以少释矣。夫明堂、辟雍之制，始见于《吕氏》之《月令》、汉儒之训疏。⑦《六经》、《四书》之中，未尝详及也。岂吕氏、汉儒之知，乃贤于三代之贤圣乎？齐宣之时，明堂尚有未毁⑧，则幽、厉⑨之世，周之明堂皆无恙也。尧、舜茅茨土阶，明堂之制未必备，而不害其为治。幽、厉之明堂，固犹文、武、成、康⑩之旧，而无救于其乱。何邪？岂能以不忍人之心，而行不忍人之政，⑪则虽茅茨土阶，固亦明堂也；以幽、厉之心，而行幽、厉之政，则虽明堂，亦暴政所自出之地邪？武帝肇讲于汉，而武后盛作于唐，⑫其治乱何如邪？天子之学曰辟雍，诸侯之学曰泮宫⑬，皆象地形而为之名耳。然三代之学，其要皆所以明人伦，非以辟不辟、泮不泮为重轻也。

[注释]

①杨、墨之为仁义：杨，即杨朱，字子居，又称阳生，战国时魏人，主张为我，近似于义。墨，即墨翟，战国时鲁人，墨家的创始人，提倡兼爱、非攻，反对儒家"爱有差等"，近似于仁。儒家认为他们是假仁假义，危害很大。②乡原之乱忠信：语出《论语·阳货》："乡原，德之贼也。"《孟子·尽心下》云："同乎流俗，合乎污世，居之似忠信，行之似廉洁……故曰德之贼也。"《孟子》"愿"作"原"。乡原，指不讲原则、八面玲珑的好好先生。③尧、舜、子之之禅让：古代部落首领的职位传贤不传子，尧禅让于舜，舜禅让于禹。子之为战国时燕王哙的相国，后哙让位于子之，事见《史记·燕召公世家》。④汤、武、楚项之放伐：商汤放逐夏桀于南巢，周武王讨伐商纣于牧野，项羽杀义帝而自立为西楚霸王。⑤周公、莽、操之摄辅：周公在周成王年幼时摄政，待成王成年后还政于成王，为后世典范，事见《史记·周本纪》。王莽以外戚居大司马，杀汉平帝，立孺子婴，自摄其政，后篡位，改国号新，事见《汉书·王莽传》。曹操讨伐董卓，迎立汉献帝，自任丞相，挟天子以令诸侯，其子曹丕废献帝，建魏国，事见《三国志·魏志》。摄，摄政，掌管政令。辅，辅佐，帮助君王治国。⑥明堂、辟雍、历律、封禅：明堂，相传为古代帝王发布政令、宣扬教化的场所，朝会、祭祀、庆赏、教学等重大典礼均在此举行。辟雍，周天子为贵族子弟设的大学，形如壁环，四面有水，故名。历律，历法与乐律。封禅，古代帝王在泰山上筑坛以祭天，称为"封"；在泰山旁梁父山上辟场以祭地，称为"禅"。⑦《吕氏》、汉儒：《吕氏》即《吕氏春秋》，为战国末秦国相国吕不韦召集门人宾客所编。书中有十二纪，按五行思想详述各月气候、物候及所当行之政，与《礼记》中的《月令》篇

多相合。汉儒,指郑玄等人,为儒家经典作注。⑧明堂尚有未毁:战国时齐国国君齐宣王曾向孟子征询要不要毁明堂,孟子说,明堂是有道德而能统一天下的君王的殿堂,你要是想行王政,就不要毁掉。语出《孟子·梁惠王下》:"齐宣王问曰:'人皆谓我毁明堂,毁诸?已乎?'孟子对曰:'夫明堂者,王者之堂也。王欲行王政,则勿毁之矣。'"⑨幽、厉:指周幽王和周厉王,二人都是周代的暴君。周厉王任用荣夷公执政,实行专制,又命令卫巫监视国人,国人见面不敢说话。国人暴动后,被流放到彘(zhì,今山西霍州市)。周幽王为政暴虐,宠爱褒姒,废申后和太子宜臼,申侯联合犬戎攻打镐京,幽王被杀,西周灭亡。⑩成、康:指周成王、周康王。周成王为武王之子,武王死时,成王年幼,由武王弟弟周公旦摄政,后周公归政于成王。周康王为周成王之子,在位时推行成王的政令。文、武、成、康,均为周初贤君。⑪"以不忍"二句:以不忍看见别人受苦的心,施行不使人受苦的政令。语出《孟子·公孙丑上》:"以不忍人之心,而行不忍人之政,治天下可运之掌上。"⑫武帝肇讲于汉,而武后盛作于唐:汉武帝时曾与大臣们议论过立明堂之事,武则天曾毁乾元殿而立明堂。⑬泮(pàn)宫:西周时诸侯设立的学校。

[译文]

你信中说:"杨朱、墨子的义与仁,乡原的忠信,尧、舜、子之的禅让,商汤、周武王、项羽的放逐与杀伐,周公、王莽、曹操的摄政,这些事烦琐而无从考证,又该听谁的呢?况且对于古今事变、礼乐名物没有考察识别,假使国家要造明堂、建学校、制定历法乐律、进行封禅大典,又怎么能发挥作用呢?所以《论语》中所说的'生而知之',就是义和理。比如礼乐名物、古今事变这些事,也要等学习之后才能验证其是否可行。这句话可以说是公理了。"

你所说的杨朱、墨翟、乡原、尧、舜、子之、商汤、武王、项羽、周公、王莽、曹操等人的分别,同前面说到的舜和武王的事类似。至于对古今事变的疑问,前面在谈良知时,已用规矩尺度的比喻解释过,这里也无须再多说了。

造明堂、建学校等事,似乎还不能不讲。但是这些事说起来话长，姑且就你信中的话讨论一下，这样你的困惑可能会减少一些。明堂、学校的制度，最早见于《吕氏春秋》中的《月令》篇和汉代儒生的注释中，《六经》、《四书》中没有详细记载。难道吕不韦、汉代儒生的见识超过三代的圣贤吗？齐宣王时，明堂有的还没被毁掉，那么幽王、厉王时，周朝的明堂应该都完好无损。尧舜时住茅草屋，垒土台阶，明堂的制度未必完善，但这并不影响他们把天下治理得井然有条。幽王、厉王时明堂同文王、武王、成王、康王时的一样，但这并不能帮助他们挽救天下大乱。为什么呢？这难道不说明，用仁爱之心推行仁政，那么茅草屋和土台阶也可以起到明堂的作用；以幽王、厉王的心来行幽王、厉王的暴政，那么即使是明堂不也成了施暴政的地方吗？汉武帝曾与大臣讨论建设明堂，武则天毁了乾元殿修建明堂，他们治理天下的情况又如何呢？天子建的学校叫辟雍，诸侯建的学校叫泮宫，都是根据地形来命名的。然而三代时的学校，是以昌明伦理纲常为目的的，而不以其样子像不像璧环、是不是建在泮水边上为重。

十三

孔子云："人而不仁，如礼何？人而不仁，如乐何？"①制礼作乐，必具中和之德，声为律而身为度②者，然后可以语此。若夫器数之末，乐工之事，祝史之守。故曾子曰："君子所贵乎道者三……笾豆之事，则有司存也。"③尧"命羲、和，钦若昊天，历象日月星辰"，其重在于"敬授人时"也。④舜"在璇玑玉衡"，其重在于"以齐七政"也。⑤是皆汲汲然以仁民之心而行其养民之政。治历明时之本，固在于此也。羲和历数之学，皋、契未必能之也，禹、稷未必能之也；"尧、舜之知而不遍物"⑥，虽尧、舜亦未必能之也。然至于今，循羲和之法而世修之，虽曲知小慧之人，星术浅陋之士，亦能推步占候⑦而无所忒。则是后世

答顾东桥书　169

曲知小慧之人反贤于禹、稷、尧、舜者邪？

封禅之说，尤为不经，是乃后世佞人谀士所以求媚于其上，倡为夸侈以荡君心而靡国费。盖欺天罔人，无耻之大者，君子之所不道，司马相如⑧之所以见讥于天下后世也。吾子乃以是为儒者所宜学，殆亦未之思邪？

夫圣人之所以为圣者，以其生而知之也。而释《论语》者曰："生而知之者，义理耳。若夫礼乐名物、古今事变，亦必待学而后有以验其行事之实。"夫礼乐名物之类，果有关于作圣之功也，而圣人亦必待学而后能知焉，则是圣人亦不可以谓之生知矣。谓圣人为生知者，专指义理而言，而不以礼乐名物之类。则是礼乐名物之类无关于作圣之功矣。圣人之所以谓之生知者，专指义理而不以礼乐名物之类，则是学而知之者亦惟当学知此义理而已，困而知之者亦惟当困知此义理而已。今学者之学圣人，于圣人之所能知者，未能学而知之，而顾汲汲焉求知圣人之所不能知者以为学，无乃失其所以希圣之方欤？凡此皆就吾子之所惑者而稍为之分释，未及乎拔本塞源⑨之论也。

[注释]

①"孔子云"句：语出《论语·八佾》。②声为律而身为度：意为大禹是标准的完人，他的声音是音律的标准，身长是尺度的标准。语出《史记·夏本纪》："禹为人敏给克勤，其德不违，其仁可亲，其言可信；声为律，身为度，称以出，亹亹穆穆，为纲为纪。"亹（wěi），勤勉不倦的样子。③"君子所贵"三句：语出《论语·泰伯》："曾子言曰：'君子所贵乎道者三：动容貌，斯远暴慢矣；正颜色，斯近信矣；出辞气，斯远鄙倍矣。笾豆之事，则有司存。'"笾（biān）为竹制器皿，豆为木制器皿，笾豆之事指祭祀礼仪中的具体小事。存，此指掌管、安排。④"命羲、和"四句：意为尧命令羲氏、和氏，恭谨地遵循上天的意旨行事，观察推算日月星辰的运行情况，目的是制定和颁行历法。语出《尚书·尧典》："乃命羲、和，钦若昊天，历象日月星

辰,敬授人时。"⑤"在璇玑玉衡"二句:语出《尚书·舜典》:"在璇玑玉衡,以齐七政。"意为舜观测北斗七星的运行,以排列七件政事。天璇、天玑、玉衡,北斗七星中的三颗。七政,指日、月、金、木、水、火、土。《尚书大传》则认为"七政者,谓春、秋、冬、夏、天文、地理、人道"。⑥"尧、舜"句:意为尧、舜的智慧不可能知道一切事物,因此他先办理首要的事务。语出《孟子·尽心上》:"知者无不知也,当务之为急。仁者无不爱也,急亲贤之为务。尧、舜之知而不遍物,急先务也。尧、舜之仁不遍爱人,急亲贤也。"⑦推步占候:推算历法,占卜天象。推步,推算天文历法。占候,观察天象变化以测吉凶。⑧司马相如:字长卿,成都人,西汉著名文学家。为迎合汉武帝的心意,撰《封禅文》,受到后人的讥笑。⑨拔本塞源:意为拔除树根,堵塞水源,比喻从根本上破坏。语出《左传·昭公九年》:"伯父若裂冠毁冕,拔本塞源,专弃谋主,虽戎狄其何有余一人。"

[译文]

孔子说:"人如果没有仁爱之心,有礼又如何?人如果没有仁爱之心,有乐又如何?"制作礼乐,必须具备中和的品德,只有声音可以作为音律、身高可以作为尺度的人,才能做这种事。至于礼乐器具的细节与技巧,则是乐工和祝史们的职责。所以曾子说:"君子重视的道有三个方面,至于行礼过程中的具体事项,则由有关官员负责安排。"尧"命令羲氏、和氏遵从天道,观测推算日月星辰的运行",他看重的是"恭敬地授予百姓农时";舜"观测北斗七星的运行",他看重的是"安排好七种政事"。这都是念念不忘以仁爱之心推行养育百姓的仁政。制定历法、明晓时令的根本就在于此。羲氏、和氏在历法和数学方面的才能,皋陶和契未必有,大禹、后稷也未必有。根据《孟子·尽心上》中"尧舜的智慧不能通晓万物"的说法,即使尧舜也未必具有这方面的才能。可是今天,按照羲、和二人的方法,加上世世代代的修正积累,即使一知半解略有智慧的人、浅薄的术士,也能正确推算节气、占卜天象。难道是后世一知半解略有智慧的人,反而比大禹、后稷、尧、舜还贤明吗？

帝王祭祀天地的说法尤其荒诞不经，这是后代的阿谀逢迎之徒为了在皇帝面前讨好献媚，怂恿鼓吹，迷惑君心，浪费国力。可以说欺天惑人，是最无耻的行为，君子是不屑于言说的，这也正是司马相如受到后世天下人嘲笑的原因。你却认为这些是儒生们应该认真学习的，大概是没有仔细思考吧！

圣人之所以是圣人，是由于他们生而知之。然而朱熹解释《论语》时说："生而知之者，义理耳。若夫礼乐名物，古今事变，亦必待学而后有以验其行事之实。"如果礼乐名物之类是成为圣人的功夫，圣人也必须学习后才能通晓，那么圣人就不能说是生而知之了。说圣人是生而知之，是专指义理而言的，不包括礼乐名物之类，因此礼乐名物之类与成为圣人的功夫无关。那么，学而知之的人也只是应该学习通晓义理而已；困而知之的人也只是应该努力学习通晓义理而已。现在的学者学习圣人，对圣人能通晓的义理不去学习掌握，却念念不忘去探求圣人所不知道的东西并以此为学问，这不是迷失了成为圣人的方向了吗？以上这些就是针对你的困惑稍加分析解释，还不是从根本上澄清问题的论述。

十四

夫拔本塞源之论不明于天下，则天下之学圣人者，将日繁日难，斯人沦于禽兽夷狄而犹自以为圣人之学。吾之说虽或暂明于一时，终将冻解于西而冰坚于东，雾释于前而云滃于后，呶呶焉危困以死，而卒无救于天下之分毫也已。

夫圣人之心以天地万物为一体，其视天下之人，无外内远近，凡有血气，皆其昆弟赤子之亲，莫不欲安全而教养之，以遂其万物一体之念。天下之人心，其始亦非有异于圣人也，特其间于有我之私，隔于物欲之蔽，大者以小，通者以塞，人各有心，至有视其父、子、兄、弟如仇雠者。圣人有忧之，是以推其天地万物一体之仁以教天下，使之皆有以克其私、去其蔽，以复其心体之同然①。其教之大端，则尧、舜、禹之相授受，所谓"道心惟微，惟精惟一，允执厥中"；而其节目，则舜之命契，所谓"父子有亲，君臣有义，夫妇有别，长幼有序，朋友有信"五者而已。②唐、虞、三代之世，教者惟以此为教，而学者惟以此为学。当是之时，人无异见，家无异习，安此者谓之圣，勉此者谓之贤，而背此者虽其启明如朱③，亦谓之不肖。下至闾井田野，农、工、商、贾之贱，莫不皆有是学，而惟以成其德行为务。何者？无有闻见之杂，记诵之烦，辞章之靡滥，功利之驰逐，而但使孝其亲，弟其长，信其朋友，以复其心体之同然。是盖性分之所固有，而非有假于外者，则人亦孰不能之乎？

学校之中惟以成德为事，而才能之异，或有长于礼乐、长于政教、长于水土播植者，则就其成德，而因使益精其能于学校之中。迨夫举德而任，则使之终身居其职而不易。用之者惟知同心一德，以共安天下之民，视才之称否，而不以崇卑为轻重，劳逸为美恶。效用者亦惟知同心一德，以共安天下之民，苟当其能，则终身处于烦剧而不以为劳，安于卑琐而不以为贱。当是之时，天下之人熙熙皞皞，皆相视如一家之亲。其才质之下者，则安其农、工、商、贾之分，各勤其业以相生相养，而无有乎希高慕外之心。其才能之异，若皋、夔、稷、契④者，则出而各效其能。若一家之务，或营其衣食，或通其有无，或备其器用，集谋并力，以求遂其仰事俯育⑤之愿，惟恐当其事者之或怠而重己之累也。故稷勤其稼而不耻其不知教，视契之善教即己之善教也；夔司其乐而不耻于不明礼，视夷之通礼⑥即己之通礼也。盖其心学纯明，而有以全其万物一体之仁，故其精神流贯，志气通达，而无有乎人己之分，物我之间。譬之一人之身，目视、耳听、手持、足行，以济一身之用，目不耻其无聪，而耳之所涉，目必营焉；足不耻其无执，而手之所探，足必前焉。盖其元气充周，血脉条畅，是以痒疴呼吸，感触神应，有不言而喻之妙。此圣人之学所以至易至简，易知易从，⑦学易能而才易成者，正以大端惟在复心体之同然，而知识技能非所与论也。

[注释]

①心体之同然：语出《孟子·告子上》："心之所同然者何也？谓理也，义也，圣人先得我心之所同然耳。"②"舜之命契"六句：语出《孟子·滕文公上》："圣人有忧之，使契为司徒，教以人伦：父子有亲，君臣有义，夫妇有别，长幼有序，朋友有信。"③启明如朱：语出《尚书·尧典》："放齐曰：'胤子朱，启明。'帝曰：'吁，嚚讼，可乎？'"④皋、夔、稷、契：上古时代的圣贤。皋，皋陶，亦作"皋繇"，传说中东夷族的领袖，虞舜时的司法官，历经唐虞夏三代，后世尊为中国司法始祖，"上古四圣"（尧、舜、禹、皋陶）之一。夔（kuí），相传为尧舜时代的乐官。稷，后稷，姬姓，名弃，生于今山西稷山，黄帝玄孙，帝喾（kù）嫡长子，周族始祖，尧舜时为相，善种谷物稼穑，被尊为农耕始祖。契，子姓，名契，又名高（xiè），别称"阏伯"，帝喾之子，帝尧异母弟，为其母简狄食玄鸟蛋受孕所生。曾协助大禹治水，后被任命为司徒，掌管教化。工于天文历法，曾任管理火种的职务，被尊为火神。封于商地，为商族始祖。⑤仰事俯育：语出《孟子·梁惠王上》："是故明君制民之产，必使仰足以事父母，俯足以畜妻子。"⑥夷之通礼：语出《尚书·舜典》："帝曰：'咨，四岳，有能典朕三礼。'佥曰：'伯夷。'"⑦至易至简，易知易从：语出《周易·系辞上》："乾以易知，坤以简能。易则易知，简则易从。"

[译文]

正本清源的学说一天不昌明于天下，那么，天下学习圣人的人，就会一天天感到烦琐艰难，甚至于沦为夷狄禽兽，却还自认为学的是圣人的学问。即使我的思想暂时昌明于天下，也还是解了西边的冻，东边又结上了坚冰；拨开了前面的雾，后面又涌起了云，我就是不顾生命危险喋喋不休地进行宣传，也丝毫不能拯救天下。

圣人的心与天地万物为一体，他看待天下的人，没有远近内外之别，凡是有生命的都是兄弟儿女，都要教养他们，使他们安全，以实现他与天地万物一体的信念。天下人的心，最初同圣人的心并无差异，只是后来夹杂了私心，被物欲蒙蔽，天下为公的大心变成了为自己的小心，通达的心变得阻塞了，人人各有私心，甚至有人把父、子、兄、弟看成仇人。圣人对此十分担忧，所以推广他天地万物为一体的仁爱来教育天下人，使人人都能克制私欲、清除蒙蔽，恢复其与圣人相同的心。圣人教化的主要精神，就是尧舜禹一脉相承的"道心惟微，惟精惟一，允执厥中"；而圣人教化的具体细节内容，就是舜让契教化天下的"父子有亲，君臣有义，夫妇有别，长幼有序，朋友有信"五个方面。唐尧、虞舜与夏、商、周三代，教师仅仅教这些，学生也仅仅学这些。那时，人人没有不同的观点，家家没有不同的习惯，能自然实践这些内容就是圣人，通过努力做到的是贤人，违背于此的人即使像丹朱那样聪明，也属于不肖之徒。就是在田间市井从事农、工、商、贸的普通人，也都学习这些内容，把成就自己的品德当作第一要务。为什么呢？当时没有乱七八糟的见闻，没有背诵的烦琐，没有数不胜数的诗词文章，更不用追名逐利，只是孝顺双亲、尊敬兄长、对朋友忠信，恢复人心本体所共有的良知。这是人性中本来就有的，而不是从外面借来的，哪个人不能做到呢？

在学校里，也主要是培养人的品德。而人的才能各有不同，有的擅长礼乐，有的擅长政治教化，有的擅长水利农事，则根据他们的德性，因材施教，使他们的才干在学校里进一步提高。根据各人的德性让他们终身从事某一职业。用人者只知同心同德，共同努力使天下百姓安居乐业，只看被任用者的才能是否称职，而不以身份高低分轻重，不以职业不同分好坏。被任用的人也只知同心同德，共同努力使天下百姓安居乐业，如果所在的岗位适合自己，就是一生都从事繁重的工作也不认为辛苦，一生从事低下琐碎的工作也不认为卑贱。那时，天下所有的人都高高兴兴，亲如一家。那些才能低下的人，则安于农、工、商、贸的职业本分，兢兢业业，互相为对方提供生活必需品，却没有攀比、羡慕的想法。那些才能像皋陶、夔、后稷、契一样卓越的人，则出来做官以发挥他们的才能。整个天下事就像一个家庭的事务，有人负责衣服、食物方面的劳作，有人经商互通有无，有人制造器具，大家群策群力，来实现赡养父母、教育子女的心愿，都只怕自己承担的事务做不好，因而尽心尽责。所以后稷勤劳于稼穑，而不以自己不知教化为耻辱，他把契的善于教化视同自己善于教化；夔负责音乐，而不以自己不明白礼仪为耻辱，把伯夷的通晓礼仪视同自己通晓礼仪。因为他们心地纯洁明亮，具有完全实现天地万物为一体的仁爱，所以他们的精神、心气流畅贯通，没有你我的区分和人与物的差别。就像一个人的身体，眼看、耳听、手拿、脚走，都是为满足自己身体的需要。眼不会因自己不能听而感到耻辱，耳朵听到声音的时候，眼睛一定会去看；脚不以不能拿东西为耻，手向前伸出去拿东西时，脚一定会向前迈进。正由于人体元气充沛周行，血脉畅通，所以痒痛呼吸都能感觉到并作出神奇的反应，有不言而喻的妙处。圣人的学问之所以最简单也最明白，容易通晓、容易实践、容易学成，正是因为它主要在于恢复人心本体所共有的天理，而对于具体的知识和技能并不加以论述。

十五

三代之衰，王道熄而霸术昌；孔孟既没，圣学晦而邪说横。教者不复以此为教，而学者不复以此为学。霸者之徒，窃取先王之近似者，假之于外以内济其私己之欲，天下靡然而宗之，圣人之道遂以芜塞。相仿相效，日求所以富强之说、倾诈之谋、攻伐之计，一切欺天罔人，苟一时之得以猎取声利之术，若管、商、苏、张①之属者，至不可名数。既其久也，斗争劫夺，不胜其祸，斯人沦于禽兽夷狄，而霸术亦有所不能行矣。

世之儒者慨然悲伤，搜猎先圣王之典章法制，而掇拾修补于煨烬之余，盖其为心，良亦欲以挽回先王之道。圣学既远，霸术之传积渍已深，虽在贤知皆不免于习染，其所以讲明修饰，以求宣畅光复于世者，仅足以增霸者之藩篱，而圣学之门墙遂不复可睹。于是乎有训诂之学，而传之以为名；有记诵之学，而言之以为博；有词章之学，而侈之以为丽。若是者纷纷籍籍，群起角立于天下，又不知其几家。万径千蹊，莫知所适，世之学者如入百戏之场，欢谑跳踉、骋奇斗巧、献笑争妍者，四面而竞出，前瞻后盼，应接不遑，而耳目眩瞀，精神恍惑，日夜遨游淹息其间，如病狂丧心之人，莫自知其家业之所归。时君世主亦皆昏迷颠倒于其说，而终身从事于无用之虚文，莫自知其所谓。间有觉其空疏谬妄、支离牵滞，而卓然自奋，欲以见诸行事之实者，极其所抵，亦不过为富强功利五霸②之事业而止。

圣人之学日远日晦，而功利之习愈趋愈下。其间虽尝瞽惑于佛老，而佛老之说卒亦未能有以胜其功利之心；虽又尝折衷于群儒，而群儒之论终亦未能有以破其功利之见。盖至于今，功利之毒沦浃于人之心髓而习以成性也，几千年矣。相矜以知，相轧以势，相争以利，相高以技能，相取以声誉。其出而仕也，理钱谷者则欲兼夫兵刑，典礼乐者又欲与于铨轴③，处郡县则思藩臬④之高，居台谏⑤则望宰执⑥之要。故不能其事则不得以兼其官，不通其说则不可以要其誉。记诵之广，适以长其敖也；知识之多，适以行其恶也；闻见之博，适以肆其辨也；辞章之富，适以饰其伪也。是以皋、夔、稷、契所不能兼之事，而今之初学小生皆欲通其说，究其术。其称名僭号未尝不曰"吾欲以共成天下之务"，而其诚心实意之所在，以为不知是则无以济其私而满其欲也。

呜呼！以若是之积染，以若是之心志，而又讲之以若是之学术，宜其闻吾圣人之教，而视之以为赘疣枘凿；则其以良知为未足，而谓圣人之学为无所用，亦其势有所必至矣！

呜呼！士生斯世而尚何以求圣人之学乎？尚何以论圣人之学乎？士生斯世而欲以为学者，不亦劳苦而繁难乎？不亦拘滞而险艰乎？呜呼，可悲也已！所幸天理之在人心，终有所不可泯，而良知之明，万古一日，则其闻吾拔本塞源之论，必有恻然而悲，戚然而痛，忿然而起，沛然若决江河而有所不可御者矣。非夫豪杰之士，无所待而兴起者，吾谁与望乎！

[注释]

①管、商、苏、张：管，即管仲，名夷吾，春秋时人，帮助齐桓公成为春秋时第一个霸主。商，即商鞅，姓公孙，名鞅，卫国人，亦称卫鞅。在秦国实行变法，使秦国国力大增。苏，即苏秦，战国时洛阳人，游说六国合纵拒秦，一度身佩六国相印。张，即张仪，战国时魏人，任秦惠王相国，以连横之说策动六国与秦交好，分化瓦解六国的团结，以便各个击破。这四人均有杰出的治国才能。②五霸：春秋时五个称霸的诸侯，指齐桓公、宋襄公、晋文公、秦穆公、楚庄王。一说指齐桓公、晋文公、楚庄王、吴王阖闾、越王勾践。③铨轴：中枢要职，这里指吏部要职。④藩臬：指藩司和臬司。藩司，明清时布政使司的别称，主管一省的人事和财政。臬司，明清时置提刑按察司，主管一省的司法。⑤台谏：御史台与谏议大夫。⑥宰执：唐朝时以中书省长官中书令及门下省长官侍中任宰相，为真宰相。其他官任宰相的，则加同中书门下三品、中书门下平章事、参知政事等名，统称为宰执。宋代则以同平章事为宰相，其他如参知政事、左右丞及枢密使、副使则称执政官，合称宰执。

[译文]

　　夏、商、周三代以后，王道衰退，霸道兴盛。孔子、孟子死后，圣学晦暗，邪说横行，教的人不教圣学，学的人也不学圣学。讲霸道的人，偷偷地用与先王相似的东西，借助外在的知识技能来满足自己的私欲，世人都一窝蜂地尊奉他们，圣人之道就荒芜阻塞了。世人互相效仿，天天探求能够富国强兵的学说、倾轧欺骗的计谋、攻打讨伐的策略，以及一切欺天骗人、有可能得逞一时并获取功名利禄的手段，像管仲、商鞅、苏秦、张仪这样的人，多得不计其数。长此以往，互相争斗抢夺，祸害无穷，这些人沦为夷狄禽兽，连各种霸道之术也不能推行了。

　　于是，世上的儒者感叹悲伤，搜寻过去圣王的典章制度，从秦始皇焚书烧剩的灰烬里拾掇修补，其目的也的确是为了恢复先王的圣道。然而，圣学已经太久远了，霸术流传造成的影响很深，即使是贤明睿智的人也免不了受到污染。他们对圣学进行宣扬修饰，并希望圣学发扬光大，实际上这只能加强霸道的屏障，至于圣学的殿堂却再也见不到了。于是，产生了解释古书字义的训诂学，传讲授课以求虚名；产生了记诵圣言的学问，满口圣言以充博学；产生了填词作诗的学问，铺排夸张以工文采。这种人吵嚷喧嚣，在世上群起争斗，又不知道有多少家！他们流派众多，使人们无所适从。天下的学者好像进入了一百场戏同时演出的剧院，只见欢呼跳跃、争奇斗巧、献媚取悦的戏子从四面同时涌出，令人前顾后盼，应接不暇，以至于眼花耳聋，精神恍惚，日日夜夜在里面沉溺游弋，就像心智狂躁失常的人不知道自己的家在哪里。当时的君王们也沉迷倾倒于这类学问，终生从事无用的虚文，也不知道自己都说了什么。偶尔，有人认识到这些学说空洞荒诞，杂乱不通，于是发奋努力，想以实际行动干点实事，他们所能做到的也不过是像春秋五霸那样富国强兵、建功逐利的霸业罢了。

圣学离我们一天比一天远，一天比一天昏暗不明，追逐功名利禄的风气却日盛一日。这中间虽有人被佛老学说迷惑，但佛老的学说到底也不能战胜世人追名逐利的心。虽然有人又试图拿群儒的学说来调和折中，但是群儒的观点最终也战胜不了人们对功利的看法。到今天，追求功名利禄的流毒侵蚀人们的灵魂，积习成性，已有数千年。人们在知识上互相夸耀，在权势上互相倾轧，在利益上互相争夺，在技能上互相攀比，在名声上互相竞争。那些做官的，掌管户部管理钱粮的还想兼管军事和司法；掌管礼部的又想参与吏部的事务；在郡县做官的则想到省里当主管人事、财政和司法的大官；位居监察要职的则眼巴巴地看着宰相的位子。本来应该是没有某方面的才能，就不能做某方面的官；不通晓某方面的理论，就不能获得相应的荣誉，可实际的情况却是，记忆广泛，正好助长他们的傲慢；知识丰富，正好使他们能够作恶；见闻广博，正好使他们肆意诡辩；文采富丽，正好掩饰他们的虚伪。所以，皋陶、夔、后稷、契都不能兼做的事，今天初学的小孩儿都想通晓其理论、探究其方法。他们打出的名义幌子，何尝不是说想完成天下人共同的事业，但他们的真实想法却是，认为不采取这样的手段就无法满足他们的私欲。

唉！以这样的积习影响，以这样的心思，又讲求这样的学问技能，当他们听到我说的圣人的教诲时，当然视为累赘和迂腐之说。他们把良知当成短处，把圣人的学说当成无用的东西，这也是势所必然的呀！

唉！生在这样时代的人，怎么有可能追求圣学呢？怎么有可能谈论圣学呢？生活在这个时代，想成为学者不也太辛苦艰难了吗？不也太困难艰险了吗？唉，可悲呀！万幸的是天理自在人心，终究不可泯灭，良知的光明万年如一日。所以，听了我的正本清源的观点，有识之士一定会悲伤痛苦，奋然而起，就像江河决口的洪水一样不可阻挡。如果没有英才豪杰不期而至，我还能寄希望于谁呢？

答周道通书

一

吴、曾两生至，备道道通①恳切为道之意，殊慰相念。若道通，真可谓笃信好学者矣。忧病中会，不能与两生细论，然两生亦自有志向肯用功者，每见辄觉有进。在区区诚不能无负于两生之远来，在两生则亦庶几无负其远来之意矣。临别以此册致道通意，请书数语。荒愦无可言者，辄以道通来书中所问数节，略下转语奉酬。草草殊不详细，两生当亦自能口悉也。

[注释]

①道通：姓周名冲，字道通，号静庵，江苏宜兴人。先师从王阳明，后师从湛若水，能够协调王、湛两家学说。

[译文]

吴、曾两位年轻人到我这里，详细说明了你恳切向道的志向，我深感欣慰和想念。像你这样，可以说真是笃信好学的人了。我正为家父守丧，心情不好，不能与他们详谈，但他们也是有志向肯用功的人，每次见面都发现有新的进步。对我来说实在不能辜负他们远道而来的诚意，对他俩来说也许没有辜负远道而来的用心。临走时，他们以此书信转达你的致意，要我写几句话。我此时昏乱糊涂,仓促之下,也没什么可说的,只好就你信中提到的几个问题略加解释,聊作答谢。草草数语很不详细,他们两个自会向你口头转达。

二

来信云:"日用工夫只是立志,近来于先生诲言时时体验,愈益明白。然于朋友不能一时相离,若得朋友讲习,则此志才精健阔大,才有生意。若三五日不得朋友相讲,便觉微弱,遇事便会困,亦时会忘。乃今无朋友相讲之日,还只静坐,或看书,或游衍经行,凡寓目措身,悉取以培养此志,颇觉意思和适。然终不如朋友讲聚,精神流动,生意更多也。离群索居之人,当更有何法以处之?"

此段足验道通日用功夫所得。功夫大略亦只是如此用,只要无间断,到得纯熟后,意思又自不同矣。大抵吾人为学,紧要大头脑,只是立志。所谓困、忘之病,亦只是志欠真切。今好色之人,未尝病于困忘,只是一真切耳。自家痛痒自家须会知得,自家须会搔摩得,既自知得痛痒,自家须不能不搔摩得,佛家谓之"方便法门"。须是自家调停斟酌,他人总难与力,亦更无别法可设也。

[译文]

你信中说:"先生说'平常功夫只是立志',近来对先生的教诲时时加以体察验证,更加明白了。但是我一会儿也离不开朋友,如果有朋友互相研讨,我的志向才会专注健旺、广阔宏大,才会生机勃勃。如果有三五天不和朋友们互相讨论,便觉得志向微弱,遇事就会产生困惑,甚至有时会忘掉志向。在目前没有朋友互相探讨的日子里,我就静坐沉思,或者看看书,或者随便走走。举手投足都不忘培养这个心志,深感心态平和舒适。但终究不如和朋友一起研讨那样精神振奋,更有生机。离群索居的人,有什么更好的方法来保持志向呢?"

这段话充分验证了你平时用功的收获。立志的功夫大致如此,只要你不间断,等到功夫纯熟后,感觉自然不同。一般来说,我们做学问最重要的就是立志。所谓的困惑、遗忘的毛病,也仅仅是志向还不真实确切。好色之徒,从来没有困惑和遗忘的毛病,就是因为好色的欲念真切。自己的痛痒自己应该知道,自己应会挠痒按摩。既然知道自己痛痒,也就不得不挠痒按摩,佛教称之为"方便法门"。必须自己考虑调整,别人终究帮不上忙,也更没有别的办法。

三

来书云:"上蔡①尝问'天下何思何虑',伊川云:'有此理,只是发得太早。'②在学者功夫,固是'必有事焉而勿忘',然亦须识得'何思何虑'的气象,一并看为是。若不识得这气象,便有正与助长之病;若认得'何思何虑',而忘'必有事焉'功夫,恐又堕于无也。须是不滞于有,不堕于无。然乎否也?"

所论亦相去不远矣,只是契悟未尽。上蔡之问与伊川之答,亦只是上蔡、伊川之意,与孔子《系辞》原旨稍有不同。《系》言"何思何虑",是言所思所虑只是一个天理,更无别思别虑耳,非谓无思无虑也。故曰:"同归而殊途,一致而百虑,天下何思何虑?"云"殊途",云"百虑",则岂谓"无思无虑"邪?心之本体即是天理,天理只是一个,更有何可思虑得?天理原自寂然不动,原自感而遂通。学者用功,虽千思万虑,只是要复他本来体用而已,不是以私意去安排思索出来。故明道云:"君子之学,莫若廓然而大公,物来而顺应。"③若以私意去安排思索,便是用智自私④矣。"何思何虑"正是功夫，在圣人分上便是自然的，在学者分上便是勉然的。伊川却是把作效验看了，所以有"发得太早"之说，既而云"却好用功"，则已自觉其言之有未尽矣。濂溪主静之论亦是此意。今道通之言，虽已不为无见，然亦未免尚有两事也。

[注释]

①上蔡：谢良佐（1050~1103年），字显道，河南上蔡人，世称上蔡先生，进士，为程门四大弟子之一。②"伊川云"句：《河南程氏外书·上蔡语录》记载谢氏与程颐的对话："二十年往见伊川。伊川曰：'近日事如何？'某对曰：'天下何思何虑？'伊川曰：'是则是有此理，却发得太早。'"③"明道云"句：语出《河南程氏文集·答横渠张子厚先生书》。④用智自私：语出《河南程氏文集·答横渠张子厚先生书》："大率患在于自私而用智。自私则不能以有为为应迹，用智则不能以明觉为自然。"

[译文]

你信中说："谢良佐先生曾经问'天下何思何虑'，程颐先生说：'有此理，只是发得太早。'从学者的功夫来说，固然是'必有事焉而勿忘'，但也应该明白'何思何虑'的气象，综合起来看才对。如果不明白这种气象，就会有希望太高与盲目助长的弊病；如果明白'何思何虑'，却又忘了'必有事焉'的功夫，恐怕又会堕入虚无。应该是不被牵累，又不堕于虚无，对不对？"

你说的也差不多，只是还没领悟透彻。谢良佐先生与程颢先生的问答，只是他们俩人的意思，同孔子《易经·系辞传》中的原义稍有差别。《系辞传》中所讲的"何思何虑"，是说所思所虑只是一个天理，除此之外，没有别的思虑，并不是说无思无虑。所以说："同归而殊途，一致而百虑，天下何思何虑？"说"殊途"，说"百虑"，这难道是无思无虑吗？心的本体就是天理，天理只有一个，还有什么别的可思虑的呢？天理原本宁静寂然，原本感应贯通。学者下功夫，即使千思万虑，其目标也仅仅是恢复天理的本体和功用，而不是凭自己的私念去安排思索出来。所以程颢先生说："君子做学问，应该是心胸宽阔而公正无私，有事发生则顺其自然。"如果凭私念去安排思索就是为私欲而用智慧。"何思何虑"正是为学的功夫，对圣人来说这是自然而然的，对学者来说就是要努力去做到。程颐先生却把它看作是功夫的结果，所以他说"发得太早"，接着又说"这正是所要下的功夫"，他已感觉到前面讲的还不全面。周敦颐先生的"主静"观点也是此意。你的看法，虽然已有所见识，但也还是把"何思何虑"与"必有事焉"看作两件事了。

四

来书云："凡学者才晓得做功夫，便要识认得圣人气象①。盖认得圣人气象，把做准的，乃就实地做功夫去，才不会差，才是作圣功夫。未知是否？"

先认圣人气象，昔人尝有是言矣，然亦欠有头脑。圣人气象自是圣人的，我从何处识认？若不就自己良知上真切体认，如以无星之秤而权轻重，未开之镜而照妍媸，真所谓以小人之腹而度君子之心矣。圣人气象何由认得？自己良知原与圣人一般。若体认得自己良知明白，即圣人气象不在圣人而在我矣。程子尝云："觑著尧，学他行事，无他许多聪明睿智，安能如彼之动容周旋中礼？"②又云："心通于道，然后能辨是非。"③今且说"通于道"在何处？"聪明睿智"从何处出来？

[注释]

①圣人气象：程颐语，出自《河南程氏遗书》卷二十二："凡看文字，非只是要理会语言，要识圣贤气象。"②"觑著尧"四句：语出《河南程氏遗书》卷十八。意为看着尧，学习他如何做事，但没有他的聪明睿智，怎么能像他那样一举一动都符合礼仪呢？③心通于道，然后能辨是非：意为只有心与天理相通，然后才能明辨是非。语出《河南程氏遗书》卷五。

[译文]

你信中说:"学者刚刚明白做功夫,就要认识圣人气象。大概认识了圣人气象,把圣人气象当作标准,去脚踏实地地下功夫,才不会出错,这才是作圣人的功夫。不知对不对?"

过去曾有人说过要先认识圣人气象,然而这也是缺少了要领。圣人气象自然是圣人的,我们从何处体认呢?如果不从自己良知上认真体认,好比用没有准星的秤去称轻重,用没有磨过的镜去照美丑,这才是以小人之腹度君子之心。怎么才能认识圣人气象呢?我们自己的良知本来同圣人一样,如果能体察认清自己的良知,也就是圣人气象不在圣人而在我们身上。程颐先生曾说过:"看着尧,学他做事,但没有他的聪明才智,怎么能像他一样一举一动都符合礼仪呢?"他又说:"只有心与天理相通,才能明辨是非。"现在你且说说心在哪里"与天理相通"?"聪明才智"又从哪里来?

五

来书云:"'事上磨练',一日之内,不管有事无事,只一意培养本原。若遇事来感,或自己有感,心上既有觉,安可谓无事?但因事凝心一会,大段觉得事理当如此,只如无事处之,尽吾心而已。然仍有处得善与未善,何也?又或事来得多,须要次第与处,每因才力不足,辄为所困,虽极力扶起而精神已觉衰弱。遇此未免要十分退省①,宁不了事,不可不加培养。如何?"

所说功夫,就道通分上也只是如此用,然未免有出入在。凡人为学,终身只为这一事,自少至老,自朝至暮,不论有事无事,只是做得这一件,所谓"必有事焉"者也。若说"宁不了事,不可不加培养",却是尚为两事也。"必有事焉而勿忘勿助",事物之来,但尽吾心之良知以应之,所谓"忠恕违道不远"②矣。凡处得有善有未善,及有困顿失次之患者,皆是牵于毁誉得丧，不能实致其良知耳。若能实致其良知，然后见得平日所谓善者未必是善，所谓未善者，却恐正是牵于毁誉得丧，自贼其良知者也。

[注释]

①退省：意为退下来反省。语出《论语·为政》："吾与回言终日，不违如愚，退而省其私，亦足以发。回也不愚。" ②忠恕违道不远：语出《中庸》："忠恕违道不远，施诸己而不愿，亦勿施于人。"

[译文]

你信中说："先生说'修养要在事上磨炼'，一天之内，不管有事无事，只是一心培养本体。如果遇到事情有了感触，或者自己动了念头，心中既然有感觉，怎么能说无事呢？但是根据情况仔细考虑一会儿，大体觉得事理应当如此，只是当作没什么事一样对待，尽我的本心罢了。但是仍然会有事情处理得好或不好，为什么呢？又或者事情很多，需要一件件处理，常常因才能欠缺，总是被事情所困扰，虽然极力坚持，但精神已感觉疲惫不堪。遇到这种情况，难免要退下来反省自己，宁可不做事，也不能不存养本心。这样做对吗？"

所说的功夫，对你这样天分的人来说，也就是这样下，然而难免还有些出入。凡人做学问，一辈子就只做这一件事，从小到老，从早到晚，不管有事无事，只做这一件，这就是"必有事焉"。如果说"宁可不做事，也不能不存养本心"，就成了两件事了。孟子说"必有事焉而勿忘勿助"，有事情发生，只要充分发挥我们心中的良知去应付，就是"忠恕违道不远"了。凡是事情处理得有好有坏，以及有困扰和混乱的担心，都是由于在意毁誉得失，不能真正致其良知。如果能真正致其良知就会发现，平时所谓处理得好的不一定就是好，所谓处理得不好的，恐怕正是由于在意毁誉得失，而自己毁掉了良知吧。

六

来书云:"致知之说,春间再承诲益,已颇知用力,觉得比旧尤为简易。但鄙心则谓与初学言之,还须带格物意思,使之知下手处。本来致知格物一并下,但在初学未知下手用功,还说与格物,方晓得致知。"云云。

格物是致知功夫,知得致知便已知得格物。若是未知格物,则是致知功夫亦未尝知也。近有一书与友人,论此颇悉,今往一通,细观之当自见矣。

[译文]

你信中说:"关于致知的学问,春天承蒙再次教诲,已经很清楚应在何处用力,感觉比过去更简单明了。但是我认为对初学者来说,还应该加上格物的内容,使他们知道从何处入手。本来致知格物是统一的,但由于初学者不知从何处入手,还是先说格物,他们才会明白致知。"

格物是致知的功夫,明白致知自然明白格物。如果不明白格物,则是致知的功夫也不清楚。最近有一封给朋友的信,详细讨论了这个问题,现在也给你一份,仔细看看,自然会明白。

七

来书云:"今之为朱、陆之辨者尚未已。每对朋友言,正学不明已久,且不须枉费心力为朱、陆争是非。只依先生'立志'二字点化人,若其人果能辨得此志来,决意要知此学,已是大段明白了。朱、陆虽不辨,彼自能觉得。又尝见朋友中见有人议先生之言者,辄为动气。昔在朱、陆二先生所以遗后世纷纷之议者,亦见二先生功夫有未纯熟,分明亦有动气之病。若明道则无此矣。观其与吴涉礼论介甫①之学云:'为我尽达诸介甫,不有益于他，必有益于我也。'②气象何等从容！尝见先生与人书③中亦引此言，愿朋友皆如此，如何？"

此节议论得极是极是。愿道通遍以告于同志，各自且论自己是非，莫论朱、陆是非也。以言语谤人，其谤浅；若自己不能身体实践，而徒入耳出口，呶呶度日，是以身谤也，其谤深矣。凡今天下之论议我者，苟能取以为善，皆是砥砺切磋我也，则在我无非警惕修省进德之地矣。昔人谓"攻吾之短者是吾师"④，师又可恶乎？

[注释]

①吴涉礼："涉"应为"师"。杭州人，官至员外郎、知州。介甫：王安石（1021~1086年），字介甫，号半山，江西临川人。进士，北宋文学家、政治家。神宗时为相，曾推行变法，失败后新政被废。②"为我"三句：语出《河南程氏遗书》卷一。原话为："为我尽达诸介甫，我亦未敢自以为是。如有说，愿往复。此天下公理，无彼我。果能明辨，不有益于介甫，则必有益于我。"显示出明道先生唯真理是求，渴望听到不同意见的宽广胸怀。③与人书：指《答汪石潭内翰书》，见《王阳明全集》卷四。④攻吾之短者是吾师：语出《荀子·修身篇》："故非我而当者，吾师也；是我而当者，吾友也；谄谀我者，吾贼也。"

[译文]

你信中说："现在为朱熹、陆九渊争辩的还大有人在。我常常对朋友们说，圣学不昌明已经很久了，不必枉费心机争辩朱熹、陆九渊谁对谁错。只按照先生的'立志'二字来点拨人，如果这个人真能辨清这个志向，决心要了解圣学，那么他已经学到大半了。即使分辨不清朱、陆二人谁对谁错，他也能形成自己的心得。我曾经看到，朋友中有人一听到别人非议先生就非常生气。过去，朱、陆两位先生给后世留下众多争议，这说明他们俩人的功夫还不纯熟，明显有意气用事的弊病，而程颢先生就没有。他同吴涉礼谈论王安石的学问时说：'请把我的观点全部告诉介甫，即使对他没有益处，也一定对我有益。'气度胸襟多么从容广大！我曾看到先生给别人的信中引用这句话，希望朋友们都这样，对吗？"

这段话讲得太对太对了。希望你告诉所有的同志，每个人只反省自己的是非，不要议论朱、陆二人的对与错。用语言诽谤人，这种诽谤是肤浅的；如果自己不能身体力行，而只是听一听、传一传，整天嘀嘀咕咕，这是用行动诽谤自己，这种诽谤是很严重的。凡是现在天下议论我的人，假如能从中得到益处，那他们就都是在跟我切磋磨砺，对我来说也正是警惕反省、增进品德的地方。荀子说"攻击我缺点的人是我的老师"，老师难道是可恶的人吗？

八

来书云："有引程子'人生而静，以上不容说，才说性便已不是性'①。何故不容说？何故不是性？晦庵答云：'不容说者，未有性之可言；不是性者，已不能无气质之杂矣。'②二先生之言皆未能晓，每看书至此，辄为一惑，请问。"

"生之谓性"③，"生"字即是"气"字，犹言气即是性也。气即是性，人生而静以上不容说，才说"气即是性"，即已落在一边，不是性之本原矣。孟子"性善"是从本原上说。然性善之端，须在气上始见得，若无气亦无可见矣。恻隐、羞恶、辞让、是非即是气。程颐谓"论性不论气，不备；论气不论性，不明"④。亦是为学者各认一边，只得如此说。若见得自性明白时，气即是性，性即是气，原无性气之可分也。

[注释]

① "人生而静"三句：程颢语，语出《河南程氏遗书》卷一。向朱熹问这话的是严时亨。意思是说，人性是安静的，人未出生时没有性可言，及至出生，已沾染了尘世的杂质，就不再有本原的人性了。人生而静，语出《礼记·乐记》："人生而静，天之性也；感于物而动，性之欲也。"② "不容说

者"四句：语出《朱子文集》卷六十一《答严时亨》。③生之谓性：语出《孟子·告子上》："告子曰：'生之谓性。'孟子曰：'生之谓性也，犹白之谓白与？'曰：'然。'"④"论性不论气"四句：程颐语，语出《河南程氏遗书》卷六。一说为程颢语。程颐持"性即理"说，程颢持"性即气"说。

[译文]

你信中说："严时亨引用程子'人天生就能静，未出生时不能说到人性，才说性便已不是性'这句话问朱熹：为什么不能说？为什么不是性？朱熹回答说：'不能说是因为没有性可言；不是性，是指说的时候，已经有气掺杂在里头了。'他俩的对话我都不明白，每次看书看到这里，总是一阵迷疑，向先生请教。"

"生之谓性"的"生"字就是"气"字，也就是说"气"就是"性"。"气"就是"性"，"人天生就能静"这以上不能说了，才说"气即是性"，这样人性就偏到一边了，而不是人性的本原了。孟子提出性善论，是从人性本原上说的，但是人性善的发端只有在气上才能看到，如果没有气也就看不到性了。恻隐、羞恶、辞让、是非都是气。程颐认为"论性不论气，就不全面；论气不论性，就不明确"。这是由于做学问的人各自只看到一方面，只好这样说。如果能明白看到自己的人性，那么，气就是性，性就是气，原本没有性与气的区分。

答陆原静书(一)

一

来书云:"下手功夫,觉此心无时宁静,妄心固动也,照心亦动也①。心既恒动,则无刻暂停也。"

是有意于求宁静,是以愈不宁静耳。夫妄心则动也,照心非动也。恒照则恒动恒静,天地之所以恒久而不已也。照心固照也,妄心亦照也。"其为物不二,则其生物不息。"②有刻暂停则息矣,非至诚无息之学矣。

[注释]

①妄心:佛教语,意思是心绪躁动,妄念不止。照心:指返身观照之心,心如止水,止水犹鉴。人在静坐时,首先要排除杂念,这种排除杂念的心理过程就是照心,所以照心并非不动。②其为物不二,则其生物不息:语出《中庸》第二十六章:"故至诚无息。不息则久,久则征……天地之道,可一言而尽也:其为物不二,则其生物不测。"本章旨在阐述至诚无息的道理:天地之道可用一句话来概括,那就是天地对任何事物都一视同仁,真诚不二,这样它就能化育万物,生生不息。所以我们要永葆至诚之心,永远真诚就能持久,持久就能发展壮大。

[译文]

你信中说:"在做功夫时,感觉心中没有一刻平静,妄心固然在活动，澄明的照心本体也在活动。心既然是一直运动的，那么也就没有片刻的平静了。"

这是有意去追求平静，所以越发不能静下来。妄心本来就是运动的，照心的本体则是不动的。一直反省觉察就会一直处于既运动又宁静的状态，天地就是因此而恒久不止。照心的本体是良知，妄心的本体也是良知。《中庸》中说："其为物不二，则其生物不息。"有瞬间的停息就会灭亡，就不是永远保持真诚的学问了。

二

来信云："良知亦有起处。"云云。

此或听之未审。良知者心之本体，即前所谓恒照者也。心之本体无起无不起。虽妄念之发，而良知未尝不在，但人不知存，则有时而或放耳。虽昏塞之极，而良知未尝不明，但人不知察，则有时而或蔽耳。虽有时而或放，其体实未尝不在也，存之而已耳。虽有时而或蔽，其体实未尝不明也，察之而已耳。若谓良知亦有起处，则是有时而不在也，非其本体之谓矣。

[译文]

你信中说："良知也有其发端的地方。"等等。

这或许是你听得不明白。良知是心的本体，就是上面提到的恒照。心的本体无所谓开始不开始。即使妄念产生，但良知依然存在，由于人们不知时时存养，所以有时会失去它。即使昏庸闭塞到了极点的人，其良知却依然明亮，只是人们不知体察它，有时就会受到蒙蔽。虽然有时失去了它，但其本体未尝不存在，存养它就行了；虽然有时受到蒙蔽，但其本体未尝不明亮，体察它就行了。如果说良知也有开端，就是认为有时它就不存在，那就不是良知的本体了。

三

来书云："前日'精一'之论，即作圣之功否？"

"精一"之"精"以理言,"精神"之"精"以气言。理者气之条理,气者理之运用。无条理则不能运用,无运用则亦无以见其所谓条理者矣。精则精,精则明,精则一,精则神,精则诚;一则精,一则明,一则神,一则诚,原非有二事也。但后世儒者之说与养生之说各滞于一偏,是以不相为用。前日"精一"之论,虽为原静爱养精神而发,然而作圣之功,实亦不外是矣。

[译文]

你信中问:"前些时候先生所谈到的'精一',是不是做圣人的功夫?"

"精一"的"精"是从理上来说的,"精神"的"精"是从气上来说的。理是气的条理化,气是理的应用。没有条理就不能运用,不运用就无法看到所谓的条理。做到了精,就可以精细,可以光明,可以专一,可以神奇,可以至诚;做到了一,就可以精细,可以光明,可以神奇,可以至诚。精和一原本是一回事。但是,后世儒生的学说同道家养生的学说各偏执于一方面,不能相互促进。前些天我关于"精一"的论述,虽然是针对你喜欢保养自己的精神而讲的,不过做圣人的功夫,其实也不外如此。

四

来书云:"元神、元气、元精①,必各有寄藏发生之处。又有真阴之精,真阳之气。"云云。

夫良知一也,以其妙用而言谓之神,以其流行而言谓之气,以其凝聚而言谓之精,安可以形象方所求哉?真阴之精,即真阳之气之母;真阳之气,即真阴之精之父。阴根阳,阳根阴,②亦非有二也。苟吾良知之说明,即凡若此类,皆可以不言而喻。不然,则如来书所云三关③、七返④、九还⑤之属,尚有无穷可疑者也。

[注释]

①元神、元气、元精：道教名词，合称三元。②阴根阳，阳根阴：语出周敦颐《太极图说》："无极而太极。太极动而生阳，动极而静。静而生阴，静极复动。一动一静，互为其根。"③三关：道家以口为天关，足为地关，手为人关，合称三关。《淮南子·主术》谓耳、目、口为三关。另有说法认为三关为人身的三个穴位，是炼丹的道路。④七返：道教以七代火，心属火，降心火于丹田下，养得肾中真气，复返于心田，即为七返之功。一说为七返灵砂，即道教所说的仙药，服之可以还魂，因在炼制过程中要经过七次转化，故称七返。⑤九还：道教以九代金，情属金，摄情归性，养得性光圆明，以还先天真性，即为九还之功。一说为九还丹，即道教所说的仙药，服之可以长生不老。炼制过程中丹砂变成水银，经多次变化又成丹砂，故名九还。

[译文]

你信中说："元神、元气、元精一定各有寄托储藏的地方，又有真阴之精，真阳之气。"等等。

良知只有一个，就它奇妙的作用而言可以称作"神"，就它的运行而言可以称作"气"，就它的凝结而言可以称作"精"，怎么能从形象、方位、处所上探求呢？真阴之精是真阳之气的母体，真阳之气是真阴之精的父体。阴生阳，阳生阴，阴阳也是一个统一体。如果我的良知学说能昌明于天下，类似问题都不言自明。如若不然，就你信中提到的三关、七返、九还之类，还有数不清的疑问。

答陆原静书（二）

一

来书云："良知，心之本体，即所谓'性善'也，'未发之中'也，'寂然不动'之体也，'廓然大公'也，何常人皆不能而必待于学邪？中也，寂也，公也，既以属心之体，则良知是矣。今验之于心，知无不良，而中、寂、大公实未有也，岂良知复超然于体用之外乎？"

性无不善，故知无不良。良知即是未发之中，即是廓然大公、寂然不动之本体，人人之所同具者也。但不能不昏蔽于物欲，故须学以去其昏蔽。然于良知之本体，初不能有加损于毫末也。知无不良，而中、寂、大公未能全者，是昏蔽之未尽去，而存之未纯耳。体即良知之体，用即良知之用，宁复有超然于体用之外者乎？

[译文]

你信中说："良知是心的本体，就是所谓的'性善'、'未发之中'、'寂然不动'的本体、'廓然大公'，为什么常人一定要经过学习才能做到呢？中和寂静、大公无私，既然属于心的本体，就是良知了。现在在心中验证，良知都是好的，而中和寂静、大公无私却没有,难道良知是超然于体用之外吗?"

本性没有不善的,所以知没有不良的。良知就是"未发之中"、"廓然大公"、"寂然不动"的本体,人人都具有。但是,良知不能避免物欲的遮蔽,所以必须学习以清除蒙蔽。不过这对于良知的本体,不会有丝毫的损害。知没有不良的,但中和、寂静、大公无私没有完全呈现,是因为蒙蔽未清除干净,良知存养还不纯粹罢了。体是良知的本体,用是良知的应用,哪有超然于体用之外的良知呢?

二

来书云:"周子曰'主静'①,程子曰'动亦定,静亦定',先生曰'定者,心之本体',是静、定也,决非不睹不闻、无思无为之谓。必常知、常存、常主于理之谓也。夫常知、常存、常主于理,明是动也,已发也,何以谓之静?何以谓之本体?岂是静、定也,又有以贯乎心之动静者邪?"

理无动者也。常知、常存、常主于理,即不睹不闻、无思无为之谓也。不睹不闻、无思无为,非槁木死灰之谓也。睹闻思为一于理,而未尝有所睹闻思为,即是动而未尝动也。所谓"动亦定,静亦定",体用一原者也。

[注释]

①主静:语出周敦颐《周子全书·太极图说》:"五性感动而善恶分,万事出矣。圣人定之以中正仁义而主静。"

[译文]

你信中说:"周敦颐先生说'主静',程颐先生说'动亦定,静亦定',先生说'定者,心之本体'。这个静和定,决不是不看不听、不想不做的意思,而是一定要保持认知、保持存养、保持遵从天理。保持认知、保持存养、保持遵从天理,明明是动,是已发动的状态，怎么能说是静？怎么能说是本体？难道这个静、定又贯穿于心的动、静之中吗？"

　　天理是不动的。保持认知、保持存养、保持遵从天理，就是不看、不听、不思、不做的意思。不看、不听、不思、不做并不是身如槁木、心如死灰。看、听、想、做与理合为一体，而没有其他的看、听、想、做，这就是动又不曾动。程颐先生所说的"动亦定，静亦定"，是指本体和作用是统一的。

三

　　来书云："此心'未发'之体，其在'已发'之前乎？其在'已发'之中而为之主乎？其无前后、内外而浑然之体者乎？今谓心之动静者，其主有事无事而言乎？其主寂然、感通而言乎？其主循理、从欲而言乎？若以循理为静，从欲为动，则于所谓'动中有静，静中有动'①，'动极而静，静极而动'②者，不可通矣。若以有事而感通为动，无事而寂然为静，则于所谓'动而无动，静而无静'③者，不可通矣。若谓'未发'在'已发'之先，静而生动，是至诚有息也，圣人有复④也，又不可矣。若谓'未发'在'已发'之中，则不知'未发'、'已发'俱当主静乎？抑'未发'为静而'已发'为动乎？抑'未发'、'已发'俱无动无静乎？俱有动有静乎？幸教。"

　　"未发之中"即良知也，无前后、内外而浑然一体者也。有事、无事可以言动、静，而良知无分于有事、无事也。寂然、感通可以言动、静，而良知无分于寂然、感通也。动、静者所遇之时，心之本体固无分于动、静也。理无动者也，动即为欲。循理则虽酬酢万变而未尝动也；从欲则虽槁心一念而未尝静也。"动中有静，静中有动"，又何疑乎？有事而感通固可以言动，然而寂然者未尝有增也；无事而寂然固可以言静，然而感通者未尝有减也。"动而无动，静而无静"，又何疑乎？无前后、内外而浑然一体，则至诚有息之疑不待解矣。"未发"在"已发"之中，而"已发"之中未尝另有"未发"者在；"已发"在"未发"之中，而"未发"之中未尝别有"已发"者存。是未尝无动、静，而不可以动、静分者也。

凡观古人言语，在以意逆志而得其大旨，若必拘滞于文义，则"靡有孑遗"者，⑤是周果无遗民也。周子"静极而动"之说，苟不善观，亦未免有病。盖其意从"太极动而生阳，静而生阴"说来。太极生生之理，妙用无息，而常体不易。太极之生生即阴阳之生生，就其生生之中，指其妙用无息者而谓之动，谓之阳之生，非谓动而后生阳也；就其生生之中，指其常体不易者而谓之静，谓之阴之生，非谓静而后生阴也。若果静而后生阴，动而后生阳，则是阴阳、动静截然各自为一物矣。阴阳一气也，一气屈伸而为阴阳；动静一理也，一理隐显而为动静。春夏可以为阳为动，而未尝无阴与静也；秋冬可以为阴为静，而未尝无阳与动也。春夏此不息，秋冬此不息，皆可谓之阳，谓之动也。春夏此常体，秋冬此常体，皆可谓之阴，谓之静也。自元、会、运、世⑥、岁、月、日、时以至刻、秒、忽、微⑦，莫不皆然。所谓"动静无端，阴阳无始"⑧，在知道者默而识之，非可以言语穷也。若只牵文泥句，比拟仿像，则所谓"心从《法华》转，非是转《法华》"⑨矣。

[注释]

①动中有静，静中有动：语出《河南程氏遗书》："静中便有动，动中自有静。"②动极而静，静极而动：语出周敦颐《太极图说》："太极动而生阳，动极而静；静而生阴，静极而动。"③"动而无动"二句：语出周敦颐《通书》："动而无静，静而无动，物也。动而无动，静而无静，神也。动而无动，

静而无静，非不动不静也。"④圣人有复：语出周敦颐《通书》："性焉安焉之谓圣，复焉执焉之谓贤。"在周敦颐看来，圣人以德为性，一生安于德不存在复德的问题，因此"圣人有复"是讲不通的。⑤"以意逆志"三句：语出《孟子·万章上》："故说《诗》者，不以文害辞，不以辞害志；以意逆志，是为得之。如以辞而已矣，《云汉》之诗曰：'周馀黎民，靡有孑遗。'信斯言也，是周无遗民也。"以意逆志，意为用自己的心思去猜测他人的心思。《云汉》，《诗经·大雅》的篇名。⑥元、会、运、世：宋代易学大师邵雍发明的计算世界历史年代的时间单位。一世三十年，一运十二世，一会三十运，一元十二会。世界从开始到灭亡的一个周期为一元。⑦刻、秒、忽、微：古代很小的计时单位。⑧动静无端，阴阳无始：语出《河南程氏经说》卷一。⑨"心从《法华》转"二句：意为迷者拘泥于《法华经》的文句，悟者则能支配运用《法华经》的文句。语出《六祖法宝坛经·机缘品》："心迷《法华》转，心悟转《法华》。"

[译文]

你信中说："人心'未发'的本体，是在'已发'之前呢，还是在'已发'之中并主导着'已发'？或者是'未发'、'已发'不分先后、内外而浑然一体？现在所说心的动、静，是以有事、无事来说呢，还是从寂静不动、感应相通来说？或者是就遵循天理、服从欲望来说呢？如果认为遵循天理为静止，服从私欲为运动，那么所谓的'动中有静，静中有动'，'动极而静，静极而动'就说不通了。如果以有事感应为运动，无事寂静为静止，那么所谓的'动而无动，静而无静'就讲不通了。如果说'未发'在'已发'之前，静产生动，那么至诚便有息了，圣人便要向德回复，这就不对了。如果说'未发'在'已发'之中，那么不知道'未发'、'已发'都主宰静呢，还是'未发'为静、'已发'为动？或者是'未发'、'已发'都是无动无静、有动有静呢？请指教。"

"未发之中"就是良知，没有前后、内外的差别，浑然一体。有事、无事可以用动、静来说，而良知不能分有事、无事；寂静、感应可以用动、静来说，而良知却不能分寂静、感应。动与静是根据时间而变化的，心的本体原本不分运动或静止。天理是固定静止的，动就是私欲。遵循天理则千变万化也不曾动，服从私欲即使心中只有一念产生也不是静。"动中有静，静中有动"，这又有什么可怀疑呢？有事感应相通，固然可以说是动，但是寂静不动的良知并没有增加什么；没事寂静不动，固然可以说是静，但是感应相通的良知并没有减少什么。"动而无动，静而无静"，又有什么可怀疑呢？良知没有前后、内外的差别而浑然一体，那么对"至诚有息"的怀疑，就不用解释了。"未发"在"已发"之中，但"已发"之中未尝另有"未发"存在；"已发"在"未发"之中，但"未发"之中未尝另有"已发"存在。这里未尝没有动、静，只是不能用动、静来区分。

凡是看古人说的话，在于用心体察从而明白其主旨，如果一定要拘泥于文字，那么"靡有孑遗"这句话就该解释为周朝果真没有遗民了。周敦颐先生"静极而动"的学说，如果不很好体察，难免会出错，这是由于他的意思是从"太极动而生阳、静而生阴"上来说的。太极运动变化的道理，妙用无穷，但其本体是永恒不变的。太极的运动变化就是阴阳的运动变化，在其运动变化中，就其妙用无穷来说就是动，就是阳的产生，而不是运动后才产生阳；在其运动变化中，就其本体永恒不变来说就是静，就是阴的产生，而不是静止后才产生阴。如果真的是静止后才生阴，运动后才生阳，那么阴阳、动静就是截然不同的两个事物。阴阳是同一种气，气的伸缩产生阴阳；动静是一个理，理的隐藏、表现就是动静。春夏可以说是阳是动，但未尝没有阴和静；秋冬可以说是阴是静，但未尝没有阳和动。春夏秋冬变化不止，都是阳都是动；春夏秋冬的本体永恒不变，都是阴都是静。从元、会、运、世、岁、月、日、时一直到刻、秒、忽、微，都是这样。所谓"动静没有开端，阴阳没有起始",对于明白天道的人来说,可以默默体会,却不能完全用语言表达。如果只是拘泥于文辞,比拟模仿,那就是所谓的"《法华经》支配着心转,而不是心支配着《法华经》转了"。

四

来书云:"尝试于心,喜、怒、忧、惧之感发也,虽动气之极,而吾心良知一觉,即罔然消阻,或遏于初,或制于中,或悔于后。然则良知常若居优闲无事之地而为之主,于喜、怒、忧、惧若不与焉者,何欤?"

知此,则知"未发之中"、"寂然不动"之体,而有发而中节之和、感而遂通之妙矣。然谓"良知常若居于优闲无事之地",语尚有病。盖良知虽不滞于喜、怒、忧、惧,而喜、怒、忧、惧亦不外于良知也。

[译文]

你信中说:"我曾经在心中验证过,喜怒忧惧的情绪产生时,即使波动特别大,只要我心中良知一觉察,就会慢慢缓和消解,有时是在初发时制止,有时在发作的过程中制止,有时在事后才悔悟。但是,良知好像常常在悠闲无事的地方居住并主宰着那里,与喜怒忧惧似乎没有什么关系,这是为什么呢?"

你明白了这一点,就能认知"未发之中"、"寂然不动"的本体,就能体验到所发而中节之和、感而相通的奇妙了。不过,认为"良知好像常常居住在悠闲无事的地方",这话有毛病。良知虽然不滞留于喜怒忧惧等感情中,但喜怒忧惧也不存在于良知以外。

五

来书云:"夫子昨以良知为照心。窃谓良知,心之本体也;照心,人所用功,乃戒慎恐惧之心也,犹思也。而遂以戒慎恐惧为良知，何欤？"

能戒慎恐惧者，是良知也。

[译文]

你信中说："先生昨天讲良知就是照心。我认为良知是心的本体，照心是人所用的功夫，就是戒慎恐惧的心，好比是思想。而先生把戒慎恐惧当作良知，为什么呢？"

能让人戒慎恐惧的，就是良知。

六

来书云："先生又曰'照心非动也'，岂以其循理而谓之静欤？'妄心亦照也'，岂以其良知未尝不在于其中、未尝不明于其中，而视听言动之不过则者，皆天理欤？且既曰妄心，则在妄心可谓之照，而在照心则谓之妄矣。妄与息何异？今假妄之照以续至诚之无息，窃所未明，幸再启蒙。"

"照心非动"者，以其发于本体明觉之自然，而未尝有所动也；有所动即妄矣。"妄心亦照"者，以其本体明觉之自然者，未尝不在于其中，但有所动耳；无所动即照矣。无妄、无照，非以妄为照，以照为妄也。照心为照，妄心为妄，是犹有妄、有照也。有妄、有照则犹二也，二则息矣。无妄、无照则不二，不二则不息矣。

[译文]

你信中说："先生又说'照心非动也'，难道是因为它遵循天理而说它静吗？'妄心亦照也'，难道是因为良知未尝不在妄心中，又未尝不在妄心中明照，而人的视听言动能够不违背原则的，都是天理吗？既然说妄心，那么良知对于妄心来说就是'照'，而对于照心来说就是'妄'。妄与息还有什么不同？现在把妄心有照与至诚无息联系起来,我不清楚,请先生再指教。"

"照心非动",是因为它来自本体天然的明觉,所以不曾动,有所动就是妄了。"妄心亦照",因为本体天然明觉未尝不在妄心中,只是有所动罢了。不动就是照。说"无妄无照",并不是把妄心当作照心,把照心当作妄心。把照心当作照,把妄心当作妄,这依然是认为妄心和照心并立而存,没有看到妄心的本体也是恒照。认为有妄有照,就是把妄心和照心视为两个心,把心一分为二,良知就停息了。无妄无照则是把心视为一个统一体,良知就不会停息了。

七

来书云:"养生以清心寡欲为要。夫清心寡欲,作圣之功毕矣。然欲寡则心自清,清心非舍弃人事而独居求静之谓也,盖欲使此心纯乎天理而无一毫人欲之私耳。今欲为此之功,而随人欲生而克之,则病根常在,未免灭于东而生于西。若欲刊剥洗荡于众欲未萌之先,则又无所用其力,徒使此心之不清。且欲未萌而搜剔以求去之,是犹引犬上堂而逐之也[1],愈不可矣。"

必欲此心纯乎天理而无一毫人欲之私,此作圣之功也。必欲此心纯乎天理而无一毫人欲之私,非防于未萌之先而克于方萌之际不能也。防于未萌之先而克于方萌之际,此正《中庸》"戒慎恐惧"、《大学》"致知格物"之功,舍此之外无别功矣。夫谓"灭于东而生于西"、"引犬上堂而逐之"者,是自私自利、将迎意必[2]之为累,而非克治洗荡之为患也。今曰"养生以清心寡欲为要",只"养生"二字便是自私自利、将迎意必之根。有此病根潜伏于中,宜其有"灭于东而生于西"、"引犬上堂而逐之"之患也。

[注释]

① "引犬"句:语出《河南程氏遗书》卷二。② 将迎意必:将迎,送

迎，意为有意安排，是以私心处事。语出《庄子·知北游》："无有所将，无有所迎。"意必，语出《论语·子罕》："子绝四：毋意，毋必，毋固，毋我。"意，主观臆断。必，绝对肯定。

[译文]

你信中说："养生最关键是清心寡欲，能做到清心寡欲，做圣人的功夫就完成了。私欲少则心自然清净，清心并不是要舍弃人事而隐居独处来求静，而是存养此心纯粹为天理，没有一丝一毫的私欲。现在想要在这方面下功夫，私欲一旦产生就随时克制，但是由于病根未除，难免这边的私欲克制了那边的私欲又生出来。如果想在各种私欲产生之前就把它们清除干净，又不知从何处下手，反而使自己的心不清净。况且，在私欲产生前四处搜寻并清除它，就好像是把狗带进屋里再赶它出去，更不行了。"

一定要使己心无一丝一毫的私欲，纯粹为天理，这是成为圣人的功夫。想做到这一点，就要在私欲产生前防范它，并在私欲产生时克制它。在私欲产生前防范并在产生时克制，这就是《中庸》里的"戒慎恐惧"、《大学》里的"致知格物"的功夫，除此之外，没有其他功夫。所谓的"这边的私欲克制了那边的私欲又生出来"，"把狗牵进屋里再驱赶出去"的情况，是自私自利、刻意追求造成的结果，而不是克制扫荡私欲本身的问题。现在你说"养生的关键是清心寡欲"，但"养生"两字就是自私自利、刻意追求的根源。这个病根潜伏在心中，就会产生"灭于东而生于西"、"引犬上堂而逐之"的弊病。

八

来书云："佛氏于'不思善、不思恶时认本来面目'[①]，于吾儒'随物而格'之功不同。吾若于不思善、不思恶时用致知之功，则已涉于思善矣。欲善恶不思而心之良知清静自在，惟有寐而方醒之时耳，斯正孟子'夜气'之说。但于斯光景不能久，倏忽之际，思虑已生。不知用功久者，其常寐初醒而思未起之时否乎？今澄②欲求宁静，愈不宁静；欲念无生，则念愈生。如之何而能使此心前念易灭，后念不生，良知独显而与造物者游③乎？"

"不思善、不思恶时认本来面目"，此佛氏为未识本来面目者设此方便。本来面目即吾圣门所谓良知。今既认得良知明白，即已不消如此说矣。"随物而格"，是致知之功，即佛氏之"常惺惺"④，亦是常存他本来面目耳。体段功夫大略相似。但佛氏有个自私自利之心，所以便有不同耳。今"欲善恶不思而心之良知清静自在"，此便有自私自利、将迎意必之心，所以有"不思善、不思恶时用致知之功，则已涉于思善"之患。孟子说"夜气"，亦只是为失其良心之人指出个良心萌动处，使他从此培养将去。今已知得良知明白，常用致知之功，即已不消说"夜气"，却是得兔后不知守兔而仍去守株，兔将复失之矣。"欲求宁静"，"欲念无生"，此正是自私自利、将迎意必之病，是以念愈生而愈不宁静。良知只是一个良知，而善恶自辨，更有何善何恶可思？良知之体本自宁静，今却又添一个求宁静；本自生生，今却又添一个欲无生，非独圣门致知之功不如此，虽佛氏之学亦未如此将迎意必也。只是一念良知，彻头彻尾，无始无终，即是前念不灭，后念不生。今却欲前念易灭，而后念不生，是佛氏所谓"断灭种性"⑤，入于槁木死灰之谓矣。

[注释]

① "不思善"二句：意为不有意趋善，也不有意避恶，在心态平和自然的状态下体认心的本体。语出《六祖法宝坛经·行由品》："惠能云：不思善，不思恶，正与么时，那个是明上座本来面目。"②澄：陆澄自称，原静为其字。③与造物者游：意为与天理大道默契相合。语出《庄子·天下》："上与

造物者游,而下与外生死、无终始者为友。"④常惺惺:禅语,意为经常保持清醒状态。⑤断灭种性:佛家语,意为心灵处于死寂状态。语出玄奘《成唯识论》卷五。

[译文]

你信中说:"佛教主张在'不思善、不思恶时认识本来面目',同我们儒家根据事物的具体情况去研究事理的格物功夫不同。我如果在不思善、不思恶时下致良知的功夫,其实已经是在思善了。要想不思善恶而心中的良知处于清静自在的状态,只有睡觉刚醒时可以,这正是孟子所说的'夜气'。但是这个时间不能维持太久,瞬息之间思虑就产生了。不知道用功时间长的人,能否经常像睡觉刚醒、思虑未生时那样呢?现在我想摒弃私欲求得宁静,却越发静不下来;想使杂念不生,杂念却更多。怎样才能使心中前念易灭、后念不生,良知独自显现并与大道相合呢?"

"不思善、不思恶时认识本来面目",这是佛家为了让那些不识本来面目的人能够参悟佛性而提出的简易方法。本来面目就是圣学所说的良知,现在既然能认清良知,就不需要这样说了。根据事物的具体情况去研究事理是致良知的功夫,也就是佛教所说的"经常保持清醒",也就是经常存养他的本来面目。儒佛两家的形式与功夫大致相似,但佛家有自私自利之心,这就同儒学有了差别。现在想不思善恶而保持心中良知清静自在,这就是有自私自利、刻意追求的心,所以有"不思善、不思恶时用致知之功,则已涉于思善"的毛病。孟子说"夜气",也仅仅是给那些失去良心的人指明良心产生的地方,使他从这里存养良心。现在你已经清楚地认识了良知,经常下致良知的功夫,就不需要说"夜气"了。否则,就像得到兔子后不知看住它,却依然去守着树,那么兔子就会重新丢失。"欲求宁静","欲念无生",这正是自私自利、刻意追求的弊病,所以欲念越生而心越是静不下来。良知只有一个,能自然分辨善恶,哪还有什么善恶可想?良知原本是宁静的,现在却又添了一个求宁静;良知原本是充满生机的,现在却又添上一个不生杂念,不但圣学的致良知功夫不是这样,就连佛教也不主张如此刻意追求。只要一心只在良知上,从头至尾,无始无终,就是前念不灭,后念不生。现在你却想前念易灭、后念不生,这就是佛教所讲的"断灭种性",即泯灭心灵的明觉,进入身如槁木、心如死灰的状态了。

九

来书云:"佛氏又有'常提念头'之说,其犹孟子所谓'必有事'、夫子所谓'致良知'之说乎?其即'常惺惺'、常记得、常知得、常存得者乎?于此念头提在之时,而事至物来,应之必有其道。但恐此念头提起时少,放下时多,则功夫间断耳。且念头放失,多因私欲客气①之动而始,忽然惊醒而后提。其放而未提之间,心之昏杂多不自觉。今欲日精日明,常提不放,以何道乎?只此常提不放即全功乎?抑于常提不放之中,更宜加省克之功乎?虽曰常提不放,而不加戒惧克治之功,恐私欲不去;若加戒惧克治之功焉,又为'思善'之事,而于本来面目又未达一间也。如之何则可?"

戒惧克治即是"常提不放"之功,即是"必有事焉",岂有两事邪?此节所问,前一段已自说得分晓,末后却是自生迷惑,说得支离,及有"本来面目未达一间"之疑,都是自私自利、将迎意必之为病。去此病,自无此疑矣。

[注释]

①客气:宋儒把心作为人性的本体,把产生于血气的生理之性称为客气。

[译文]

你信中说:"佛教又有'常提念头'的说法,这就像孟子所说的'必有事',先生所说的'致良知'吗?也就是'常惺惺'、常记得、常知得、常存得吗？在提起这个念头时，面对各种事物，一定会有恰当的方法去应对。但恐怕这念头提起的时候少而放下的时候多，那样功夫就中断了。况且念头的丧失，大多是由于私欲及客气的冲动造成的，要突然惊醒后才提起来。在放下之后提起之前，人心昏暗杂乱常常自己不能觉察，现在想使念头日益精进明亮，常提不放，有什么办法吗？单单一个常提不放就是全部的功夫吗？还是在常提不放的同时，还应该增加反省克制的功夫？就算做到了常提不放，如果不加上戒惧克制的功夫，恐怕还不能清除私欲；如果加上戒惧克制的功夫，又成了'思善'的事了，同本来面目又不一致了。到底该怎么做才好呢？"

戒惧克制就是常提不放的功夫，就是"必有事焉"，怎么会是两回事呢？你上面提的问题，我前面已说得十分清楚，后来你自己又产生了困惑，话说得支离破碎，以至于产生"本来面目难以一致"的疑问，这都是自私自利、刻意追求造成的弊病。去掉这个弊病，自然就没有什么疑问了。

十

来书云："'质美者明得尽，渣滓便浑化。'① 如何谓'明得尽'？如何而能'便浑化'？"

良知本来自明。气质不美者，渣滓多，障蔽厚，不易开明。质美者，渣滓原少，无多障蔽，略加致知之功，此良知便自莹彻。些少渣滓如汤中浮雪，如何能作障蔽？此本不甚难晓，原静所以致疑于此，想是因一"明"字不明白，亦是稍有欲速之心。向曾面论"明善"之义，"明则诚矣"，非若后儒所谓"明善"之浅也。

[注释]

① "质美者"二句：意为本质美好的人善德尽显，缺点也都融化消失

了。程颢语，出自《河南程氏遗书》卷十一。

[译文]

你信中说："程颢先生说：'质美者明得尽，渣滓便浑化'，怎么样叫'明得尽'？怎么样才能'便浑化'呢？"

良知本来就是自然光明的。本质差的人身上的毛病缺点很多，遮蔽也就厚，良知不容易呈现出光明。本质好的人身上的毛病缺点少，没有多少遮蔽，稍微用些致知的功夫，他们的良知就自然能晶莹透彻。一点点毛病就像热汤中飘浮的雪花，怎么能遮蔽呢？这本来不难懂，你对此产生疑问的原因，想必是对"明"字的意思不清楚，也是你稍微有些心急。以前我曾和你当面讨论过"明善"的含义，"明善就是诚身"，而不是像朱熹对"明善"所解释的那么肤浅。

十一

来书云："聪明睿知，果质乎？① 仁义礼智，果性乎？喜怒哀乐，果情乎？私欲客气，果一物乎？二物乎？古之英才若子房②、仲舒③、叔度④、孔明、文中、韩、范⑤诸公，德业表著，皆良知中所发也，而不得谓之闻道者，果何在乎？苟曰此特生质之美耳，则生知安行者不愈于学知、困勉者乎？愚意窃云，谓诸公见道偏则可，谓全无闻，则恐后儒崇尚记诵训诂之过也。然乎？否乎？'"

性一而已。仁、义、礼、知，性之性也；聪、明、睿、知，性之质也；喜、怒、哀、乐，性之情也。私欲、客气，性之蔽也。质有清浊，故情有过、不及，而蔽有浅深也。私欲、客气，一病两痛，非二物也。张、黄、诸葛及韩、范诸公，皆天质之美，自多暗合道妙，虽未可尽谓之知学，尽谓之闻道，然亦自其有学违道不远者也。使其闻学知道，即伊⑥、傅⑦、周、召⑧矣。若文中子则又不可谓之不知学者，其书虽多出于其徒，亦多有未是处，然其大略则亦居然可见。但今相去辽远，无有的然凭证，不可悬断其所至矣。

夫良知即是道。良知之在人心，不但圣贤，虽常人亦无不如此。若无有物欲牵蔽，但循著良知发用流行将去，即无不是道。但在常人多为物欲牵蔽，不能循得良知。如数公者，天质既自清明，自少物欲为之牵蔽，则其良知之发用流行处，自然是多，自然违道不远。学者学循此良知而已。谓之知学，只是知得专在学循良知。数公虽未知专在良知上用功，而或泛滥于多歧，疑迷于影响，是以或离或合而未纯；若知得时，便是圣人矣。后儒尝以数子者尚皆是气质用事，未免于行不著，习不察，此亦未为过论。但后儒之所谓著、察者，亦是狃于闻见之狭，蔽于沿习之非，而依拟仿像于影响形迹之间，尚非圣门之所谓著、察者也。则亦安得以己之昏昏，而求人之昭昭也乎？⑨所谓生知安行，"知行"二字亦是就用功上说。若是知行本体，即是良知良能，虽在困勉之人，亦皆可谓之生知安行矣。"知行"二字更宜精察。

[注释]

①"聪明"二句：语出朱熹《中庸章句》："聪明睿知，生知之质。"②子房：张良，字子房，传为城父（今安徽亳州东南）人。汉初三杰之一，刘邦的重要谋士，辅佐刘邦得天下，被封为留侯。③仲舒：董仲舒，广川（今河北省枣强）人。西汉哲学家，今文经学大师，提出"罢黜百家，独尊儒术"的观点，被汉武帝采纳，对后世影响极大。④叔度：黄宪，字叔度，东汉汝南慎阳（今河南平舆）人。自幼家贫，德行彪炳当世，有颜回之称，终生不仕。⑤韩、范：韩琦，字稚圭，相州安阳（今属河南）人，北宋名臣。范仲淹，字希文，苏州吴县（今属江苏）人，宋真宗大中祥符进士，官至枢密副使、参知政事，北宋政治家、文学家。韩琦、范仲淹出将入相，共保北宋太平，世称韩、范。⑥伊：伊尹，商初重臣，出身奴隶，辅佐商汤灭夏。⑦傅：傅说，商王武丁时贤相，传说原为傅岩地方从事建筑的奴隶。⑧召：召

(shào)公,名奭(shì),文王的儿子。因封地在召(今陕西歧山西南),故称召公。与周公共同辅佐成王。⑨"则亦"二句:语出《孟子·尽心下》:"贤者以其昭昭使人昭昭,今以其昏昏使人昭昭。"

[译文]

你信中说:"聪明睿智真是人的禀赋吗?仁义礼智真是人的本性吗?喜怒哀乐真是人的情感吗?私欲与客气是一回事还是两回事?古代的豪杰像张良、董仲舒、黄宪、诸葛亮、王通、韩琦、范仲淹等人,功业卓著,这都是从他们良知中发出来的,但又不能说他们都是认识圣道的人,为什么?如果说他们天资卓异,那么生知安行的人难道不如学知利行、困知勉行的人吗?我以为,如果说他们对道的认识不全面还说得过去,如果说他们完全不认识道,恐怕是后世儒生崇尚背诵训诂所形成的偏见。对不对?"

人性只有一个,仁义礼智是人性的本质,聪明睿智是人性的禀赋,喜怒哀乐是人性的情感,私欲、客气是人性的蒙蔽。本质有清浊之分,所以感情有过分或欠缺的不同,蒙蔽也有深浅。私欲、客气是一种病引发的两种痛症,而不是两种事物。张良、黄宪、诸葛亮、韩琦、范仲淹等人,都是天生资质美好,自然与道的奇妙有许多巧合的地方。虽然不能说他们完全明白圣学、通晓圣道,但他们的学问才识离圣道也并不远。假如他们能全面通晓圣道,那他们就成了伊尹、傅说、周公、召公了。至于王通,则又不能说他不明白圣学,他的书虽然多出自学生之手,其中也有不少错误,但是其学问的轮廓还是可以看出来的。然而由于年代相隔久远,又没有真凭实据,所以不能凭空断定他的学问离圣道还有多远。

良知就是道。良知自在人心中,不管是圣贤还是普通人都是如此。如果没有物欲牵累遮蔽,但凭良知发挥运行,就都是道。但是,普通人大多为物欲蒙蔽,不能遵循良知。像上面谈到的几个人,天生资质清纯明亮,牵累遮蔽的物欲较少,所以良知发挥运行的地方就多，自然离道较近。所谓"学"就是指学习遵循这个良知而已。所谓"知学"，只是明白应该专心学习遵循良知。他们几个人虽不知道专心在良知上用功，有的兴趣广泛，受到别的东西影响或迷惑，所以他们有时偏离道，有时符合道，没有达到纯粹的境界；然而，假如他们明白了这一点，就是圣人了。后世儒生曾经认为他们几个全凭天资建功立业，未免是不知其然，更不知其所以然，这样评价他们并不过分。不过，后世儒生所说的"著察"，也是拘泥于狭窄的见闻，受到旧有习惯的蒙蔽，比拟模仿圣人的影响和事迹，并不是圣学所谓的"著察"。自己糊涂怎么能使别人明白呢？所谓生知安行，"知行"两字是从用功方面说的；至于说知行的本体，其实就是良知良能。从这个角度讲，即使是困知勉行的人，也都可以说是生知安行。对"知行"两字更应该仔细体察。

十二

来书云："昔周茂叔每令伯淳寻仲尼、颜子乐处①。敢问是乐也，与七情之乐同乎？否乎？若同，则常人之一遂所欲，皆能乐矣，何必圣贤？若别有真乐，则圣贤之遇大忧、大怒、大惊、大惧之事，此乐亦在否乎？且君子之心常存戒惧，是盖终身之忧也②，恶得乐？澄平生多闷，未尝见真乐之趣，今切愿寻之。"

乐是心之本体，虽不同于七情之乐，而亦不外于七情之乐。虽则圣贤别有真乐，而亦常人之所同有，但常人有之而不自知，反自求许多忧苦，自加迷弃。虽在忧苦迷弃之中，而此乐又未尝不存，但一念开明，反身而诚③，则即此而在矣。每与原静论，无非此意，而原静尚有何道可得之问，是犹未免于骑驴觅驴之蔽也。

[注释]

① "昔周茂叔"句：语出《河南程氏遗书》卷二上："昔受学于周茂叔，

每令寻颜子、仲尼乐处,所乐何事。"②是盖终身之忧也:语出《孟子·离娄下》:"是故君子有终身之忧,无一朝之患也。"③反身而诚:语出《孟子·尽心上》:"孟子曰:'万物皆备于我矣。反身而诚,乐莫大焉。强恕而行,求仁莫近焉。'"

[译文]

你来信说:"从前,周敦颐先生常常要程颢寻找孔子与颜回都乐些什么。我想问此乐与七情之乐是否相同?如果相同,那么普通人一旦满足了自己的欲望,就都能快乐,又何必做圣贤呢?如果另外有真正的快乐,那么圣贤遇到大忧、大怒、大惊、大惧的事情时,这个乐还存在吗?况且君子心中常怀戒惧,这是终生的忧虑,怎么能快乐呢?我平时多烦恼,还不曾体会到真正的乐趣,现在真切地想找到这种乐趣。"

快乐是人心的本体,虽然与七情的快乐有区别,但也不外于七情之乐。虽然圣贤另有真正的快乐,不过常人同样也有,只是自己不明白,反而自寻许多忧愁苦恼,自己在迷茫中丢弃了真正的快乐。但即使在迷茫忧苦丢弃的时候,真正的快乐依然存在,只要一念明觉,返求自身的虔诚,就能感到这种快乐。我每次与你讲都是这个意思,而你却还问有什么办法可以找到快乐,这未免是骑驴找驴呀!

十三

来书云:"《大学》以心有好乐、忿懥、忧患、恐惧为不得其正,而程子亦谓'圣人情顺万事而无情'①。所谓有者,《传习录》中以病疟譬之,极精切矣。若程子之言,则是圣人之情不生于心而生于物也,何谓耶?且事感而情应,则是是非非可以就格。事或未感时,谓之有则未形也,谓之无则病根在。有无之间,何以致吾知乎?学务无情,累虽轻,而出儒入佛矣,可乎?"

圣人致知之功，至诚无息。其良知之体，皦如明镜，略无纤翳，妍媸之来，随物见形，而明镜曾无留染，所谓"情顺万事而无情"也。"无所住而生其心"②，佛氏曾有是言，未为非也。明镜之应物，妍者妍，媸者媸，一照而皆真，即是"生其心"处。妍者妍，媸者媸，一过而不留，即是"无所住"处。病疟之喻，既已见其精切，则此节所问可以释然。病疟之人，疟虽未发，而病根自在，则亦安可以其疟之未发，而遂忘其服药调理之功乎？若必待疟发而服药调理，则既晚矣。致知之功，无间于有事无事，而岂论于病之已发未发邪？大抵原静所疑，前后虽若不一，然皆起于自私自利、将迎意必之为祟。此根一去，则前后所疑，自将冰消雾释，有不待于问辨者矣。

[注释]

①圣人情顺万事而无情：意为圣人的情感顺应事物而生发，当喜则喜，当怒则怒，不以自己的主观意志为转移。语出《河南程氏文集·答横渠张子厚先生书》。②无所住而生其心：意为不执著，让心境处于自然状态。语出《金刚经》："不应住色生心，不应住声、香、味、触、法生心，应无所住而生其心。"

[译文]

你来信说："《大学》以心有好乐、愤怒、忧患、恐惧为不得其正，而程颢又说'圣人情顺万事而无情'。所谓有情，《传习录》中用疟疾来比喻，十分精辟。至于程颢先生这句话的意思，则是圣人的情感不是产生于心而是产生于物，为什么这样说呢？如果感觉到事物而产生了相应的情感，其中的是非对错可以辨别革除；如果没有感受到事物，说有情吧，情并没有显现；说没有情吧，情却像病根一样潜伏着，说有却无，说无却有，这怎么能致我的良知呢？学习务必要做到无情，这样牵累虽然少了，却又滑入佛教的泥潭，这可以吗？"

圣人致知的功夫，就是至诚不息。圣人良知的本体，皎皎如明镜一样，没有一丝纤尘遮蔽。美丑随时在镜中现出它的原形，明镜却不受丝毫污染，这就是所谓的"情顺万事而无情"。"无所住而生其心"，佛家这样说并不错。明镜照物，美者自美，丑者自丑，一照就显出真相，这就是"生其心"。美者自美，丑者自丑，照过后镜子上什么也没留下，这就是"无所住"。你既然认为疟疾的比喻十分精辟，那么这里的问题自然迎刃而解。有疟疾的人，病尽管没有犯，病根却在，怎么能因病没有发作而忘了吃药调理呢？如果一定要等待病发再吃药治疗，那就晚了。致知的功夫，不分有事无事时都要做，哪管病是否发作呢？你的疑问，虽然前后不一，但都是由于自私自利、刻意追求引起的。这个病根一去，那么你前前后后的疑问，自然像冰化雾散一样，用不着再去问辨了。

十四

德洪曰：答原静书出，读者皆喜澄善问，师善答，皆得闻所未闻。师曰："原静所问只是知解上转，不得已与之逐节分疏。若信得良知，只在良知上用功，虽千经万典无不吻合，异端曲学一勘尽破矣，何必如此节节分解？佛家有'扑人逐块'之喻，见块扑人则得人矣，见块逐块于块奚得哉？"在坐诸友闻知，惕然皆有惺悟。此学贵反求，非知解可入也。

[译文]

德洪说：答陆原静的信公开后，读者们都很高兴，认为陆澄善于提问，先生善于解答，内容都是过去没有听到过的东西。先生说："原静所问的仅仅是在认知上纠缠，没办法只得分段解释。如果真的相信良知，只在良知上下功夫，即使千经万典没有不符合的，异端邪学一触即溃，何必要这样分段解释呢？佛学中有狗不咬人而追逐石块的比喻，看到石块去扑人，才能咬住人；见到石块追逐石块，在石块上能得到什么呢？"在座的同学们听了，都悚然有所省悟。先生的学问贵在反省内求，不是从认知上可以获得的。

答欧阳崇一

一

崇一①来书云:"师云:'德性之良知,非由于闻见,若曰多闻择其善者而从之,多见而识之,则是专求之见闻之末,而已落在第二义。'窃意良知虽不由见闻而有,然学者之知,未尝不由见闻而发。滞于见闻固非,而见闻亦良知之用也。今曰'落在第二义',恐为专以见闻为学者而言,若致其良知而求之见闻,似亦知行合一之功矣。如何?"

良知不由见闻而有,而见闻莫非良知之用。故良知不滞于见闻,而亦不离于见闻。孔子云:"吾有知乎哉?无知也。"②良知之外别无知矣。故致良知是学问大头脑,是圣人教人第一义。今云专求之见闻之末,则是失却头脑,而已落在第二义矣。近时同志中,盖已莫不知有致良知之说,然其功夫尚多鹘突者,正是欠此一问。

大抵学问功夫只要主意头脑是当。若主意头脑专以致良知为事,则凡多闻多见,莫非致良知之功。盖日用之间,见闻酬酢,虽千头万绪,莫非良知之发用流行;除却见闻酬酢,亦无良知可致矣,故只是一事。若曰致其良知而求之见闻,则语意之间未免为二。此与专求见闻之末者虽稍不同，其为未得精一之旨，则一而已。"多闻，择其善者而从之，多见而识之。"既云"择"，又云"识"，其良知亦未尝不行于其间，但其用意乃专在多闻多见上去择、识，则已失却头脑矣。崇一于此等处见得当已分晓，今日之问，正为发明此学，于同志中极有益。但语意未莹，则毫厘千里，亦不容不精察之也。

[注释]

①崇一：欧阳德（1495~1554年），字崇一，号南野，江西泰和人。王阳明弟子，进士，官至礼部尚书。②吾有知乎哉？无知也：语出《论语·子罕》："吾有知乎哉？无知也。有鄙夫问于我，空空如也，我叩其两端而竭焉。"

[译文]

欧阳崇一来信说："先生说：'德性之良知，非由于闻见，若曰多闻择其善者而从之，多见而识之，则是专求之见闻之末，而已落在第二义。'我认为良知虽然不是来自见闻，但是学者的知识，未尝不是从见闻中产生的。拘泥于见闻当然不对，但见闻也是良知的具体运用。现在先生说见闻应放在第二位，可能是针对专门把见闻当作学问的人来说的。如果为了致良知而在见闻上探求，似乎也是知行合一的功夫了。我这样说怎么样？"

良知不是来自见闻，但见闻都是良知的运用。所以，良知不局限于见闻，但也离不开见闻。孔子说："我有知识吗？没有。"良知之外没有别的其他知了。所以做学问最关键的是致良知，这是圣人教育人的最重要的东西。现在说专门探求见闻的细节，就是失去了最重要的东西，已经落到次要的位置。近一段时间，同志们都已经知道致良知的学说，但是他们的功夫中还有许多粗糙糊涂的地方，正是欠缺你这一疑问。

大致来说，做学问的功夫必须把握住最关键环节，如果把致良知看作是最关键的环节,那么见多识广则是致良知的功夫。日常生活中,见识应酬虽然头绪繁多,但都是良知的发挥应用。脱离了见识应酬,也就没有良知可致,所以这二者也只是一件事。如果说致良知要从见闻上探求,则言语之间不免把良知和见闻分成两件事,这与专门在见闻的细节上探求稍有不同,但他们不懂得精一的主旨却是相同的。"多闻,择其善者而从之,多见而识之。"既然说到"择",又说"识",可见良知已经在中间发挥作用,但是其用意还是在多闻多见上选择、认知,这就失去了最关键的环节。你对这些问题认识得已经十分清楚,今天这一问,正是为阐明致良知的学说,这对同志们有很大益处。只是意思表达得还不太明白,可能会出现差之毫厘、谬之千里的情况,所以不能不详细考察。

二

来书云:"师云:'《系》言"何思何虑",是言所思所虑只是天理,更无别思别虑耳,非谓无思无虑也。心之本体即是天理,有何可思虑得?学者用功,虽千思万虑,只是要复他本体,不是以私意去安排思索出来。若安排思索,便是自私用智矣。'①学者之蔽,大率非沉空守寂,则安排思索,德辛壬之岁著前一病,近又著后一病。但思索亦是良知发用,其与私意安排者何所取别?恐认贼作子,惑而不知也。"

"思曰睿,睿作圣。"②"心之官则思,思则得之。"③思其可少乎?沉空守寂与安排思索,正是自私用智,其为丧失良知,一也。良知是天理之昭明灵觉处,故良知即是天理,思是良知之发用。若是良知发用之思,则所思莫非天理矣。良知发用之思,自然明白简易,良知亦自能知得。若是私意安排之思,自是纷纭劳扰,良知亦自会分别得。盖思之是非邪正,良知无有不自知者。所以认贼作子,正为致知之学不明,不知在良知上体认之耳。

[注释]

①师云……自私用智矣：见王守仁《答周道通书》。②思曰睿，睿作圣：意为思维要深远通达，深远通达就达到了圣人的境界。语出《尚书·洪范》："貌曰恭，言曰从，视曰明，听曰聪，思曰睿。恭作肃，从作义，明作哲，聪作谋，睿作圣。"③心之官则思，思则得之：语出《孟子·告子上》："心之官则思，思则得之，不思则不得也。"意为心的功能是思考，思考就能体认天道和人性，不思考则难以认识天理。

[译文]

你来信中说："先生说：'《系辞》中说的"何思何虑"，是指所思所虑的只是天理，再没有别的思虑，并不是说完全没有思虑。心的本体即是天理，有什么可思虑的呢？学者用功，虽千思万虑，只是要恢复他的本体，不是以私意来安排、思索出天理来。若安排思索，便是自私用智矣。'学者的弊病，大多不是枯守空寂，就是去安排思考。我在辛巳到壬午年间犯前一个毛病，近来又犯后一个毛病。但是思考也是良知的发挥运用，这与凭私意去安排有什么不同呢？我害怕把贼当作儿子，还迷惑而不知道。"

"思曰睿，睿作圣。""心之官则思，思则得之。"怎么能缺少思考呢？枯守空寂和安排思考，正是为私欲用智，同样丧失了良知。良知是天理光明灵觉所在，所以良知就是天理，思考是良知的发挥运用。如果是良知发挥运用的思考，那么所思考的都是天理。良知发挥运用的思考，自然简单明白，良知自然可以认清。如果是私意安排的思考，自然思绪万千，纷纭芜杂，良知自然也能分辨。可以说思考的是非好坏，良知没有不知的。所以出现认贼作子的情况，正是由于不明白致良知的学问，不知道在良知上体察认知。

三

来书又云："师云：'为学终身只是一事，不论有事无事，只是这一件。若说宁不了事，不可不加培养，却是分为两事也.'窃意觉精力衰弱，不足以终事者，良知也。宁不了事，且加休养，致知也。如何却为两事？若事变之来，有事势不容不了，而精力虽衰，稍鼓舞亦能支持，则持志以帅气可矣①。然言动终无气力，毕事则困惫已甚，不几于暴其气已乎？此其轻重缓急，良知固未尝不知，然或迫于事势，安能顾精力？或困于精力，安能顾事势？如之何则可？"

"宁不了事，不可不加培养"之意，且与初学如此说亦不为无益。但作两事看了，便有病痛在。孟子言"必有事焉"，则君子之学终身只是"集义"一事。义者宜也，心得其宜之谓义。能致良知则心得其宜矣，故"集义"亦只是致良知。君子之酬酢万变，当行则行，当止则止，当生则生，当死则死，斟酌调停，无非是致其良知，以求自慊而已。故"君子素其位而行"，"思不出其位"②。凡谋其力之所不及而强其知之所不能者，皆不得为致良知。而凡"劳其筋骨，饿其体肤，空乏其身，行拂乱其所为，动心忍性以增益其所不能"③者，皆所以致其良知也。若云"宁不了事，不可不加培养"者，亦是先有功利之心，计较成败利钝而爱憎取舍于其间，是以将了事自作一事，而培养又别作一事，此便有是内非外之意，便是"自私用智"，便是"义外"，便有"不得于心，勿求于气"④之病，便不是致良知以求自慊之功矣。

所云"鼓舞支持，毕事则困惫已甚"，又云"迫于事势，困于精力"，皆是把作两事做了，所以有此。凡学问之功，一则诚，二则伪。凡此皆是致良知之意欠诚一真切之故。《大学》言："诚其意者，如恶恶臭，如好好色，此之谓自慊。"⑤曾见有恶恶臭、好好色而须鼓舞支持者乎？曾见毕事则困惫已甚者乎？曾有迫于事势困于精力者乎？此可以知其受病之所从来矣。

[注释]

①持志以帅气可矣：语出《孟子·公孙丑上》："夫志，气之帅也；气，体之充也。夫志，至焉；气，次焉。故曰：持其志，无暴其气。"②思不出其位：语出《论语·宪问》。③"劳其筋骨"五句：语出《孟子·告子下》："故天将降大任于斯人也，必先苦其心志，劳其筋骨，饿其体肤，空乏其身，行拂乱其所为，所以动心忍性也，曾益其所不能。"④"不得于心，勿求于气"：语出《孟子·公孙丑上》："不得于心，勿求于气，可；不得于言，勿求于心，不可。"意思是，心地不纯正，就不可能培养出正气，这是对的；言语不得当，就不用考查心地是否纯正，这不对。王阳明针对的是"求心""求气"，认为这是私自用智，违背了孟子"勿忘勿助"的训示。王阳明在《答聂文蔚（二）》第三节也讲到了这个意思（详见本书第250页）。⑤"《大学》言"数句：原文为："诚其意者，毋自欺也。如恶恶臭，如好好色。此之谓自慊。"慊（qiè），满足，满意。

[译文]

你来信又说："先生说：'为学终身只是一事，不论有事无事，只是这一件。若说宁不了事，不可不加培养，却是分为两事也。'我认为，感到精力衰竭，不能做完事的，是良知；宁可不处理事情，也要认真培养本原的，是致知，这怎么成两件事了呢？如果发生事变不能不处理，虽然精力衰微，只要稍微振作也能坚持下来，只要保持意志统帅气力就可以了。但是言语行动终究少气无力，做完事情就疲惫不堪，这不是等于滥用气力吗？这其中的轻重缓急，良知当然明白，但是有时迫于形势，怎么能顾及精力？有时精疲力竭，怎么能顾及形势呢？这该怎么办呢？"

"宁可不做事也不能不存养本原"，对初学者姑且这样说也不是没有好处。但把处理事情和存养本原当成两件事看就有弊端了。孟子说"必有事焉"，那么君子做学问就是终生"集义"这一件事。义就是宜，心做到了它应当做的就是义。能致良知，心就做到了它应当做的事，所以集义也就是致良知。君子待人接物应对种种事变，该做就做，该停就停，该生就生，该死就死，斟酌考虑都是致其良知，以求得自己心安理得罢了。所以"君子素其位而行"，"思不出其位"。凡是谋求自己力所不能及的事，勉强干自己才智不能胜任的事，都不能致良知。但凡是"劳其筋骨，饿其体肤，空乏其身，行拂乱其所为，动心忍性以增益其所不能"的，都是为了致其良知。如果说"宁可不处理事，也不能不存养本原"，这也是先有功利心，计较其中的成败利弊后做出爱恨取舍，所以把做事与培养本原看成两件事，这就有了重视本原忽视做事的心态，就是为私欲用智，把义看作外在的东西，便会出现"不得于心，勿求于气"的弊病，就不是致良知使自己心安理得的功夫了。

你所说的"振作支持，做完后疲惫不堪"，又说"迫于形势，被精力所困"，都是把做事、存养本原看成两件事，所以才会有这样的疑问。凡是做学问的功夫，精一就是真诚，三心二意就是虚伪，这些都是因为致良知的心还缺乏精诚真切。《大学》中说："诚其意者，如恶恶臭，如好好色，此之谓自慊。"哪曾见过讨厌恶臭、喜好美色需要振作支持的呢？曾见过做完这些事后疲惫不堪的吗？曾经有迫于形势、困于精力做这些事的吗？由此可以知道病根在什么地方了。

四

来书又有云："人情机诈百出，御之以不疑，往往为所欺，觉则自入于逆、臆①。夫逆诈，即诈也；臆不信，即非信也；为人欺，又非觉也。不逆不臆而常先觉，其惟良知莹彻乎？然而出入毫忽之间，背觉合诈者多矣。"

不逆不臆而先觉，此孔子因当时人专以逆诈、臆不信为心，而自陷于诈与不信；又有不逆、不臆者，然不知致良知之功，而往往又为人所欺诈，故有是言。非教人以是存心，而专欲先觉人之诈与不信也。以是存心，即是后世猜忌险薄者之事。而只此一念，已不可与入尧、舜之道矣。不逆、不臆而为人所欺者，尚亦不失为善，但不如能致其良知，而自然先觉者之尤为贤耳。崇一谓"其惟良知莹彻"者，盖已得其旨矣，然亦颖悟所及，恐未实际也。

盖良知之在人心，亘万古、塞宇宙而无不同。"不虑而知"②，"恒易以知险"③，"不学而能"④，"恒简以知阻"⑤，"先天而天不违。天且不违，而况于人乎？况于鬼神乎？"⑥夫谓"背觉合诈"者，是虽不逆人，而或未能无自欺也；虽不臆人，而或未能果自信也。是或常有求先觉之心，而未能常自觉也。常有求先觉之心，即已流于逆、臆，而足以自蔽其良知矣。此背觉合诈之所以未免也。

君子学以为己⑦，未尝虞人之欺己也，恒不自欺其良知而已；未尝虑人之不信己也，恒自信其良知而已；未尝求先觉人之诈与不信也，恒务自觉其良知而已。是故不欺则良知无所伪而诚，"诚则明"矣；自信则良知无所惑而明，"明则诚"矣。明、诚相生，是故良知常觉、常照。常觉、常照则如明镜之悬，而物之来者自不能遁其妍媸矣。何者？不欺而诚，则无所容其欺，苟有欺焉而觉矣；自信而明，则无所容其不信，苟不信焉而觉矣。是谓"易以知险，简以知阻"，子思所谓"至诚如神，可以前知"⑧者也。然子思谓"如神"，谓"可以前知"，犹二而言之，是盖推言思诚者之功效，是犹为不能先觉者说也。若就至诚而言，则至诚之妙用即谓之"神"，不必言"如神"；至诚则无知而无不知，不必言"可以前知"矣。

[注释]

①逆、臆：语出《论语·宪问》："子曰：'不逆诈，不臆不信，抑亦先

觉者,是贤乎!'"逆诈,预先怀疑别人欺诈。臆不信,猜想别人不诚信。②不虑而知:语出《孟子·尽心上》:"人之所不学而能者,其良能也;所不虑而知者,其良知也。"③恒易以知险:语出《周易·系辞下》:"夫乾……德行恒易以知险。夫坤……德行恒简以知阻。"知,一般解释为设置、创设,阳明认为是知道的意思。④不学而能:见注释②。⑤恒简以知阻:见注释③。⑥"先天而天不违"四句:语出《周易·乾卦·文言》:"夫大人者……先天而天弗违,后天而奉天时。天且弗违,而况于人乎?况于鬼神乎?"意为掌握了天道的人,在天象出现之前行事,天不会违背他;在天象出现之后行事,则能够遵奉天时。天尚且不违背他,何况人和鬼神呢?⑦君子学以为己:语出《论语·宪问》:"古之学者为己,今之学者为人。"为己,意为是为了提高自己的修养;为人,意为想获得别人的好感。⑧至诚如神,可以前知:语出《中庸》:"至诚之道,可以前知……祸福将至:善,必先知之;不善,必先知之。故至诚如神。"

[译文]

你信中又说:"人情诡诈多变,如果用诚信抵御它,常常会被欺骗,想发现他人诡诈,自己就会事先怀疑别人是否诚信。逆诈就是欺诈,臆不信就是不诚信,被人欺骗又不觉悟。不事先怀疑别人的欺诈和不诚实,却又能及时发现,只有良知晶莹透彻的人才能做到吧?然而欺诈与诚信看起来差别非常细微,因此不能觉悟和欺诈不实的人都很多。"

不事先怀疑别人的欺诈和不诚信,而又能先知先觉,这是孔子有针对性的话。当时许多人一心欺诈别人,做不诚信的事,深陷欺诈和不诚信的泥潭;有些人不欺诈、不随意猜测别人,但他们不知道致良知的功夫,常常被人欺骗。孔子的话不是教人存心去事先察觉他人的欺诈和虚伪。存心去体察别人的欺诈与虚伪,是后世猜忌、阴险、刻薄的人做的事。只要存有这一种念头,就已经进入不了尧舜圣道的大门了。不猜测别人欺诈、不臆想别人不诚信而被人欺骗,这样的人并没有丧失善良的本性,但不如能致其良知而自然能事先察觉奸伪的人更为贤明。你说只有良知晶莹透彻的人才能如此，基本上已把握了孔子的宗旨。不过，这也只是你的聪明所领悟到的，在实际生活中恐怕还没有体会到。

良知自在人心，横亘万古，充塞宇宙，都是相同的，所以古人说"不虑而知"，"恒易以知险"，"不学而能"，"恒简以知阻"，"先天而天不违，天且不违，而况于人乎？况于鬼神乎？"那些不能觉悟、欺诈不实的人，虽然不猜度别人欺诈，但他们也许不能不自欺；虽然不臆想别人是否诚信，但他们也许不能真有自信。这使他常常有寻求先觉的心，但却不能常常自我觉悟。常有探求先觉的心，就沦落于事先猜测别人欺诈和不诚信之中，而这足以遮蔽他们的良知。这就是为什么他们免不了不能觉悟和欺诈不实的缘故。

君子学习是为了提高自己的修养，从不忧虑别人欺骗自己，只是永远不欺骗自己的良知罢了；不担忧别人对自己不诚信，只是永远相信自己的良知；不去寻求预先察觉别人的欺诈和不诚信，只是永远努力体察自己的良知。所以，君子不欺骗自己，良知就虔诚而不虚伪，虔诚则良知晶莹透彻；君子自信，良知不受迷惑而晶莹透彻，这样也就虔诚了。晶莹透彻和诚信互相促进，所以良知能不断觉悟、不断明澈。常觉、常照的良知像高高悬挂的明镜，万事万物在它面前都不能隐藏其美丑。为什么这样说呢？良知不欺诈而真诚，也就不能容忍欺骗，遇到欺骗就能觉察；良知自信明澈，也就不能容忍不诚信，遇到不诚信就能察觉。这就是所谓的"易以知险"，"简以知阻"和子思所说的"至诚如神，可以前知"。不过子思说的"如神"、"可以前知"，还是分成两件事来说。因为他是从思诚的功效上说的，也还是给那些不能预先觉悟的人说的。如果针对至诚来说，那么至诚的奇妙运用就叫"神"，而不必说"如神"。如能至诚则能无知而又无所不知，不必说"可以前知"了。

答罗整庵少宰书[1]

一

某顿首启：昨承教及《大学》，发舟匆匆，未能奉答。晓来江行稍暇，复取手教而读之。恐至赣后人事复纷沓，先具其略以请。

来教云："见道固难，而体道尤难。道诚未易明，而学诚不可不讲。恐未可安于所见而遂以为极则也。"

幸甚幸甚！何以得闻斯言乎？其敢自以为极则而安之乎？正思就天下之道以讲明之耳。而数年以来，闻其说而非笑之者有矣，诟訾之者有矣，置之不足较量辨议之者有矣，其肯遂以教我乎？其肯遂以教我而反复晓喻，恻然惟恐不及救正之乎？然则天下之爱我者，固莫有如执事之心深且至矣，感激当何如哉！夫"德之不修，学之不讲"[2]，孔子以为忧，而世之学者稍能传习训诂，即皆自以为知学，不复有所谓讲学之求，可悲矣！夫道必体而后见，非已见道而后加体道之功也；道必学而后明，非外讲学而复有所谓明道之事也。然世之讲学者有二，有讲之以身心者，有讲之以口耳者。讲之以口耳，揣摸测度，求之影响者也；讲之以身心，行著习察，实有诸己者也。知此，则知孔门之学矣。

[注释]

①罗整庵：罗钦顺（1465~1547年），字允升，号整庵，江西泰和人。进士，官至吏部尚书，明代著名理学家，对陆王、程朱均有所批评。少宰，次长，明清时侍郎一职的别称。正德十五年（1520年）夏，罗整庵请假住老家泰和，听说时任江西巡抚的王阳明将至赣州，就写了《与王阳明书》，在阳明经过泰和时交给他。此信即是阳明对该信的答复。②德之不修，学之不讲：意为不修养品德，不讲求学问。语出《论语·述而》："子曰：'德之不修，学之不讲，闻义不能徙，不善不能改，是吾忧也。'"

[译文]

阳明顿首谨启：昨天承蒙教诲《大学》，匆匆上船，未能回答。今天清晨，趁着坐船有些空闲，我又把您的信拜读了一遍。到江西后恐怕杂事丛生，先在这里简略回复，请您指教。

您信中说："认识道当然很难，而要切身体会道就更难。道的确不易明白，但是学问也确实不能不讲，恐怕不能满足于自己的见识而把它当作最高标准吧。"

荣幸之至！我从哪里能听到这样的教诲呢？我怎么敢心安理得地认为自己的见识达到了最高标准呢？我正想着如何求教天下有识之士以便阐明大道。数年来，听到我的学说，有人嘲笑，有人谩骂，有人不屑一顾认为不值得一辩，他们肯开导教诲我吗？他们肯教育我而反复开导、心存仁慈唯恐不能纠正拯救我的缺漏吗？由此可见，天下关心爱护我的人中，没有谁像您这样对我悉心关怀，我该怎样感激您呢？孔子曾忧虑"德之不修，学之不讲"，后世的学者稍稍能读经训诂，就认为自己融会贯通了学问，而不再对学问讲究探求，真可悲啊！圣道必须体察后才能明白，而不是认识了圣道之后再下体察的功夫；圣道必须学习后才能明白，而不是在讲求学问之外还有其他明道的事。然而世间讲学的人有两种，一是用身心来讲学，一是用口耳来讲学。用口耳讲学的人，推测揣摸，讲的是捕风捉影的事；用身心讲学的人，对现象和本质的把握，确实都是来自自己的良知。明白这一点,就能通晓圣学了。

二

来教谓某"《大学》古本之复,以人之为学但当求之于内,而程、朱格物之说不免求之于外,遂去朱子之分章,而削其所补之传"。

非敢然也。学岂有内外乎?《大学》古本乃孔门相传旧本耳,朱子疑其有所脱误而改正补缉之,在某则谓其本无脱误,悉从其旧而已矣。失在于过信孔子则有之,非故去朱子之分章而削其传也。夫学贵得之心,求之于心而非也,虽其言之出于孔子,不敢以为是也,而况其未及孔子者乎?求之于心而是也,虽其言之出于庸常,不敢以为非也,而况其出于孔子者乎?且旧本之传数千载矣,今读其文词,即明白而可通,论其功夫,又易简而可入。亦何所按据而断其此段之必在于彼,彼段之必在于此,与此之如何而缺,彼之如何而误,而遂改正补缉之?无乃重于背朱而轻于叛孔已乎?

[译文]

您信中说我"之所以恢复《大学》旧本,是认为做学问只应当在心中探求,而程朱的格物学说却是免不了要在心外探求,于是,否定了朱熹所分的章节,又删掉了他增补的传"。

我可不敢这样。学问难道有内外之分吗?《大学》旧本是孔子传下来的,朱熹认为其中有错误和遗失,于是加以纠正补充,我却认为旧本中没有错误、遗失,所以完全遵从旧本。我可能有过分相信孔子的过失,但不是要故意否定朱熹所分的章节,删掉他补充的传。做学问最重要的是要用心来体量,如果心里认为不对,即使孔子的话也不敢认为正确,何况那些不如孔子的人呢?如果心里认为正确,即使是普通人的话也不敢认为不对,何况是孔子的话呢?而且《大学》旧本流传了几千年，现在阅读，书中文句通顺易懂；书中讲的功夫也简单方便，容易入手。有什么根据断定这一段一定在那里，那一段一定在这里，这里缺了什么，那里有什么错误，于是加以纠正增补辑录？这难道不是对违背朱熹很在意，而对违背孔子却无所谓吗？

三

来教谓："如必以学不资于外求，但当反观内省以为务，则'正心''诚意'四字亦何不尽之有？何必于入门之际，便困以'格物'一段功夫也？"

诚然诚然！若语其要，则"修身"二字亦足矣，何必又言"正心"？"正心"二字亦足矣，何必又言"诚意"？"诚意"二字亦足矣，何必又言"致知"，又言"格物"？惟其功夫之详密，而要之只是一事。此所以为"精一"之学，此正不可不思者也。夫理无内外，性无内外，故学无内外。讲习讨论，未尝非内也；反观内省，未尝遗外也。夫谓学必资于外求，是以己性为有外也，是"义外"也，"用智"者也；谓反观内省为求之于内，是以己性为有内也，是"有我"也，"自私"者也，是皆不知性之无内外也。故曰"精义入神，以致用也，利用安身，以崇德也"[①]；"性之德也，合内外之道也"[②]。此可以知"格物"之学矣。

"格物"者，《大学》之实下手处，彻首彻尾，自始学至圣人，只此功夫而已，非但入门之际有此一段也。夫"正心"、"诚意"、"致知"、"格物"，皆所以"修身"，而"格物"者，其所用力日可见之地。故"格物"者，格其心之物也，格其意之物也，格其知之物也；"正心"者，正其物之心也；"诚意"者，诚其物之意也；"致知"者，致其物之知也。此岂有内外彼此之分哉？理一而已。以其理之凝聚而言则谓之性，以其凝聚之主宰而言则谓之心，以其主宰之发动而言则谓之意，以其发动之明觉而言则谓之知，以其明觉之感应而言则谓之物。故就物而言谓之格，就知而言谓之致，就意而言谓之诚，就心而言谓之正。正者，正此也；诚者，诚此也；致者，致此也；格者，格此也。皆所谓穷理以尽性也。天下无性外之理，无性外之物。学之不明，皆由世之儒者认理为外，认物为外，而不知"义外"之说孟子盖尝辟之，乃至袭陷其内而不觉，岂非亦有似是而难明者欤？不可以不察也。

凡执事所以致疑于"格物"之说者，必谓其是内而非外也；必谓其专事于反观内省之为，而遗弃其讲习讨论之功也；必谓其一意于纲领本原之约，而脱略于支条节目之详也；必谓其沉溺于枯槁虚寂之偏，而不尽于物理人事之变也。审如是，岂但获罪于圣门，获罪于朱子？是邪说诬民，叛道乱正，人得而诛之也，而况于执事之正直哉？审如是，世之稍明训诂、闻先哲之绪论者，皆知其非也，而况执事之高明哉？凡事之所谓"格物"，其于朱子九条③之说，皆包罗统括于其中。但为之有要，作用不同，正所谓毫厘之差耳。然毫厘之差而千里之谬，实起于此，不可不辨。

[注释]

①"精义入神"四句：语出《周易·系辞下》："精义入神，以致用也。利用安身，以崇德也。"意为精研义理达到神妙的境界，便可以运用；运用所学而安身，可以提高品德修养。②性之德也，合内外之道也：意为这是天赋的德性，内则成己，外则成物，是综合内外的规律。语出《中庸》："诚者非自成己而已也，所以成物也。成己，仁也；成物，知也。性之德也，合外内之道也，故时措之宜也。"③朱子九条：朱熹在《大学或问》中提出的关于格物致知功夫的九条方法。

[译文]

你信中说:"如果认为做学问不必到心外探求,只要专心反省内求就行了,那么,'正心诚意'这四个字还有什么没说尽的?又何必在初学时用'格物'的功夫困惑人呢?"

很对,很对!如果要说最关键的,那么,"修身"两字也就够了,何必又说"正心"呢?"正心"两字就够了,何必又说"诚意"呢?"诚意"两字就够了,何必又说"致知",又说"格物"呢?之所以这样,只是由于做学问的功夫详细周密,而概括起来只是一件事。这就是所以称之为"精一"的学问,这一点不能不认真思考。天理没有内外区分,人性没有内外区分,所以学问也没有内外区别。讲习讨论未尝不是内,反省内求未尝就遗弃了外。如果认为学问一定离不开外求,这就是认为人性有外在的部分,这就是"义外"、"用智";认为反观内省只是在心中探求,这就是认为人性还有内在的部分,这就是"有我"、"自私"。这两种观点都是不懂得人性没有内外之分。所以说:"精义入神,以致用也,利用安身,以崇德也";"性之德也,合内外之道也。"由此便可以明白"格物"的学问了。

"格物"是《大学》确切的入门地方,从头到尾,从开始学习到成为圣人,也只是这个功夫,而不仅仅是入门时的功夫。"正心"、"诚意"、"致知"、"格物",都是为了"修身"。"格物"是人们每天能下的功夫中可以看得见的方面。所以,"格物"就是纠正心中的物欲;纠正意念中的物欲,纠正认识中的物欲;"正心"就是端正物欲之心,"诚意"就是使物欲之心虔诚;"致知"就是致其物欲的良知。这难道是有内外和彼此的分别吗?天理只有一个,从天理的凝聚来说就是性,从天理凝聚的主宰来说就是心,从天理主宰的发挥来说就是意,从天理发挥光明觉悟来说就是知,从天理的光明觉悟的感应来说就是物。所以从物来说就是格,从知来说就是致,从意来说就是诚,从心来说就是正。正就是正心,诚就是诚意，致就是致知，格就是格物，都是为了穷尽天理充分发挥本性。天下没有人性之外的天理，没有人性之外的事物。圣学不昌明，都是由于世上的儒生认为理在心外，物在心外，却不知道"义外"的学说孟子曾经批判过，以至于沿袭错误而不觉悟，这难道不是也有点貌似正确、难以明白吗？不能不体察呀。

你怀疑我的格物学说，一定是认为我肯定内求而否定外求；认为我专门致力于反省内悟而放弃外在的讲习讨论的功夫，认为我只重视简洁的纲领本原，而忽略详细的条目；认为我沉浸在枯槁虚寂的偏执中，而不能穷尽人情事理的变化。如果真是这样，难道我仅仅是圣门的罪人，仅仅是得罪朱熹先生吗？这简直是用邪说欺骗百姓，背离纲常扰乱正道，人人都可以杀了我，何况像你这样正直的人呢？如果真是这样，世上稍微懂训诂的人，知道一些圣贤言论的人，都知道我是错误的，何况像你这样高明的人？我所说的格物涵盖了朱熹的九条，但我的格物学说自有关键之处，作用和朱熹先生的不同，这就是所说的毫厘之差。但是差之毫厘，谬以千里就产生在这里，不能不明辨呀。

四

孟子辟杨、墨至于"无父无君"。二子亦当时之贤者，使与孟子并世而生，未必不以之为贤。墨子"兼爱"，行仁而过耳；杨子"为我"，行义而过耳。此其为说，亦岂灭理乱常之甚而足以眩天下哉？而其流之弊，孟子则比于禽兽、夷狄，所谓以学术杀天下后世也。

今世学术之弊，其谓之学仁而过者乎？谓之学义而过者乎？抑谓之学不仁、不义而过者乎？吾不知其于洪水、猛兽何如也！孟子云："予岂好辩哉？予不得已也。"[①]杨、墨之道塞天下，孟子之时天下尊信杨、墨，当不下于今日之崇尚朱说。而孟子独以一人呶呶于其间。噫，可哀矣！韩氏云："佛、老之害，甚于杨、墨。"②韩愈之贤不及孟子，孟子不能救之于未坏之先，而韩愈乃欲全之于已坏之后，其亦不量其力，且见其身之危莫之救以死也。呜呼！若某者，其尤不量其力，果见其身之危莫之救以死也矣！夫众方嘻嘻之中，而独出涕嗟若；举世恬然以趋，而独疾首蹙额以为忧。此其非病狂丧心，殆必诚有大苦者隐于其中，而非天下之至仁，其孰能察之？

某为《朱子晚年定论》，盖亦不得已而然，中间年岁早晚，诚有所未考，虽不必尽出于晚年，固多出于晚年者矣。然大意在委曲调停，以明此学为重。平生于朱子之说，如神明蓍龟，一旦与之背驰，心诚有所未忍，故不得已而为此。"知我者，谓我心忧；不知我者，谓我何求？"③盖不忍牴牾朱子者，其本心也；不得已而与牴牾者，道固如是，"不直则道不见"④也。执事所谓"决与朱子异"者，仆敢自欺其心哉？夫道，天下之公道也；学，天下之公学也；非朱子可得而私也，非孔子可得而私也。天下之公也，公言之而已矣。故言之而是，虽异于己，乃益于己也；言之而非，虽同于己，适损于己也。益于己者，己必喜之；损于己者，己必恶之。然则某今日之论，虽或于朱子异，未必非其所喜也。"君子之过，如日月之食，其更也，人皆仰之。"⑤而"小人之过也必文"⑥。某虽不肖，固不敢以小人之心事朱子也。

[注释]

①"予岂好辩"二句：语出《孟子·滕文公下》。②"佛、老之害"句：语出《韩昌黎全集》卷十八《与孟简尚书书》。③"知我者"二句：语出《诗经·王风·黍离》。意为了解我的人明白我是在担忧，不了解我的人还以为我有什么个人目的。④不直则道不见：语出《孟子·滕文公上》。意为不说直话，真理就不能显现。⑤"君子之过"句：语出《论语·子张》："君子之过，如日月之食焉。过也，人皆见之；更也，人皆仰之。"⑥小人之过也必文：语出《论语·子张》，意为小人犯了错误一定会加以掩饰。

[译文]

　　孟子批评杨朱、墨子是无父无君。其实这两人也是当时的贤人，如果与孟子同处一个时代，孟子可能也认为他们是贤人。墨子提倡"兼爱"，这是行仁太过了；杨朱主张"为我"，是行义太过了。他们的学说，难道泯灭天理扰乱纲常到能够迷惑天下所有人吗？但他们学说产生的弊端，孟子将其比作夷狄、禽兽，认为这就是在用学术杀害天下后世的人。

　　当今学术的弊端，是学仁过分了吗？是学义过分了吗？还是学不仁不义太过分了？我不知它们同洪水猛兽有什么不同！孟子说："我难道是好辩论吗？我是不得已呀。"杨朱、墨子的学说流行天下，在孟子所处的时代，天下的人尊重信仰杨朱、墨子的学说，并不亚于现在人们推崇朱熹的学说，而孟子独自一人与众人争辩。唉，可悲呀！韩愈说："佛道学说的危害比杨朱、墨子更严重。"韩愈的贤明远不如孟子，孟子不能在世道人心败坏之前拯救它，韩愈却想恢复世道人心于败坏之后，他这也是不自量力，而且我们都知道，他身陷危境也没有人救他。唉！至于我更是不自量力，发现自己面临危险，却没有人能救我于死地！大家正在高兴地嘻笑，我却独自泪流满面；天下的人都心安理得地趋炎附势，我却独自皱眉痛心十分忧虑。这如果不是我丧心病狂，就一定是心中有极大的痛苦，如果不是世上最仁爱的人，谁又能体察我心中的愁苦呢？

　　我写《朱子晚年定论》一书，也是万不得已。其中年代的先后，的确不能全部加以考证，虽然不全是朱子晚年的文章，但大部分是他晚年所写。我的主要目的是调和朱子和陆九渊的争论，重在昌明圣学。我一生始终把朱子的学说奉作神明，一旦要和它相背离，确实很不忍心，所以说是不得已才这样做。"知我者，谓我心忧，不知我者，谓我何求？"我本心不愿与朱子的学说相抵触，而不得不这样做，是因为圣道本来就是这样。"不说直话，圣道就不显现"啊。您说我是一定要与朱子的学说相对立,我怎么敢自己欺骗自己呢?圣道是天下共同的道,圣学是天下共同的学,不是朱子自己私有的,也不是孔子自己私有的。对天下公有的东西,应该秉公而论,所以,说得对,即使和自己的见解不同,也是对自己有益;说得不对,即使和自己的见解相同,也会危害自己。有益于自己的,自己一定喜欢;危害自己的,自己一定厌恶。那么我现在的观点,虽然有的同朱子不一样,但未必不是朱子所喜欢的。"君子的过错就像日食和月食一样,他改正了过错,人们都敬仰他。"但是"小人对自己的过失一定要文饰"。我虽然不贤,怎么敢用小人的心态来对待朱子呢?

五

执事所以教,反复数百言,皆以未悉鄙人"格物"之说。若鄙说一明,则此数百言皆可以不待辨说而释然无滞。故今不敢缕缕,以滋琐屑之渎。然鄙说非面陈口析,断亦未能了了于纸笔间也。嗟乎!执事所以开导启迪于我者,可谓恳到详切矣,人之爱我,宁有如执事者乎!仆虽甚愚下,宁不知所感刻佩服?然而不敢遽舍其中之诚然而姑以听受云者,正不敢有负于深爱,亦思有以报之耳。秋尽东还,必求一面,以卒所请,千万终教。

[译文]

你的教诲有数百言,都是因为没有完全明白我的格物学说。如果明白了我的学说,那么这数百言不用辩论也会毫无疑问。所以我现在不敢再详细陈述,以免琐碎。但是,我的学说不是写信可以说清楚的,非得当面分析陈述才行。唉!你对我的开导启示可以说是周详恳切了,爱护我的人,哪有像你这样的呢?我虽然愚蠢,难道不知感激敬佩你吗?但是,我不敢放弃心中的真诚而轻易接受你的看法,正是不敢辜负你的厚爱,并想对你有所回报啊!等秋天过后我回来时,一定前去拜访你,当面向你请教,到时希望你不吝赐教。

答聂文蔚①（一）

一

春间远劳迂途枉顾，问证惓惓。此情何可当也？已期二三同志，更处静地，扳留旬日，少效其鄙见，以求切劘之益，而公期俗绊，势有不能。别去极怏怏，如有所失。忽承笺惠，反复千余言，读之无任浣慰。中间推许太过，盖亦奖掖之盛心，而规砺真切，思欲纳之于贤圣之域，又托诸崇一以致其勤勤恳恳之怀。此非深交笃爱，何以及是？知感知愧，且惧其无以堪之也。虽然，仆亦何敢不自鞭勉，而徒以感愧辞让为乎哉？其谓"思、孟、周、程，无意相遭于千载之下，与其尽信于天下，不若真信于一人。道固自在，学亦自在，天下信之不为多，一人信之不为少"者，斯固君子"不见是而无闷"②之心。岂世之谍谍屑屑者知足以及之乎？乃仆之情，则有大不得已者存乎其间，而非以计人之信与不信也。

[注释]

①聂文蔚：聂豹，字文蔚，号双江，江西永丰人，王阳明弟子。进士，官至兵部尚书。聂豹于嘉靖五年（1526年）春因公赴闽，途经杭州，时王阳明在绍兴讲学，豹不顾别人劝阻，前往就教。②不见是而无闷：意为不被肯定

也不烦闷。语出《周易·乾卦·文言》:"遁世无闷,不见是而无闷。"

[译文]

有劳你春天绕道惠顾,不知疲倦地询问论证,这种感情我怎么敢承受呢?原来已约好几个志同道合的朋友找一个安静地方,待个十来天,一起讨论我的观点,以便在共同切磋中有所收获。但是你公务繁忙,不得不离开,我心中十分怅然,若有所失。突然收到你的信,洋洋千言,我读后心中十分欣慰。信中对我赞誉过多,这也是对我的一片鼓舞提携的深情。其中的真切规劝砥砺,令人感动,是希望我能跨入圣贤的行列。你又托崇一转达深切关怀之情,如果不是厚爱深交的人,怎么会这样呢?我又感动又惭愧,担心辜负了你的深情厚爱。尽管如此,我怎敢不自我鞭策,仅仅感激、惭愧、辞让呢?你说"子思、孟子、周敦颐、程颢、程颐并不期望千年以后仍被人理解,与其让天下人都相信,还不如被一个人真正相信。圣道自然存在,圣学也自然存在,天下的人都相信不算多,只有一人相信也不算少"。这就是君子"不见是而无闷"的心态。这难道是世上浅薄琐碎的人能知道的吗?对我来说,其中有很多万不得已的苦衷,并不是要计较别人是否相信。

二

夫人者,天地之心,天地万物本吾一体者也。生民之困苦荼毒,孰非疾痛之切于吾身者乎?不知吾身之疾痛,无是非之心者也。是非之心,不虑而知,不学而能,所谓良知也。良知之在人心,无间于圣愚,天下古今之所同也。世之君子,惟务致其良知,则自能公是非,同好恶,视人犹己,视国犹家,而以天地万物为一体,求天下无治不可得矣。古之人所以能见善不啻若己出,见恶不啻若己入,视民之饥溺犹己之饥溺①,而一夫不获若己推而纳诸沟中者②,非故为是而以蕲天下之信己也,务致其良知求自慊而已矣。尧、舜、三王之圣，言而民莫不信者，致其良知而言之也；行而民莫不悦者，致其良知而行之也。是以其民熙熙皞皞，杀之不怨，利之不庸。③施及蛮貊④，而凡有血气者莫不尊亲，为其良知之同也。呜呼！圣人之治天下，何其简且易哉！

[注释]

①"视民之饥"句：语出《孟子·离娄下》："禹思天下有溺者，由己溺之也。稷思天下有饥者，由己饥之也。" ②"一夫不获"句：指伊尹认为如果有一个人生活没有着落，就好像是自己把他推到了沟中去似的。③"杀之不怨"二句：语出《孟子·尽心上》："王者之民，皞（hào）皞如也。杀之而不怨，利之而不庸，民日迁善而不知为之者。"意为圣王的百姓心情舒畅，被杀了也不怨恨，得到好处也不认为应该酬谢，天天向好的方面发展也不知道谁使他如此。④貊（mò）：我国古代对东北方少数民族的称呼。

[译文]

人就是天地的心，天地万物与我同为一体。百姓的困苦和荼毒，哪一件不是自身的切肤之痛呢？不知道自身痛苦的人，是没有是非之心的人。人的是非之心，不用思考就能知道，不用学习就能具有，这就是良知。良知自在人心，不论圣人还是傻瓜，从古至今都是相同的。世上的君子，只要专心致其良知，自然能具备共同的是非好恶，待人如待己，爱国如爱家，把天地万物和自己看成一个整体。这样，天下不可能不大治。古人看见别人行善，就像自己做了好事；看到别人作恶，就像自己做了坏事；看到百姓饥饿痛苦，就像是自己使之饥饿痛苦一样；有一个人没有过上好的生活，好像是自己把他推到沟中似的。他们并不是故意这样做以取信于天下，而是专门致其良知求得自己的满足与快乐。尧、舜、禹、汤、周文王、周武王说的话百姓没有不相信的，这是因为他们的话是致自己的良知之后才说的；他们的行为老百姓没有不喜欢的，也是由于他们的行为是致自己的良知之后才做的。所以他们的老百姓和平安乐，被处死不怨恨，给好处也不酬谢。把这些推广到未开化的蛮荒之地，凡是有血气的人没有不孝敬父母的，因为人们的良知是相同的。唉！圣人治理天下多么简单容易呀！

三

后世良知之学不明，天下之人用其私智以相比轧，是以人各有心，而偏琐僻陋之见，狡伪阴邪之术，至于不可胜说。外假仁义之名，而内以行其自私自利之实；诡辞以阿俗，矫行以干誉；掩人之善而袭以为己长；讦人之私而窃以为己直；忿以相胜而犹谓之徇义；险以相倾而犹谓之疾恶；妒贤忌能而犹自以为公是非；恣情纵欲而犹自以为同好恶。相陵相贼，自其一家骨肉之亲，已不能无尔我胜负之意、彼此藩篱之形，而况于天下之大，民物之众，又何能一体而视之？则无怪于纷纷籍籍而祸乱相寻于无穷矣。

[译文]

后世良知的学说不再昌明，天下的人各用自己的私心才智互相倾轧。所以，人人各有自己的私心，那些偏激浅陋的见解，狡诈阴险的手段，数不胜数。他们都打着仁义的旗号，干着自私自利的勾当；用诡辩来迎合世俗，用虚伪来博得名誉；遮蔽别人的美德并将其据为自己的长处；攻击别人的隐私来显示自己的正直；为私怨而相互争斗却认为是追求正义；阴险地互相倾轧还认为是疾恶如仇；嫉贤妒能却认为自己能主持公道；放纵情欲却认为爱憎分明。互相欺凌互相侵害，即使是自家的亲骨肉，彼此间也有很深的隔阂，也要分出胜负，更何况天下广大，百姓事物众多，又怎么能把他们看成与自己是一体呢？这就难怪天下动荡，祸乱不止了。

四

仆诚赖天之灵，偶有见于良知之学，以为必由此而后天下可得而治。是以每念斯民之陷溺，则为之戚然痛心，忘其身之不肖，而思以此救之，亦不自知其量者。天下之人见其若是，遂相与非笑而诋斥之，以为是病狂丧心之人耳。呜呼，是奚足恤哉！吾方疾痛之切体，而暇计人之非笑乎？人固有见其父子兄弟之坠溺于深渊者，呼号匍匐，裸跣颠顿，扳悬崖壁而下拯之。士之见者，方相与揖让谈笑于其旁，以为是弃其礼貌衣冠而呼号颠顿若此，是病狂丧心者也。故夫揖让谈笑于溺人之旁而不知救，此惟行路之人，无亲戚骨肉之情者能之，然已谓之"无恻隐之心，非人矣"①。若夫在父子兄弟之爱者，则固未有不痛心疾首，狂奔尽气，匍匐而拯之。彼将陷溺于祸有不顾，而况于病狂丧心之讥乎？而又况于蕲人信与不信乎？呜呼！今之人虽谓仆为病狂丧心之人，亦无不可矣。天下之人心，皆吾之心也。天下之人犹有病狂者矣，吾安得而非病狂乎？犹有丧心者矣，吾安得而非丧心乎？

[注释]

①无恻隐之心，非人矣：语出《孟子·公孙丑上》。

[译文]

我靠着上天眷佑，偶然地对良知学说有些见解，认为只有致良知天下才能大治。所以，我一想到百姓的苦难就伤心痛苦，忘了自己才智浅薄，不自量力，想用良知来拯救天下的苦难。世上的人看到我这样做，纷纷嘲笑诋毁我，认为我是丧心病狂的人。唉！这有什么值得顾忌的呢！我正有切肤之痛，哪有空闲去计较别人的嘲笑呢？如果有人看到他的父子兄弟掉进深渊，一定会大喊着爬过去，鞋帽掉了也全然不顾，扒着悬崖峭壁下去拯救。而那些看到这种情况的士人，却在一旁打恭作揖，谈笑风生，认为这个人丢弃衣帽、不顾礼节，大喊大叫，一定是个精神失常的人。所以，打恭作揖、谈笑风生，一旁有人落水而不去救，这只有那些没有亲戚骨肉之情的路人才会这样做。然而，孟子已经说过"没有同情心就不是人"。如果是有父子兄弟之爱的人，就会无不痛心疾首，尽力狂奔，以至于连滚带爬过去解救。他们不顾溺水的危险，还怕被讥笑为丧心病狂吗？又怎么会在意别人的信与不信呢？唉！现在的人即使认为我精神不正常，我也不在乎。天下人的心，都是我的心，天下人中还有疯狂的，我又怎能不疯狂呢？天下人中还有丧心的，我又怎么能不丧心呢？

五

昔者孔子之在当时，有议其为谄者①，有讥其为佞者②，有毁其未贤，诋其为不知礼，而侮之以为"东家丘"者，③有嫉且沮之者④，有恶而欲杀之者⑤。晨门、荷蒉之徒，皆当时之贤士，且曰："是知其不可而为之者欤？"⑥"鄙哉！硁硁乎！莫己知也，斯已而已矣。"⑦虽子路在升堂之列，尚不能无疑于其所见，不悦于其所欲往，而且以之为迂。⑧则当时之不信夫子者，岂特十之二三而已乎？然而夫子汲汲遑遑，若求亡子于道路，而不暇于暖席者，宁以蕲⑨人之知我、信我而已哉？盖其天地万物一体之仁，疾痛迫切，虽欲已之而自有所不容已。故其言曰："吾非斯人之徒与而谁与？"⑩"欲洁其身而乱大伦。"⑪"果哉，末之难矣！"⑫呜呼！此非诚以天地万物为一体者，孰能以知夫子之心乎？若其"遁世无闷"，"乐天知命"⑬者，则固"无入而不自得"⑭，"道并行而不相悖"⑮也。

[注释]

①谄者：语出《论语·八佾》："子曰：'事君尽礼，人以为谄也。'"②佞者：语出《论语·宪问》："微生亩谓孔子曰：'丘，何为是栖栖者欤？无乃为佞乎？'"③不知礼、东家丘：据《论语·八佾》载，孔子进入太庙，什么都问，有人就说孔子不知礼。东家丘：《孔子家语》云，孔子西邻有愚人，

不知道孔子是圣人,称他为东家丘。④有嫉且沮之者:《史记·孔子世家》云,孔子任鲁国大司寇和代理宰相时,齐国害怕鲁国因此强大起来:"孔子为政必霸,霸则吾地近焉,我之为先并矣。盍致地焉?"犁锄说:"请尝先沮之,沮之而不可则致地。"齐人就送女乐给鲁国国君和当权者季孙氏,使鲁国国政荒废,孔子不得已离开鲁国。沮,同阻。⑤有恶而欲杀之者:据《论语·述而》载,孔子周游列国,经过宋国时,宋国的司马桓魋(tuí)想杀他。⑥是知其不可而为之者欤:意为是那位知道自己做不到但还是一定要去做的人吗?语出《论语·宪问》:"子路宿于石门。晨门曰:'奚自?'子路曰:'自孔氏。'曰:'是知其不可而为之者欤?'"⑦"鄙哉"四句:意为硁硁地敲磬,真可鄙呀!既然没有人理解自己,就算了呗。语出《论语·宪问》:"子击磬于卫。有荷蒉而过孔氏之门者,曰:'有心哉!击磬乎!'既而曰:'鄙哉!硁硁乎!莫己知也,斯己而已矣。深则厉,浅则揭。'"蒉(kuì),用草绳或竹片编成的盛土筐子。硁(kēng),敲打石头的声音。⑧"子路"四句:孔子到卫国去见名声不好的卫灵公夫人南子,子路很不高兴。孔子到卫国之前,子路曾问孔子,如果卫君让他执政,他首先做什么,孔子说先正名,子路笑话他竟然迂到这种地步。⑨蕲(qí):求。⑩吾非斯人之徒与而谁与:意为我不跟天下的人在一起又跟谁在一起呢?《论语·微子》中孔子语。孔子曾让子路向隐者长沮、桀溺问路,二人劝子路不要跟孔子去妄图改变世道。子路回来告诉孔子,孔子失望地说:"鸟兽不可与同群,吾非斯人之徒与而谁与?天下有道,丘不与易也。"⑪欲洁其身而乱大伦:《论语·微子》中子路对隐者荷蓧(diào,竹编的除草农具)丈人的批评:"不仕无义。长幼之节,不可废也;君臣之义,如之何其废之?欲洁其身,而乱大伦。君子之仕也,行其义也。道之不行,已知之矣。"⑫果哉,末之难矣:语出《论语·宪问》。荷蒉讥笑孔子后,孔子说:"果哉,末之难矣。"意为隐者遁世如此坚决,没办法说服他了。⑬乐天知命:语出《周易·系辞上》,意为把一切都看作是天命,安然接受。⑭无入而不自得:语出《中庸》,意为不管处在何种情况下都能自得其乐。⑮道并行而不相悖:语出《中庸》:"万物并育而不相害,道并行而不相悖,小德川流,大德敦化,此天地之所以为大也。"意为各种正确的思想观念可以同时存在而不互相抵触。

[译文]

　　从前孔子在世时，有人说他谄媚，有人说他花言巧语，有人诋毁他的贤能，有人诽谤他不懂礼仪，有人侮辱他是东家丘，有人嫉妒他而阻止他振兴鲁国，有人憎恶而想杀他。即使当时的贤士晨门、荷蒉也说："是知其不可而为之者欤？""鄙哉！硁硁乎！莫己知也，斯己而已矣。"虽然子路的圣学造诣已经登堂入室，尚且怀疑孔子的见识，对他想去的地方不高兴，而且认为孔子迂腐。所以当时不信任孔子的人，难道仅仅是十分之二三吗？但是，孔子依然匆匆忙忙，像是在路上寻找丢失的儿子，整天四处奔波，难道是为了让人相信、了解自己吗？因为他有天地万物为一体的仁爱之心，对世人的病痛感同身受，即使想不管也身不由己。所以他说："吾非斯人之徒与而谁与？""欲洁其身而乱大伦。""果哉，末之难矣！"唉！除了确实把天地万物当作一体的人，谁能了解孔子的心呢？像那些"遁世无闷"、"乐天知命"的人，当然能"无入而不自得"，"道并行而不相悖"。

六

　　仆之不肖，何敢以夫子之道为己任？顾其心亦已稍知疾痛之在身，是以彷徨四顾，将求其有助于我者，相与讲去其病耳。今诚得豪杰同志之士，扶持匡翼，共明良知之学于天下，使天下之人皆知自致其良知，以相安相养，去其自私自利之蔽，一洗谗妒胜忿之习，以济于大同①，则仆之狂病固将脱然以愈，而终免于丧心之患矣。岂不快哉！

　　嗟乎！今诚欲求豪杰同志之士于天下，非如吾文蔚者而谁望之乎？如吾文蔚之才与志，诚足以援天下之溺者，今又既知其具之在我，而无假于外求矣，循是而充，若决河注海，孰得而御哉？文蔚所谓"一人信之不为少"，其又能逊以委之何人乎？

[注释]

①大同：古代儒家所推崇的理想社会。语出《礼记·礼运》："大道之行也，天下为公，选贤与能，讲信修睦。故人不独亲其亲，不独子其子。使老有所终，壮有所用，幼有所长，鳏寡孤独废疾者，皆有所养。男有分，女有归。货恶其弃于地也，不必藏于己；力恶其不出于身也，不必为己。是故谋闭而不兴，盗窃乱贼而不作，故外户而不闭，是谓大同。"

[译文]

我才疏学浅，怎敢以振兴孔子的圣道为己任？只是我的心也稍微知道一点身上的病痛，所以心中彷徨，四处寻找能帮助我的人，共同想办法清除病痛。现在，如果真能有豪杰同志支持匡正我，共同努力，使良知的学说昌明于天下，使天下人都能致其良知，以互相帮助、存养，除去自私自利的毛病，清除诋毁、嫉妒、好胜和易怒的恶习，以实现天下大同，那么我的狂病将会马上治好，最终免于丧心病狂。这有多痛快呀！

唉！现在果真要找世上的豪杰同志，除了像文蔚你一样的人，还能指望谁呢？像你这样的才能与志向，的确能拯救天下受苦难的人。现在，既然知道良知在自己心中，不需向外探求，那么遵循并加以扩充，就会像大河决口汇入大海，谁能抵御得了呢？正像你所说的"一人相信不算少"，那么倡明良知学说的重任，你又能谦让给谁呢？

七

会稽素号山水之区。深林长谷，信步皆是；寒暑晦明，无时不宜；安居饱食，尘嚣无扰；良朋四集，道义日新；优哉游哉，天地之间宁复有乐于是者！孔子云："不怨天，不尤人，下学而上达。"①仆与二三同志方将请事斯语，奚暇外慕？独其切肤之痛，乃有未能恝然者，辄复云云尔。咳疾暑毒，书札绝懒，盛使远来,迟留经月,临歧执笔,又不觉累纸。盖于相知之深,虽已缕缕至此,殊觉有所未能尽也。

[注释]

① "不怨天"三句:语出《论语·宪问》:"不怨天,不尤人。下学而上达。知我者其天乎!"意为不怨恨上天,不责怪别人,学习知识,通晓天理。

[译文]

会稽周围向来山清水秀,茂密的树林、幽长的山谷随处可见。冬夏阴晴,气候宜人,生活安定而不受世俗干扰,好朋友聚在一起,切磋道义,多么悠闲自在!天地之间还有像这样的快乐吗?孔子说:"不怨天,不尤人,下学而上达。"我和几位同志想要遵从孔子上面的话,哪有时间向外探求呢?只是对这切肤之痛不能漠不关心,于是又写了这封信。我因天热咳嗽,懒于写信,你派人远来停留月余,临别提笔,没想到又写了这么多。我们相知颇深,虽信已详尽如此,仍觉纸短情长,还有好多话没说。

答聂文蔚(二)[1]

一

得书,见近来所学之骤进,喜慰不可言。谛视数过,其间虽亦有一二未莹彻处,却是致良知之功尚未纯熟,到纯熟时自无此矣。譬之驱车,既已由于康庄大道[2]之中,或时横斜迂曲者,乃马性未调、衔勒不齐之故,然已只在康庄大道中,决不赚入旁蹊曲径矣。近时海内同志,到此地位者曾未多见,喜慰不可言,斯道之幸也!

贱躯旧有咳嗽畏热之病,近入炎方,辄复大作。主上圣明洞察,责付甚重,不敢遽辞。地方军务冗沓,皆舆疾从事。今却幸已平定,已具本乞回养病,得在林下稍就清凉,或可瘳耳。人还,伏枕草草,不尽倾企。外惟浚[3]一简,幸达致之。

[注释]

①这一封信是王守仁的绝笔书信,嘉靖七年(1528年)十月写于广西。②康庄大道:语出《尔雅·释宫》:"五达谓之康,六达谓之庄。"意为四通八达的大道。③惟浚:陈九川(1495~1562年),字惟浚,号明水。江西临川人,官至礼部郎中,王阳明弟子。

[译文]

　　来信收到，看到你近来学问骤进，欣慰之心难以言表。你的信我仔细读了几遍，中间有一两处还没有晶莹透彻，这是因为致良知的功夫尚未纯熟，到了纯熟时这些自然就消失了。这好比驾车，已经走上康庄大道，有时马车也会左偏右摆，这是马性没调好、缰绳没勒齐的缘故。然而已经走在康庄大道上，就决不会再误入岔路小道。近来海内的同志达到你这种程度的还不多见，我高兴得说不出话来，这是圣道的幸运呀！

　　我原有的怕热咳嗽的老病，进入炎热的南方后，近来复发得很厉害。皇上圣明洞察，托付责任重大，我不敢立即推辞。这里军务繁忙冗杂，我不得不带病处理。好在叛乱已经平定，我已奏请皇上让我回家养病，如能在家乡避暑养病，或许可以痊愈。来人就要回去，我趴在枕上回信，匆忙间难以表达我的仰慕之情。另外，给陈九川的信请你转给他。

二

　　来书所询，草草奉复一二。

　　近岁来山中讲学者，往往多说勿忘勿助功夫甚难。问之，则云才著意便是助，才不著意便是忘，所以甚难。区区因问之云："忘是忘个甚么？助是助个甚么？"其人默然无对，始请问。区区因与说，我此间讲学，却只说个"必有事焉"，不说勿忘勿助。"必有事焉"者，只是时时去"集义"。若时时去用"必有事"的功夫，而或有时间断，此便是忘了，即须"勿忘"；时时去用"必有事"的功夫，而或有时欲速求效，此便是助了，即须"勿助"。其功夫全在"必有事焉"上用；"勿忘勿助"，只就其间提撕警觉而已。若是功夫原不间断，即不须更说勿忘；原不欲速求效，即不须更说勿助。此其功夫何等明白简易！何等洒脱自在！今却不去"必有事"上用功，而乃悬空守著一个"勿忘勿助"。此正如烧锅煮饭，锅内不曾渍水下米，而乃专去添柴放火，不知毕竟煮出个甚么物来？吾恐火候未及调停，而锅已先破裂矣。近日一种专在勿忘勿助上用功者，其病正是如此。终日悬空去做个勿忘，又悬空去做个勿助，济济荡荡，全无实落下手处。究竟功夫只做得个沉空守寂，学成一个痴呆汉。才遇些子事来，即便牵滞纷扰，不复能经纶宰制。此皆有志之士，而乃使之劳苦缠缚，担搁一生，皆由学术误人之故，甚可悯矣。

[译文]

你信中所提的问题，我草草回复一二。

近年来到山中讲学的人，常常说勿忘勿助的功夫很难，我问其原因，他们就说："稍有意念就助了，一不用心就忘了，所以很难。"我问："忘是忘了什么？助是助了什么？"他们默默无言以对，便向我请教。我于是对他们说，我这里讲学，只讲"必有事焉"，不说"勿忘勿助"。"必有事焉"，就是时时刻刻去"集义"。如果时时去下"必有事"的功夫，间或有中断，这就是忘，就必须"勿忘"；时时去下"必有事"的功夫，而有时想快速见效，这就是助，就必须"勿助"。这功夫全在"必有事焉"上，"勿忘勿助"只是在其中起个提拉警醒的作用。如果这功夫不中断，就不必再说"勿忘"；如果原本不求速效，就不必再说"勿助"。这功夫是多么简单明了，多么自在洒脱！现在不在"必有事"上用功，而去空守着一个"勿忘勿助"。这正像烧火做饭，锅里没有添水下米，却只是添柴烧火，不知最后能煮出什么？我担心火候还没调好，锅已经先烧破了。近来专在勿忘勿助上用功的人，他们的毛病就是这样。每天凭空去做勿忘的功夫，又凭空做勿助的功夫，渺渺茫茫，全没有入手落实的地方。最后做到底，只落得死守寂空，变成痴呆。刚一遇到事，就会心绪纷乱，难以妥善应付。这些人都是有志之士，却因此劳苦困扰，耽误一生，这都是错误的学术耽误了他们，真叫人惋惜呀！

三

夫"必有事焉"只是"集义"，"集义"只是致良知。说"集义"则一时未见头脑，说致良知即当下便有实地步可用功。故区区专说致良知。随时就事上致其良知，便是"格物"；著实去致良知，便是"诚意"；著实致其良知，而无一毫意必固我，便是"正心"。著实致良知，则自无忘之病；无一毫意必固我，则自无助之病。故说格、致、诚、正，则不必更说个忘助。孟子说忘助，亦就告子得病处立方。告子强制其心，是助的病痛，故孟子专说助长之害。告子助长，亦是他以义为外，不知就自心上"集义"，在"必有事焉"上用功，是以如此。若时时刻刻就自心上"集义"，则良知之体洞然明白，自然是是非非，纤毫莫遁，又焉有"不得于言，勿求于心；不得于心，勿求于气"之弊乎？孟子"集义"、"养气"之说，固大有功于后学，然亦是因病立方，说得大段，不若《大学》格、致、诚、正之功，尤极精一简易，为彻上彻下，万世无弊者也。

[译文]

"必有事焉"就是"集义"，"集义"就是致良知。说"集义"一时还抓不住要害，说致良知马上就可以踏实用功，所以我专门说致良知。随时在事上致其良知，就是"格物"；踏踏实实去致良知，就是"诚意"；踏踏实实致其良知，没有一丝一毫的意、必、固、我，就是"正心"。踏踏实实致良知，就不会有"忘"的毛病；没有一丝一毫的意、必、固、我，就自然不会有"助"的毛病。所以说格物、致知、诚意、正心，就不必再说"勿忘勿助"了。孟子谈"勿忘勿助"，是就告子的毛病开的处方。告子强制人心的说法，是犯了"助"的错误，所以孟子专讲"助"的危害。告子之所以犯助长的错误也是由于他认为义在心外，不知道在自己心上"集义"，在"必有事焉"上下功夫，所以才这样。如果时刻不忘在自己心上"集义"，那么良知的本体就会豁然开朗，是是非非就会自然纤毫毕呈，又怎么会有"不得于言，勿求于心；不得于心，勿求于气"的毛病呢？孟子"集义"、"养气"的学说，当然对后学有很大功劳，但他也是对症下药，说个大概，不如《大学》中的格物、致知、诚意、正心的功夫，特别精一，特别简易，是上下贯通，千秋万世永无弊病的功夫。

四

圣贤论学，多是随时就事，虽言若人殊，而要其功夫头脑，若合符节。缘天地之间，原只有此性，只有此理，只有此良知，只有此一件事耳。故凡就古人论学处说功夫，更不必挽和兼搭而说，自然无不吻合贯通者。才须挽和兼搭而说，即是自己功夫未明彻也。

近时有谓"集义"之功，必须兼搭个致良知而后备者，则是"集义"之功尚未了彻也。"集义"之功尚未了彻，适足以为致良知之累而已矣。谓致良知之功，必须兼搭一个"勿忘勿助"而后明者，则是致良知之功尚未了彻也。致良知之功尚未了彻，适足以为"勿忘勿助"之累而已矣。若此者，皆是就文义上解释牵附，以求混融凑泊，而不曾就自己实功夫上体验，是以论之愈精，而去之愈远。

文蔚之论，其于"大本达道"既已沛然无疑，至于"致知"、"穷理"及"忘助"等说，时亦有挽和兼搭处，却是区区所谓康庄大道之中，或时横斜迂曲者，到得功夫熟后，自将释然矣。

[译文]

圣贤讲学,往往因时因事制宜,虽然他们的说法好像各不相同,但其核心却是一致的。这是因为天地间只有这个人性,只有这个天理,只有这个良知,只有这一件事。所以,凡是古人就学问上讲的功夫,没有必要掺杂搭配,自然都会吻合贯通。如果需要掺杂搭配,就是自己的功夫没有明晰透彻。

近来有人认为"集义"的功夫,必须搭配上致良知才算完备,这是"集义"的功夫还不明晰透彻。"集义"的功夫尚未明晰透彻,恰好成了致良知的负担。认为致良知的功夫,必须搭配上"勿忘勿助"后才明白,就是致良知的功夫还没有明晰透彻,这样就恰好成了"勿忘勿助"的负担。类似这样,都是从字义上来牵强附会地解释,以求融会贯通,却没有在自己的实在功夫上去体察验证,所以论证得越精确,反而偏离圣道越远。

文蔚你的观点在"大本达道"上已没有什么疑问,至于对"致知"、"穷理"及"勿忘勿助"等学说,还不时有掺杂搭配的地方,这就是我说的走在康庄大道上,有时会出现横斜曲折的那种情况,等到功夫纯熟后,这种情况自然会消失。

五

文蔚谓"致知之说,求之事亲、从兄之间,便觉有所持循"者,此段最见近来真切笃实之功。但以此自为不妨,自有得力处;以此遂为定说教人,却未免又有因药发病之患,亦不可不一讲也。

盖良知只是一个天理。自然明觉发见处,只是一个真诚恻怛便是他本体。故致此良知之真诚恻怛以事亲便是孝,致此良知之真诚恻怛以从兄便是弟,致此良知之真诚恻怛以事君便是忠。只是一个良知,一个真诚恻怛。若是从兄的良知不能致其真诚恻怛,即是事亲的良知不能致其真诚恻怛矣;事君的良知不能致其恻怛矣，即是从兄的良知不能致其真诚恻怛矣。故致得事君的良知，便是致却从兄的良知；致得从兄的良知，便是致却事亲的良知。不是事君的良知不能致，却须又从事亲的良知上去扩充将来。如此又是脱却本原，著在支节上求了。良知只是一个，随他发见流行处，当下具足，更无去来，不须假借。然其发见流行处，却自有轻重厚薄毫发不容增减者，所谓"天然自有之中"①也。虽则轻重厚薄毫发不容增减，而原又只是一个。虽则只是一个，而其间轻重厚薄又毫发不容增减。若可得增减，若须假借，即已非其真诚恻怛之本体矣。此良知之妙用，所以无方体，无穷尽，"语大天下莫能载，语小天下莫能破"②者也。

[注释]

①天然自有之中：程颐语。语出《河南程氏遗书》卷十七："事事物物上皆天然有个中在那上，不待人安排也。"②"语大"二句：语出《中庸》："故君子语大，天下莫能载焉；语小，天下莫能破焉。"意为君子讲到道的广大，即使是天地无边无际也装载不了它；讲到道的精微，天下任何东西也破碎不了它。

[译文]

文蔚你认为"致知的观点，从孝敬父母、尊敬兄长上去寻求，就感到有所遵循"，这里最能看出你近来所下功夫的真切笃实。但你自己从这里下功夫倒也无妨，自然有得力的地方；如果把这当成定论去教导人，却难免出现用药不当反而致病的情况，这不能不讲一讲。

良知只是一个天理，良知的自然明白呈现就是真诚恻隐，这是它的本体。用致良知的真诚恻隐去侍奉父母便是孝，敬从兄长就是悌，辅佐君主就是忠。这一切都只是一个良知，一个真诚恻隐。如果尊敬兄长的良知不能达到真诚恻隐，也就是侍奉双亲的良知不能达到真诚恻隐；如果辅佐君主的良知不能达到真诚恻隐，也就是尊从兄长的良知不能达到真诚恻隐。所以，能致辅佐君主的良知，便能致尊从兄长的良知；能致尊从兄长的良知，便能致侍奉双亲的良知。而不是说辅佐君主的良知不能致，必须从侍奉父母的良知上去扩充。如果这样，就又脱离了本原，在枝节上探求了。良知只有一个，随着它的发挥和呈现，自然完备充足，无来无去，不需要向外假借。但是它发挥和呈现的地方，却有轻重厚薄的区别，丝毫不能增加减少，这就是所谓的"天然自有之中"。虽然轻重厚薄丝毫不能增减，但良知原本只是一个。虽然良知只是一个，但其中的轻重厚薄又丝毫不能增加减少。如果能够增减，如果必须向外求借，那就不是真诚恻隐的本体了。这就是良知的妙用之所以无形无体，无穷无尽，"语大天下莫能载，语小天下莫能破"的原因。

六

孟氏"尧舜之道，孝弟而已"①者，是就人之良知发见得最真切笃厚、不容蔽昧处提省人，使人于事君、处友、仁民、爱物，与凡动静语默间，皆只是致他那一念事亲从兄真诚恻怛的良知，即自然无不是道。盖天下之事虽千变万化，至于不可穷诘，而但惟致此事亲从兄一念真诚恻怛之良知以应之，则更无有遗缺渗漏者，正谓其只有此一个良知故也。事亲从兄一念良知之外，更无有良知可致得者，故曰："尧舜之道，孝弟而已矣。"此所以为"惟精惟一"之学，放之四海而皆准，"施诸后世而无朝夕"②者也。

文蔚云："欲于事亲从兄之间，而求所谓良知之学。"就自己用功得力处如此说，亦无不可。若曰致其良知之真诚恻怛，以求尽夫事亲从兄之道焉，亦无不可也。明道云："行仁自孝弟始，孝弟是仁之一事，谓之行仁之本则可，谓是仁之本则不可。"③其说是矣。

[注释]

①尧舜之道，孝弟而已：语出《孟子·告子上》。②施诸后世而无朝夕：

意为后世要一直施行它，一朝一夕都不可以例外。语出《礼记·祭义》："曾子曰：'夫孝，置之而塞乎天地，溥之而横乎四海，施诸后世而无朝夕，推而放诸东海而准，推而放诸西海而准，推而放诸南海而准，推而放诸北海而准。'"③谓之行仁之本则可，谓是仁之本则不可：此段是程颐所言，见《河南程氏遗书》卷十八。意为孝悌是行仁的根本，但不能说它是仁的根本。

[译文]

孟子说的"尧舜之道，孝弟而已"，这是从人的良知最真切淳厚、不容蒙蔽的地方提醒人，使人在忠君、交友、爱民、爱物以至于行动、静止、说话、沉默时，都只是致他那一念侍奉父母、尊敬兄长的真诚恻隐的良知，就自然处处都是道。天下事千变万化无穷无尽，但只要用孝敬父母、尊从兄长的真诚恻隐的良知去处理，就不会有什么遗漏缺失，这是只有一个良知的缘故。侍奉父母、尊从兄长的良知之外，没有别的良知可致，所以孟子才说："尧舜之道，孝弟而已矣。"这就是"惟精惟一"的学问，放之四海而皆准，在后世推行也不会过时。

文蔚你说："想在侍奉父母、尊敬兄长之中，探求所谓良知的学问。"从自己用功得力这方面来说，是可行的；如果说"用致其良知的真诚恻隐来探求侍奉双亲、尊从兄长的道理"，也是可行的。程颐先生说："行仁从孝悌开始，孝悌是仁中的一件事。说它是行仁的根本是可以的，说它是仁的根本就不对了。"他的说法很正确。

七

"臆"、"逆"、"先觉"之说，文蔚谓"诚则旁行曲防，皆良知之用"。甚善甚善！间有挽搭处，则前已言之矣。惟浚之言亦未为不是。在文蔚须有取于惟浚之言而后尽，在惟浚又须有取于文蔚之言而后明。不然，则亦未免各有倚著之病也。舜察迩言而询刍荛，非是以迩言当察、刍荛当询而后如此，乃良知之发见流行，光明圆莹，更无罣①碍遮隔处。此所以谓之大知。才有执著意必，其知便小矣。讲学中自有去取分辨，然就心地上着实用功夫，却须如此方是。

[注释]

①罣（guà）：同"挂"，悬挂。

[译文]

关于"不臆不信"、"不逆诈"、"先觉"等观点，你认为"只要内心真诚，即使是旁门小道、曲意提防，也都是良知的运用"。这话很对！其中有掺杂搭配处，前面已经说过。惟浚的看法也不能算错。就你而言，要吸收采纳惟浚的观点才能全面详尽；就惟浚而言，要吸收采纳你的观点才能清楚明白。否则，你们难免各有偏执。舜考察常人浅近之言并向樵夫请教，并不是因为他知道浅近之言应当考察、樵夫应当请教，才这样做，而是因为他良知的呈现发挥自然光明圆润透彻，毫无障碍蒙蔽。这就是所谓的大智；一有执著和意必，智就变小了。讲学中自然有取舍和分辨，但是，在心中踏踏实实下功夫，就必须这样才对。

八

"尽心"三节，区区曾有生知、学知、困知之说，颇已明白，无可疑者。盖尽心、知性、知天者，不必说存心、养性、事天，不必说"夭寿不贰，修身以俟"。而存心、养性与"修身以俟"之功，已在其中矣。存心、养性、事天者，虽未到得尽心、知天的地位，然已是在那里做个求到尽心、知天的功夫，更不必说"夭寿不贰、修身以俟"，而"夭寿不贰、修身以俟"之功，已在其中矣。

譬之行路，尽心、知天者，如年力壮健之人，既能奔走往来于数千里之间者也；存心事天者，如童稚之年，使之学习步趋于庭除之间者也；"夭寿不贰、修身以俟"者，如襁褓之孩，方使之扶墙傍壁，而渐学起立移步者也。既已能奔走往来于千里之间者，则不必更使之于庭除之间而学步趋，而步趋于庭除之间自无弗能矣；既已能步趋于庭除之间，则不必更使之扶墙傍壁而学起立移步，而起立移步自无弗能矣。然学起立移步，便是学步趋庭除之始；学步趋庭除，便是学奔走往来于数千里之基。固非有二事，但其功夫之难易，则相去悬绝矣。

心也，性也，天也，一也。故及其知之成功则一。然而三者人品力量自有阶级，不可躐等而能也。细观文蔚之论，其意以恐尽心、知天者，废却存心、修身之功，而反为尽心、知天之病。是盖为圣人忧功夫之或间断，而不知为自己忧功夫之未真切也。吾侪用功，却须专心致志在"夭寿不贰、修身以俟"上做，只此便是做尽心、知天功夫之始。正如学起立移步，便是学奔走千里之始。吾方自虑其不能起立移步，而岂遽虑其不能奔走千里？又况为奔走千里者，而虑其或遗忘于起立移步之习哉？

文蔚识见本自超绝迈往，而所论云然者，亦是未能脱去旧时解说文义之习，是为此三段书分疏比合，以求融会贯通，而自添许多意见缠绕，反使用功不专一也。近时悬空去做勿忘勿助者，其意见正有此病，最能耽误人，不可不涤除耳。

[译文]

关于"尽心"三节，我曾用生而知之、学而知之、困而知之来说明，已经很清楚，没什么可怀疑的了。尽心、知性、知天的人，就没必要再说存心、养性、事天，也没必要再说"夭寿不贰、修身以俟"，存心、养性与"修身以俟"的功夫已经包括在其中了。能存心、养性、事天的人，虽没有达到尽心、知天的境界，但是已在那里做探求尽心、知天的功夫，更不用说"夭寿不贰、修身以俟"，而"夭寿不贰、修身以俟"的功夫已包含在其中了。

这好比走路，尽心、知天的人，如年轻力壮的人，能够在几千里的路上来回奔走；存心、事天的人，就像儿童，只能在院子里教他走路；"夭寿不贰、修身以俟"的人，就像襁褓中的婴儿，只能使他扶着墙壁慢慢学站立移动。已经能来回奔跑几千里的人，就没必要再使他在庭院里学习走路，因为在院子里走路自然不存在问题；已经能在院子里走路，就不必让他再扶着墙学站立移动，因为他自然能站立移动。但是，学习站立移动，是在院子里学习走路的开始；在院子里学习走路，是往来奔跑几千里的基础。本来这不是两回事，但是功夫的难易程度悬殊。

心、性、天，本质是一样的，所以等到这三种人都能够通晓天理、成功行道了，效果就都是相同的。但是，这三种人的人品、才能存在高低差别，不可能超越各自的等级去做事。我认真思考你的观点，你的意思是害怕尽心、知天的人，废弃了存心、修身的功夫，反而妨碍了尽心、知天。这是担心圣人的功夫会有中断，却不知道担心自己的功夫尚不真切。我们这种人用功，必须专心致志、全心全意地在"夭寿不贰、修身以俟"上下功夫，这样做就是尽心、知天的开始。这正像学习起立移步，是学习奔跑千里的开始。我正担心不能起立移步，又怎么会去忧虑不能行走千里呢？更何况为奔走千里的人担心他忘了站立移步的本领呢？

你的见识原本超绝凡俗，不过从你的话来看，也还是没能去掉过去解说文义的习惯，所以你才把知天、事天、夭寿不贰当作三部分，进行分析、综合、比较，以求融会贯通，结果是自己增添了许多纠缠不清的意见，反而使自己的用功不够专一。近来，凭空去做勿忘勿助功夫的人正是犯了这个错误，它害人最深，不能不彻底铲除。

九

所谓"尊德性而道问学"一节，至当归一，更无可疑。此便是文蔚曾著实用功，然后能为此言。此本不是险僻难见的道理，人或意见不同者，还是良知尚有纤翳潜伏。若除去此纤翳，即自无不洞然矣。

[译文]

你认为尊德性和道问学应当统一，这没有什么可疑的。这是你踏实用功后才能说出的话。这本来不是生僻难懂的道理，人们却有不同意见，这还是良知中潜伏有纤细的灰尘，如果除去这些尘埃，良知自然会豁然明亮。

十

已作书后，移卧檐间，偶遇无事，遂复答此。文蔚之学既已得其大者，此等处久当释然自解，本不必屑屑如此分疏。但承相爱之厚，千里差人远及，谆谆下问，而竟虚来意，又自不能已于言也。然直戆烦缕已甚，恃在信爱，当不为罪。惟濬处及谦之①、崇一处，各得转录一通寄视之，尤承一体之好也。

右南大吉录

[注释]

①谦之：邹守益（1491~1562年），字谦之，号东廓，江西安福人，王阳明弟子。

[译文]

信写完后，我躺在屋檐下，正好没别的事，就又写这几句。你的学问已抓住了关键和要害，所提问题时间长了自会明白，本来我没必要这样细细讲解。但承蒙厚爱，不远千里派人虚心请教，为了不辜负你的一片心意，我不得不说。然而我过于坦率琐碎，你对我如此信任、厚爱，应该不会怪罪我吧。还请把这封信抄几份，分别寄给惟濬、谦之、崇一等人，让他们承受跟你一样的情意吧。

以上南大吉记录

训蒙大意示教读刘伯颂等[①]

古之教者,教以人伦。后世记诵词章之习起,而先王之教亡。今教童子,惟当以孝、弟、忠、信、礼、义、廉、耻为专务。其栽培涵养之方,则宜诱之歌诗以发其志意,导之习礼以肃其威仪,讽之读书以开其知觉。今人往往以歌诗、习礼为不切时务,此皆末俗庸鄙之见,乌足以知古人立教之意哉?

大抵童子之情,乐嬉游而惮拘检,如草木之始萌芽,舒畅之则条达,摧挠之则衰痿。今教童子,必使其趋向鼓舞,中心喜悦,则其进自不能已。譬之时雨春风,沾被卉木,莫不萌动发越,自然日长月化。若冰霜剥落,则生意萧索,日就枯槁矣。故凡诱之歌诗者,非但发其志意而已,亦所以泄其跳号呼啸于咏歌,宣其幽抑结滞于音节也。导之习礼者,非但肃其威仪而已,亦所以周旋揖让而动荡其血脉,拜起屈伸而固束其筋骸也。讽之读书者,非但开其知觉而已,亦所以沉潜反复而存其心,抑扬讽诵以宣其志也。凡此皆所以顺导其志意,调理其性情,潜消其鄙吝,默化其粗顽,日使之渐于礼义而不苦其难,入于中和而不知其故。是盖先王立教之微意也。

若近世之训蒙稚者,日惟督以句读课仿,责其检束而不知导之以礼,求其聪明而不知养之以善,鞭挞绳缚,若待拘囚。彼视学舍如囹狱而不肯入，视师长如寇仇而不欲见，窥避掩覆以遂其嬉游，设诈饰诡以肆其顽鄙，偷薄庸劣，日趋下流。是盖驱之于恶而求其为善也，何可得乎？

凡吾所以教，其意实在于此。恐时俗不察，视以为迂，且吾亦将去，故特叮咛以告。尔诸教读，其务体吾意，永以为训，毋辄因时俗之言，改废其绳墨，庶成"蒙以养正"②之功矣。念之念之！

[注释]

①明武宗正德十三年（1518年），王守仁任南赣巡抚，在赣南各地订立乡约，兴办社学并颁布此文晓谕他们。训蒙大意，儿童教育的基本原则。教读，社学的教师，刘伯颂应为教读之一。②蒙以养正：语出《周易·蒙卦·象传》："蒙以养正，圣功也。"意为应当培养儿童纯正无邪的品质。

[译文]

古代的教育，教的是人伦纲常。后世背诵词章的风气兴起后，先王的教化就消亡了。现在教育儿童，应当把孝、悌、忠、信、礼、义、廉、耻作为唯一的功课。至于培养的具体方法，则应通过吟咏诗歌来激发他们的志趣；引导他们学习礼仪，以严肃他们的仪表；教导他们读书，来开发他们的智力。现在的人常常认为唱歌咏诗、学习礼仪不合时宜，这是鄙陋庸俗的见识，怎么能明白古人设立教育的本意呢？

大致说来，儿童的天性是喜欢游戏玩乐而害怕约束，这就像草木刚开始萌芽，让它舒展地生长就能很快枝条发达，如果摧残压抑它就会枯萎衰败。现在教育孩子也必须顺着他们的天性，不断鼓励，使他们心中愉快，他们就会不断进步，就好比春风细雨滋润花木，花木没有不萌芽生长的。如果花木遇到冰霜侵袭，就会生机萧条，一天天枯萎。所以通过吟唱诗歌的开导，不仅是开发他们的志向和兴趣，而且是为了在歌咏中消耗他们蹦跳呼叫的精力，在音律中抒发他们的抑郁和不快。用礼仪开导，不但可以严肃仪表，还可以在打恭作揖中活动血脉，在叩拜屈伸中强健筋骨。教导他们读书，不但可以开发他们的智力，而且可以在反复研讨中存养心性，在抑扬顿挫的朗诵中弘扬志向。所有这一切都是顺着他们的天性，引导他们的意志，调理他们的性情，在潜移默化中，清除鄙陋吝啬和粗劣愚顽。这样，使他们逐渐符合礼仪规范而不感到辛苦，性情在不知不觉中达到中正平和，这就是先王创办教育的宗旨。

近代教育儿童，每天只知道督促句读课业，严格要求他们却不知道用礼仪引导，只求聪明而不知道用善良来培养他们，绳捆鞭打，像囚犯一样对待他们。儿童们把学校看成是监狱而不愿去，把老师长辈当作强盗仇人而不想见。于是，他们窥伺、逃避、掩盖、遮挡而去游戏玩耍，作假、掩饰、说谎，肆意顽皮，变得庸俗低劣，日益堕落。这是驱使他们作恶却又要求其向善，怎么可能呢？

我的教育主张，本意就在这里。我恐怕人们不明白，认为我很迂腐，此外我就要离开了，所以特意加以嘱咐。你们这些教师，一定要体察我的用意，永远遵守，不要因为世俗的言论而废除我定的规矩，也许可以收到"蒙以养正"的功效吧。切记切记！

教 约

　　每日清晨,诸生参揖毕,教读以次遍询诸生:在家所以爱亲敬长之心,得无懈忽未能真切否?温凊定省之仪,得无亏缺未能实践否?往来街衢步趋礼节,得无放荡未能谨饬否?一应言行心术,得无欺妄非僻未能忠信笃敬①否?诸童子务要各以实对,有则改之,无则加勉。教读复随时就事,曲加诲谕开发,然后各退,就席肄业。

　　凡歌诗,须要整容定气,清朗其声音,均审其节调,毋躁而急,毋荡而嚣,毋馁而慑,久则精神宣畅,心气和平矣。每学量童生多寡,分为四班。每日轮一班歌诗,其余皆就席,敛容肃听。每五日则总四班递歌于本学,每朔望集各学会歌于书院。

　　凡习礼,需要澄心肃虑,审其仪节,度其容止,毋忽而惰,毋沮而怍,毋径而野,从容而不失之迂缓,修谨而不失之拘局。久则礼貌习熟,德性坚定矣。童生班次皆如歌诗,每间一日则轮一班习礼,其余皆就席敛容肃观。习礼之日,免其课仿。每十日则总四班递习于本学,每朔望则集各学会习于书院。

　　凡授书不在徒多,但贵精熟。量其资禀,能二百字者止可授以一百字,常使精神力量有余,则无厌苦之患,而有自得之美。讽诵之际,务令专心一志,口诵心惟,字字句句,紬绎反复,抑扬其音节，宽虚其心意。久则义礼浃洽，聪明日开矣。

每日功夫，先考德，次背书诵书，次习礼或作课仿，次复诵书讲书，次歌诗。凡习礼歌诗之类，皆所以常存童子之心，使其乐习不倦，而无暇及于邪僻。教者如此，则知所施矣。虽然，此其大略也。"神而明之，则存乎其人。"②

[注释]

①忠信笃敬：语出《论语·卫灵公》："言忠信，行笃敬，虽蛮貊（mò）之邦，行矣。言不忠信，行不笃敬，虽州里，行乎哉?" ②神而明之，则存乎其人：语出《周易·系辞上》："神而明之，存乎其人。"意为只有人的运用，才能使圣道发挥神妙作用。

[译文]

每天清晨，学生参拜行礼完毕，教师应依次问每个学生：在家时热爱亲人、尊敬长辈是否真切而无懈怠疏忽？在温清定省的礼节上是否身体力行而没有欠缺呢？在街上行走时是否谨慎注意而没有放荡不羁？一切言行心思，是否欺妄怪诞未能做到忠信笃实呢？每位学生一定要如实回答，有则改之，无则加勉。老师要随时针对具体情况，委婉地启发开导，而后让他们各自回到座位上学习。

吟唱诗歌时要仪容整洁，平心静气，吐字要清晰，节奏声调要稳定，不急不躁，不狂不闹，不畏难，不气馁，时间长了，就会感到精神舒畅，心平气和。每个学校根据学生的多少分成四个班，每天轮流一个班唱诗，其余的学生都坐着认真倾听。每五天让四个班在本校依次唱诗，每月初一、十五各学校集中到书院会歌。

练习礼仪必须排除杂念，平心静气，老师要认真审察学生的礼仪细节、容貌举止；不要疏忽、懈怠，不要拘谨、害羞，不要随便、粗野；从容不迫而不迂腐缓慢，言行谨慎而不拘束紧张。时间长了，礼仪熟练了，德性就坚定了。学生的班次同唱诗时一样。每隔一天一个班练习礼仪，其余的班级恭敬严肃地坐着观看。练习礼仪这一天，免去其他课业。每隔十天集合四个班在本校依次练习礼仪。每到初一、十五则集合各学堂到书院练习礼仪。

老师讲课不在量多，贵在精熟。根据学生的资质，能认识二百字的只教一百字，让学生的精力有富余，他们就不会因辛苦而厌学，反而会对自己的收获感到愉悦。在诵读时，一定要专心致志，口读心想，字字句句，反复体会，音节要抑扬顿挫，心胸要宽广虚静。时间长了，学生就能文明有礼，日益聪明了。

每天的功课，先要考察德性，其次是背书、读书，再次是练习礼仪或做课业，最后再读书、讲课、唱诗。练习礼仪、吟唱诗歌都是为了存养儿童的天性，使他们乐于学习而不感到厌倦，没有时间去干歪门邪道的事。老师们了解了这一点，就知道该如何教育学生了。这里说的只是大概，"至于明白领悟其中的精妙之处，就在于各人的努力了"。

下 卷

陈九川录

一

正德乙亥，九川初见先生于龙江。先生与甘泉①先生论"格物"之说，甘泉持旧说。先生曰："是求之于外了。"甘泉曰："若以格物理为外，是自小其心也。"九川甚喜旧说之是。先生又论"尽心"一章，九川一闻却遂无疑。

后家居，复以"格物"遗质。先生答云："但能实地用功，久当自释。"山间乃自录《大学》旧本读之，觉朱子"格物"之说非是，然亦疑先生以意之所在为物，"物"字未明。

己卯，归自京师，再见先生于洪都②。先生兵务倥偬，乘隙讲授。首问："近年用功何如？"

九川曰："近年体验得'明明德'功夫只是'诚意'。自'明明德于天下'，步步推入根源，到'诚意'上再去不得。如何以前又有格致功夫？后又体验，觉得意之诚伪，必先知觉乃可，以颜子'有不善未尝知之，知之未尝复行'为证，③豁然若无疑，却又多了格物功夫。又思来，吾心之灵何有不知意之善恶？只是物欲蔽了，须格去物欲，始能如颜子未尝不知耳。又自疑功夫颠倒，与'诚意'不成片段。后问希颜，希颜曰：'先生谓'格物'、'致知'是'诚意'功夫，极好。'九川曰：'如何是"诚意"功夫？'希颜令再思体看。九川终不悟，请问。"

先生曰："惜哉！此可一言而悟！惟浚所举颜子事便是了。只要知身、心、意、知、物是一件。"

九川疑曰："物在外，如何与身、心、意、知是一件？"

先生曰："耳、目、口、鼻、四肢，身也，非心安能视、听、言、动？心欲视、听、言、动，无耳、目、口、鼻、四肢亦不能。故无心则无身，无身则无心。但指其充塞处言之谓之身，指其主宰处言之谓之心，指心之发动处谓之意，指意之灵明处谓之知，指意之涉着处谓之物，只是一件。意未有悬空的，必着事物。故欲'诚意'，则随意所在某事而格之，去其人欲而归于天理，则良知之在此事者，无蔽而得致矣。此便是'诚意'的功夫。"

九川乃释然破数年之疑。

又问："甘泉近亦信用《大学》古本，谓'格物'犹言造道，又谓穷理如穷其巢穴之穷，以身至之也，故'格物'亦只是随处体认天理。似与先生之说渐同。"

先生曰："甘泉用功，所以转得来。当时与说'亲民'字不须改，他亦不信。今论'格物'亦近，但不须换'物'字作'理'字，只还他一'物'字便是。"

后有人问九川曰："今何不疑'物'字？"曰："《中庸》曰'不诚无物'，程子曰'物来顺应'④，又如'物各付物'⑤、'胸中无物'⑥之类，皆古人常用字也。"他日先生亦云然。

[注释]

①甘泉：湛若水（1466~1560年），字元明，号甘泉，广东增城人。历任礼部、吏部、兵部尚书。著有《湛甘泉集》。②洪都：地名，今江西南昌。③"颜子"句：语出《周易·系辞下》："子曰：'颜氏之子，其殆庶几乎？有

不善未尝不知,知之未尝复行也。'"④物来顺应:语出《河南程氏文集》卷二程颢《答横渠先生定性书》:"君子之学,莫若廓然大公,物来而顺应。"⑤物各付物:语出《河南程氏遗书》卷十八,程颐语。⑥胸中无物:语本程颐"尧夫胸中无事如此",见《河南程氏外书》卷十一。邵雍,字尧夫,共城(今河南辉县)人。北宋哲学家,与周敦颐、张载、二程合称北宋五子。著有《皇极经世编》、《伊川击壤集》等。

[译文]

正德十年(1515年),九川在龙江第一次见到先生。当时先生正和甘泉先生讨论"格物"学说,甘泉先生坚持朱熹的观点。先生说:"这是在心外探求。"甘泉先生说:"如果认为探求事物的理是外求,那是把心看小了。"九川十分赞同朱熹的说法。先生又谈到《孟子》中"尽心"一章,九川听后,对先生的"格物"学说再无怀疑。

后来在家闲居,九川又向先生请教"格物"的学说。先生说:"只要你能踏踏实实地用功,时间长了自然会明白。"山中居住期间,抄录了《大学》旧本阅读,觉得朱熹的"格物"学说不对,但也怀疑先生把意的所在之处当作物,对这个"物"字不明了。

正德十四年(1519年),九川从京城回来,在江西南昌再次见到先生。当时先生军务繁忙,只能抽空给我讲课。他首先问我:"近年来用功如何?"

九川说:"近年来,我体会到'明明德'的功夫只是'诚意'。从'明明德于天下',一步步追根溯源,到'诚意'上就推不下去了。'诚意'之前怎么会有'格物'、'致知'的功夫呢?经过体验,觉得意是否真诚必须先有知觉才行,颜回的'有不善未尝知之,知之未尝复行'可以为证。于是我豁然开朗,确信无疑,但又多了一个'格物'的功夫。又想,凭着心的灵明,我怎么会不知意的善恶呢?是因为受到物欲的蒙蔽,必须格除物欲,才能像颜回那样善恶尽知。我又怀疑是功夫下颠倒了，导致'格物'和'诚意'联系不起来。后来我问希颜，希颜说：'先生认为"格物"、"致知"是"诚意"的功夫，说得好极了。'我又问：'为什么是诚意的功夫？'希颜让我再仔细考虑体察。但是我始终没有体会出来，请先生指点。"

先生说："可惜啊！这本来是一句话就能说清楚的！你所举的颜回的事例就可以说明问题，只要知道身、心、意、知、物是一回事就行了。"

九川疑惑不解地说："物在心外，怎么和身、心、意、知是一回事呢？"

先生说："耳、目、口、鼻、四肢都是身体的一部分，但是没有心它们怎么能视、听、言、动呢？心要视、听、言、动，没有耳、目、口、鼻、四肢也不行。所以没有心就没有身体，没有身体也就没有心。就其充塞空间而言叫身，就其主宰作用而言叫心，心的发动就是意，意的灵明就是知，意所涉及到的就是物，都只是一回事。意不能凭空存在，必须附着事物。所以要想'诚意'，就要随着意所涉及的事物去格，去掉人欲而恢复天理。那么，良知在这件事上就不会受到蒙蔽，就可以'致知'了。这就是'诚意'的功夫。"

九川几年的疑惑顿时豁然开朗。

九川又问："甘泉先生近年来也相信《大学》旧本，认为'格物'如同求道，认为穷理的穷就像是穷其巢穴的穷，要亲自到巢穴里去。所以，'格物'也就是随处体察天理，这似乎同先生的学说渐渐一致了。"

先生说："甘泉肯用功，所以他能转过弯来。当时我对他说'亲民'不能改为'新民'，他也不相信。现在他所讲的'格物'同我的观点也接近了，只是不必把'物'字改成'理'字，仍然用'物'字就行了。"

后来有人问九川:"现在为什么不怀疑'物'字了?"九川说:"《中庸》说'不诚无物',程颢说'物来顺应',还有'物各付物'、'胸中无物'等等,都是古人常用的字。"后来先生也这样说。

二

九川问:"近年因厌泛滥之学,每要静坐,求屏息念虑,非惟不能,愈觉扰扰。如何?"

先生曰:"念如何可息,只是要正。"

曰:"当自有无念时否?"

先生曰:"实无无念时。"

曰:"如此却如何言静?"

曰:"静未尝不动,动未尝不静。戒谨恐惧即是念,何分动静?"

曰:"周子何以言'定之以中正仁义而主静'①?"

曰:"'无欲故静'②,是'静亦定,动亦定'的'定'字。'主',其本体也。戒惧之念是活泼泼地,此是天机不息处,所谓'维天之命,于穆不已'。③一息便是死。非本体之念即是私念。"

[注释]

①定之以中正仁义而主静:语出周敦颐《太极图说》:"五性感动而善恶分,万事出矣。圣人定之以中正仁义而主静,立人极焉。"②无欲故静:语出《道德经》:"无欲以静,天下将自定。"③"维天之命"二句:语出《诗经·周颂·维天之命》。

[译文]

九川问:"近几年因为讨厌流行的广览博采学说,每每要静坐摒弃思虑,不但不能,反而更感到心神不宁。这是为什么?"

先生说:"思虑怎么能打消?只是要让它纯正。"

九川说:"是否存在没有念头的时候?"

先生说:"确实没有。"

九川说:"如此说来,又怎么能理解静呢?"

先生说:"静中未尝没有动,动中未尝没有静。戒谨恐惧就是念头,怎么分动静呢?"

九川说:"周敦颐先生为什么说'定之以中正仁义而主静'?"

先生说:"'没有欲念所以静',周敦颐先生说的'定'就是程颢先生说的'静亦定,动亦定'的'定'。'主'是指本体。戒慎恐惧的念头是生机盎然的,这正是天机流动不息的地方,也就是所谓'天道是深远永恒的'。一旦停息就是死亡,不是从本体发出的念头就是私念。"

三

又问:"用功收心时,有声、色在前,如常闻见,恐不是专一?"

曰:"如何欲不闻见?除是槁木死灰,耳聋目盲则可。只是虽闻见而不流去便是。"

曰:"昔有人静坐,其子隔壁读书,不知其勤惰。程子称其甚敬①。何如?"

曰:"伊川恐亦是讥他。"

[注释]

①程子称其甚敬:语出《河南程氏遗书》卷二:"许渤与其子隔一窗而寝,乃不闻其子读书与不读书。先生谓:'此人持敬如此。'"

[译文]

九川又问:"当用功专心时,如果有声、色在面前,还像平常那样想去听想去看,恐怕就不是专一。"

先生说："怎么能不想听不想看？除非是心如死灰、身如槁木、耳聋眼瞎的人。虽然听见看见，只要心不随着声色去就行了。"

九川说："从前有人静坐，他的儿子在隔壁读书，却不知道儿子是勤奋还是懒惰。程颐称赞他能够持敬，为什么？"

先生说："程颐恐怕是在讥笑他。"

四

又问："静坐用功，颇觉此心收敛。遇事又断了，旋起个念头，去事上省察。事过又寻旧功，还觉有内外，打不作一片。"

先生曰："此'格物'之说未透。心何尝有内外？即如惟浚今在此讲论，又岂有一心在内照管？这听讲说时专敬，即是那静坐时心。功夫一贯，何须更起念头？人须在事上磨炼，做功夫乃有益。若只好静，遇事便乱，终无长进。那静时功夫亦差似收敛，而实放溺也。"

后在洪都，复与于中[①]、国裳[②]论内外之说[③]，渠皆云："物自有内外，但要内外并着功夫，不可有间耳。"以质先生。

曰："功夫不离本体，本体原无内外。只为后来做功夫的分了内外，失其本体了。如今正要讲明功夫不要有内外，乃是本体功夫。"

是日俱有省。

[注释]

①于中：陈荣捷先生认为"于中"是"子中"之误。夏良胜，字子中，与陈九川交往密切。叶绍钧谓于中姓王，其余不详。②国裳：舒芬（1487~1527年），字国裳，号梓桐，江西进贤人，丁丑（1517年）状元，授翰林修撰。与陈九川一同上疏谏武宗南巡，被贬。后复原职，又上疏大礼之议，并同谏者哭于武庙，遭廷杖。③内外之说：宋明理学往往把静坐省察与躬行实践视为内外两种不同的功夫，而且以前者为重，轻视后者。王阳明则认为本体不

分内外,功夫也不分内外。省察可以指导实践,实践可以深化省察,所以它们是一体的。王阳明还认为本体和功夫是统一不可分的。

[译文]

九川又问:"静坐用功,能明显地感到自己的心在收敛。但一遇到事情就中断了。马上起一个念头到事上省察,事情过后再去寻找以前的功夫,仍然觉得内省的功夫和躬行的功夫有区别,打不成一片。"

先生说:"这是对'格物'学说的理解还不彻底。心哪里有内外的区别?就像你现在在这里讨论,难道还有一个心在里边起作用?在这儿听讲时专心恭敬的,就是那静坐时的心。功夫是一以贯之的,何必再起一个念头?人必须在事情上磨炼,功夫才会有长进。如果只是一味好静,遇到事情就慌乱,终究是不会有进步的。那种一味求静的功夫,似乎是在收敛,其实却是放纵沉溺。"

后来在洪都,九川又和于中、国裳讨论"内外"的学说,他俩都说:"事物原本就有内外之分,只是要内外一起用功,不可有间隔而已。"九川就向先生请教。

先生说:"功夫与本体不可分,而本体原本没有内外之分。只是后来下功夫的人把功夫区分为内外两种,进而就失去了本体。如今正是要讲清楚,功夫不要分内外两种,这才是本体功夫。"

这一天大家都有所领悟。

五

又问:"陆子之学何如?"

先生曰:"濂溪、明道之后,还是象山,只是粗些。"

九川曰:"看他论学,篇篇说出骨髓,句句似针膏肓,却不见他粗。"

先生曰:"然。他心上用过功夫,与揣摹依仿、求之文义自不同。但细看有粗处，用功久当见之。"

[译文]

九川又问："陆象山先生的学说如何？"

先生说："周敦颐、程颢以后，还数陆象山，只是略显粗糙了一些。"

九川说："我看他探讨学问，篇篇都讲出了精髓，句句像刺入膏肓，看不出他的粗糙之处。"

先生说："对呀，他在心上下过功夫，与只在字义上揣测模仿当然不同，但仔细看就会发现有粗糙的地方，用功久了就能发现。"

六

庚辰往虔州再见先生，问："近来功夫虽若稍知头脑，然难寻个稳当快乐处。"

先生曰："尔却去心上寻个天理，此正所谓理障①。此间有个诀窍。"

曰："请问如何？"

曰："只是'致知'。"

曰："如何致？"

曰："尔那一点良知，是尔自家底准则。尔意念着处，他是便知是，非便知非，更瞒他一些不得。尔只不要欺他，实实落落依着他做去，善便存，恶便去，他这里何等稳当快乐！此便是'格物'的真诀、'致知'的实功。若不靠着这些真机，如何去'格物'？我亦近年体贴出来如此分明，初犹疑只依他恐有不足，精细看，无些小欠缺。"

[注释]

①理障：佛教用语，即知障。意为把理看死了，理也会成为认识真理的障碍。《圆觉经》云："若诸众生永舍贪欲，先除事障，未断理障，但能悟入

声闻缘觉,未能显住菩萨境界。"

[译文]

正德十五年(1520年),九川到虔州再次见先生,问:"近来我下功夫,虽然稍微知道些关键,但很难找到一个稳当快乐的地方。"

先生说:"你要到心上寻找一个天理,这就是所说的'理障'。这当中有个诀窍。"

九川说:"是什么诀窍?"

先生说:"就是'致知'。"

九川问:"怎样'致知'呢?"

先生说:"你那一点良知,就是你自己的准则。你的意念所到之处,对的就知道是对的,不对的就知道是不对,一点也隐瞒不了。你只要不欺骗自己的良知,踏踏实实地根据良知行事,是善就保存,是恶就除去,这是何等的稳当快乐啊!这就是'格物'的真正秘诀、'致知'的实在功夫。如果不依靠这些真正的关键,怎么去'格物'?我也是近年来才体会得这样明白,刚开始还怀疑只依靠良知恐怕还不够,仔细体察后,发现没有任何缺陷。"

七

在虔与于中、谦之同侍。先生曰:"人胸中各有个圣人,只自信不及,都自埋倒了。"因顾于中曰:"尔胸中原是圣人。"

于中起,不敢当。

先生曰:"此是尔自家有的,如何要推?"

于中又曰:"不敢。"

先生曰:"众人皆有之,况在于中?却何故谦起来?谦亦不得。"

于中乃笑受。

又论:"良知在人,随你如何,不能泯灭,虽盗贼亦自知不当为盗。唤他作贼，他还忸怩。"

于中曰："只是物欲遮蔽，良知在内，自不会失。如云自蔽日，日何尝失了？"

先生曰："于中如此聪明，他人见不及此。"

[译文]

在虔州时，九川与于中、谦之一同陪着先生。先生说："每人胸中都有个圣人，只因自信心不够，自己把圣人埋没了。"先生于是看着于中说："你胸中本来有圣人。"

于中站起来表示不敢当。

先生说："这是你本来就有的，为何要推辞呢？"

于中又说："不敢。"

先生说："大家都有，何况于中？为何谦让起来了？这也是谦让不得的。"

于中才笑着接受了。

先生又解释说："良知在人心中，不管怎样也泯灭不了，即便是盗贼也知道自己不应该去偷盗。喊他是贼，他也不好意思呢。"

于中说："这只是由于物欲蒙蔽。良知在人心中，自然不会丧失，这如同乌云遮蔽太阳，太阳又何曾丧失了呢？"

先生说："于中这样聪明，别人的见识达不到这一境界。"

八

先生曰："这些子看得透彻，随他千言万语，是非诚伪，到前便明。合得的便是，合不得的便非，如佛家说心印①相似。真是个试金石、指南针。"

[注释]

①心印：佛教禅宗语。谓不用语言文字，直接以心相印证，以期顿悟。

[译文]

先生说:"把良知认识透彻,不管千言万语,是非真假,一看就明白。符合的就对,不符合的就不对,这如同佛家说的'心印'一样,真是个试金石、指南针。"

九

先生曰:"人若知这良知诀窍,随他多少邪思枉念,这里一觉,都自消融。真个是灵丹一粒,点铁成金。①"

[注释]

① "灵丹"二句:语出《景德传灯录》:"灵丹一粒,点铁成金;至理一言,点凡成圣。"

[译文]

先生说:"人如果知道良知的诀窍,不管有多少邪念私心,只要良知觉察,自然会消除。真像一粒灵丹,可以点铁成金。"

十

崇一曰:"先生致知之旨发尽精蕴,看来这里再去不得。"

先生曰:"何言之易也!再用功半年看如何?又用功一年看如何?功夫愈久,愈觉不同。此难口说。"

[译文]

崇一说:"先生把致良知的宗旨阐述得淋漓尽致,看来在这个问题上想再进一步是不可能了。"

先生说:"怎么能轻易这样说!再用半年功看看怎样?再用一年功看看怎样?下功夫时间越长,感觉越不同。这难以用语言表达。"

十一

先生问:"九川于'致知'之说,体验如何?"

九川曰:"自觉不同。往时操持常不得个恰好处,此乃是恰好处。"

先生曰:"可知是体来与听讲不同。我初与讲时,知尔只是忽易,未有滋味。只这个要妙,再体到深处,日见不同,是无穷尽的。"

又曰:"此'致知'二字,真是个千古圣传之秘,见到这里,'百世以俟圣人而不惑'。"

[译文]

先生问:"九川你对致良知学说有何体会?"

九川说:"感觉同以前不一样。从前操作时往往不能恰如其分,现在可以了。"

先生说:"可见体会到的与听到的不一样。我当初给你讲时,知道你只是糊里糊涂,飘忽不定,没有体会到什么。从恰到好处再往深处体会,每天都会有不同的认识。这是没有穷尽的。"

先生又说:"这'致知'两字,真是圣贤千古传承的秘诀,懂得了它,就能'百世以俟圣人而不惑'。"

十二

九川问曰:"伊川说到'体用一源,显微无间'处,门人已说是泄天机。①先生'致知'之说,莫亦泄天机太甚否?"

先生曰:"圣人已指以示人,只为后人掩匿,我发明耳,何故说泄?此是人人自有的,觉来甚不打紧一般。然与不用实功人说,亦甚轻忽,可惜彼此无益。与实用功而不得其要者提撕之,甚沛然得力。"

又曰:"知来本无知,觉来本无觉。然不知则遂沦埋。"

[注释]

① "伊川"三句:语出《河南程氏外书》卷十二:"和靖尝以《易传序》

请问,曰:'至微者,理也。至著者,象也。体用一源,显微无间。莫不泄露天机否?'伊川曰:'如此分明说破,犹自人不解悟。'"

[译文]

九川问:"程颐先生谈到'体用一源,显微无间'时,学生说他泄露了天机。先生的致良知学说,是否也泄露天机太多?"

先生说:"圣人早已把致良知学说告诉了世人,只是被后人掩盖了,我不过是把它重新揭示出来,怎么能说泄露天机呢?良知是人人都有的,只是人们觉得它无关痛痒罢了。同不实在用功的人谈,可惜他们也十分轻视,对彼此也没有什么益处。同实在用功却不得要领的人讲解清楚,他们感到大有裨益。"

先生又说:"知道了才发现本来无所谓知道,觉悟了才发现本来无所谓觉悟。但是如果不知,那么自己的良知便会沦落埋没。"

十三

先生曰:"大凡朋友,须箴规指摘处少、诱掖奖劝意多,方是。"

后又戒九川云:"与朋友论学,须委曲谦下,宽以居之[①]。"

[注释]

①宽以居之:意为以宽厚的态度待人接物。语出《周易·乾卦·文言》:"君子学以聚之,问以辩之,宽以居之,仁以行之。"

[译文]

先生说:"朋友间应少一些指摘批评抨击,多一些开导鼓励劝勉才好。"

后来先生又告诫九川说:"同朋友探讨学问,应该谦虚委婉,宽以待人。"

十四

九川卧病虔州。

先生云："病物亦难格，觉得如何？"

对曰："功夫甚难。"

先生曰："常快活，便是功夫。"

[译文]

九川在虔州生病了。

先生说："病很难格正，你感觉如何？"

九川回答说："这个功夫的确很难。"

先生说："经常保持身心愉快，就是功夫。"

十五

九川问："自省念虑，或涉邪妄，或预料理天下事，思到极处，井井有味，便缱绻难屏。觉得早则易，觉迟则难，用力克治，愈觉扞格。惟稍迁念他事，则随两忘。如此廓清亦似无害。"

先生曰："何须如此，只要在良知上著功夫。"

九川曰："正谓那一时不知。"

先生曰："我这里自有功夫。何缘得他来？只为尔功夫断了，便蔽其知。既断了，则继续旧功便是，何必如此？"

九川曰："真是难鏖。虽知，丢他不去。"

先生曰："须是勇。用功久，自有勇，故曰'是集义所生者'①。胜得容易，便是大贤。"

九川问："此功夫却于心上体验明白，只解书不通。"

先生曰："只要解心。心明白，书自然融会。若心上不通，只要书上文义通，却自生意见。"

[注释]

①是集义所生者：意谓浩然之气是积累正义行为所产生的。语出《孟子·公孙丑上》："其为气也，至大至刚……配义与道……是集义所生者，非

义袭而取之也。"

[译文]

九川问:"我反省自己的思虑,有时涉及到邪妄,有时又思考治理天下的事。想到最佳状态时,也感觉到津津有味,难以舍弃。发现得早还容易去掉,发现得晚就很难去掉。用力去克制,越发感到矛盾,只有去想别的事情才能忘掉。这样清除思虑,好像也没有什么害处。"

先生说:"没必要这样,只要在良知上下功夫就行了。"

九川说:"我说的正是不知道良知时的情景。"

先生说:"我这里自有功夫。怎么会出现这种情况呢?只因为你的功夫中断了,蒙蔽了自己的良知。既然功夫中断了,继续用原来的功夫就是了,何必要这样?"

九川说:"那真是一场苦战,虽然知道了,就是去不掉。"

先生说:"这必须有勇气。用功久了,自然有勇气,所以说'是集义所生者'。如果能轻易战胜,就是大贤人。"

九川问:"致良知的功夫在心上能体验清楚,却解释不通书上的文句。"

先生说:"只需要在心上体悟明白。心里明白了,对书上的意思自然融会贯通。如果心里不明白,只是通晓了书上的文义,反而会产生不正确的解释。"

十六

有一属官,因久听讲先生之学,曰:"此学甚好,只是簿书讼狱繁难,不得为学。"

先生闻之曰:"我何尝教尔离了簿书讼狱,悬空去讲学?尔既有官司之事,便从官司的事上为学,才是真'格物'。如问一词讼,不可因其应付无状,起个怒心;不可因他言语圆转,生个喜心；不可恶其嘱托，加意治之；不可因其请求，屈意从之；不可因自己事务烦冗，随意苟且断之；不可因旁人谮毁罗织，随人意思处之。这许多意思皆私，只尔自知，须精细省察克治，惟恐此心有一毫偏倚，枉人是非。这便是'格物'、'致知'。簿书讼狱之间，无非实学。若离了事物为学，却是着空。"

[译文]

先生的一位下属长期听先生讲学，他说："先生的学说很好，只是我要处理的文件繁多，案子复杂，没有时间去学。"

先生听了这话说："我什么时候叫你离开文件、案子凭空去做学问？你既然要处理案件，就在处理案件上做学问，这才是真正的'格物'。比如审理案件时，不能因当事人回答时无礼而发怒，不能因其言词委婉周密而高兴，不能因厌恶其说情而故意惩罚他，不能因其哀求而屈意答应他，不能因自己事务烦杂而随便断案，不能因别人罗织罪名诽谤陷害而按他们的意愿处治。以上讲的情况都是私心的表现，只有你自己知道，必须认真反省体察克制，唯恐心中有丝毫的偏私而错判了是非，这就是'格物'、'致知'。处理文件、审理案子都是实实在在的学问，如果脱离了具体事物去做学问，反而会落空。"

十七

虔州将归，有诗别先生云："良知何事系多闻？妙合当时已种根。好恶从之为圣学，将迎无处是乾元①。"

先生曰："若未来讲此学，不知说'好恶从之'从个甚么。"

敷英②在座曰："诚然。尝读先生《大学古本序》，不知所说何事。及来听讲许时，乃稍知大意。"

[注释]

①乾元：指万物产生的根源。语出《周易·乾卦·象传》："大哉乾元，

万物资始。"②敷英：阳明弟子，其余不详。

[译文]

九川将要离开虔州时，写了一首诗向先生告别："良知何事系多闻，妙合当时已种根，好恶从之为圣学，将迎无处是乾元。"

先生说："你如果没来这里讨论学问，那么，就不知道'好恶从之'从的是什么。"

在座的敷英说："是呀，我曾经读过先生的《大学古本序》，但不明白说的是什么。到这里听讲一段时间后，才稍微知道其中的大意。"

十八

于中、国裳辈同侍食。

先生曰："凡饮食只是要养我身，食了要消化。若徒蓄积在肚里，便成痞了，如何长得肌肤？后世学者博闻多识，留滞胸中，皆伤食之病也。"

[译文]

于中、国裳等人陪先生吃饭。

先生说："吃饭只是为了滋养我们的身体，吃了要消化，如果仅仅是把食物积在肚子里，就成了消化不了的肿块，怎么能滋养身体呢？后世的学者博闻强记，把知识都滞留在胸中，就是患了消化不良的病症。"

十九

先生曰："圣人亦是'学知'，众人亦是'生知'。"

问曰："何如？"

曰："这良知人人皆有。圣人只是保全无些障蔽，兢兢业业，亹亹翼翼，自然不息，便也是学。只是生的分数多，所以谓之'生知安行'。众人自孩提之童，莫不完具此知，只是障蔽多，然本体之知，自难泯息，虽问学克治，也只凭他。只是学的分数多，所以谓之'学知利行'。"

[译文]

先生说："圣人也是'学而知之'，众人也是'生而知之'。"

九川问："为什么？"

先生说："良知人人都有。圣人只是能够保全而不使其受到任何蒙蔽，兢兢业业，勤勤恳恳，良知自然常存，这也就是学习。只是'生知'的成分多，所以说圣人是'生知安行'。一般人在孩提时也都具备良知，只是被蒙蔽得太多，但是本体的良知却难以泯灭，学习克制也就是凭着良知进行的。不过'学知'的成分多，所以说一般人是'学知利行'。"

黄直[①]录

一

黄以方问:"先生格致之说,随时格物以致其知,则知是一节之知,非全体之知也。何以到得'溥博如天,渊泉如渊'[②]地位?"

先生曰:"人心是天、渊。心之本体无所不该,原是一个天。只为私欲障碍,则天之本体失了。心之理无穷尽,原是一个渊,只为私欲窒塞,则渊之本体失了。如今念念致良知,将此障碍窒塞一齐去尽,则本体已复,便是天、渊了。"乃指天以示之曰:"比如面前见天,是昭昭之天;四外见天,也只是昭昭之天,只为许多房子墙壁遮蔽,便不见天之全体,若撤去房子墙壁,总是一个天矣。不可道眼前天是昭昭之天,外面又不是昭昭之天也。于此便见一节之知即全体之知,全体之知即一节之知,总是一个本体。"

[注释]

①黄直:字以方,江西金谿人,进士,王阳明弟子。曾以抗疏论救下狱,出狱后安贫乐道。②溥博如天,渊泉如渊:语出《中庸》:"夫焉有所倚?肫肫其仁,渊渊其渊,浩浩其天!"

[译文]

黄以方问:"先生的'格物'、'致知'学说,是随时格物来致良知的,那么,这知就是部分的知,不是全体的知。这怎么能达到'周遍广大如天,静深有本如渊'的程度呢?"

先生说:"人心就是天,就是渊,心的本体无所不包,它原本就是一个天,只是被私欲蒙蔽,才丧失了天的本来面目。心中的理无穷尽,原本就是一个渊,只是为私欲阻塞,才失去了作为渊的本体。现在念念不忘致良知,将这些障碍阻塞一齐清除,恢复心的本体,就是天和渊。"于是,先生就指着天说:"比如前面看到的天,是晴朗的天;在四外看到的天,也还是这晴朗的天,只是被许多房屋墙壁遮蔽,看不到天的全体;如果把房子墙壁全部撤去,就是一个天了。不能说眼前的天是晴朗的天,外面的天就不是晴朗的天。由此可见,部分的良知就是全体的良知,全体的良知也就是部分的良知,良知的本体只有一个。"

二

先生曰:"圣贤非无功业气节,但其循着这天理,则便是道。不可以事功气节名矣。"

[译文]

先生说:"圣贤不是没有功业气节,他们只是遵循天理,这就是道。圣贤不是以功业气节而闻名的。"

三

"'发愤忘食'[1]是圣人之志如此,真无有已时;'乐以忘忧'是圣人之道如此,真无有戚时。恐不必云得不得也[2]。"

[注释]

①发愤忘食:语出《论语·述而》:"叶公问孔子于子路,子路不对。子

曰：'女奚不曰，其为人也，发愤忘食，乐而忘忧，不知老之将至云尔。'"
②恐不必云得不得也：语出朱熹《论语集注》："未得，则发愤以忘食；已得，则乐之而忘忧。"

[译文]

先生说："'发愤忘食'，圣人的志向就是这样，真的没有停止的时候；'乐以忘忧'，圣人的道就是这样，确实是没有忧伤的时候。恐怕不必说什么得与不得。"

四

先生曰："我辈'致知'，只是各随分限所及。今日良知见在如此，只随今日所知扩充到底；明日良知又有开悟，便从明日所知扩充到底。如此方是'精一'功夫。与人论学，亦须随人分限所及。如树有这些萌芽，只把这些水去灌溉，萌芽再长，便又加水。自拱把以至合抱，灌溉之功皆是随其分限所及。若些小萌芽，有一桶水在，尽要倾上，便浸坏他了。"

[译文]

先生说："我们这些人致良知，也只是各人尽自己的能力而为。今天良知认识到这个程度，就根据今天的认识扩充到底；明天良知又有新的省悟，就从明天的认识扩充到底。这才是'精一'的功夫。与别人讨论学问，也必须根据对方的资质禀赋。好比树刚发芽，只能用一点水去浇灌，树芽再长大一些，就再多浇些水。树从两手合握到双臂合抱，浇水的多少都是根据树的大小需要来定。刚发芽的小树，如果把一桶水全浇上，就会把树淹死。"

五

问知行合一。

先生曰："此须识我立言宗旨。今人学问，只因知行分作两件，故有一念发动，虽是不善，然却未曾行，便不去禁止。我今说个知行合一，正要人晓得一念发动处便即是行了。发动处有不善，就将这不善的念克倒了，须要彻根彻底，不使那一念不善潜伏在胸中。此是我立言宗旨。"

[译文]

有人请教知行合一的问题。

先生说："这就必须知道我立言的宗旨。现今世人的学问，把知行看成两件事，所以，有一个不善的念头产生，因为没有付诸实践，就不去克制它。我现在说知行合一，正是要人知道一念萌生就是行动。如果萌生了不善的念头，就把它克制掉，必须把它从心中彻底根除。这就是我创立这个观点的宗旨。"

六

"圣人无所不知，只是知个天理；无所不能，只是能个天理。圣人本体明白，故事事知个天理所在，便去尽个天理。不是本体明后，却于天下事物都便知得，便做得来也。天下事物，如名物度数、草木鸟兽之类，不胜其烦，圣人虽是本体明了，亦何缘能尽知得？但不必知的，圣人自不消求知；其所当知的，圣人自能问人，如'子入太庙每事问'①之类。先儒谓'虽知亦问，敬谨之至'②，此说不可通。圣人于礼乐名物不必尽知，然他知得一个天理，便自有许多节文度数出来。不知能问，亦即是天理节文所在。"

[注释]

①子入太庙每事问：事见《论语·八佾》："子入太庙，每事问。或曰：'孰谓鄹人之子知礼乎？入太庙，每事问。'子闻之，曰：'是礼也。'"鄹人，指孔子的父亲叔梁纥。②"虽知"二句：语出朱熹《论语集注》引伊和靖之语："礼者，敬而已矣。虽知亦问，谨之至也。"

[译文]

"圣人无所不知,知道的只是个天理;无所不能,能的也只是个天理。圣人的本体明白透彻,所以每一件事都知道它的天理在哪儿,就去穷尽天理。而不是本体明白后,天下万事万物就都懂得了,就都能做。天下的事物,如名物、度数、草木、鸟兽等等,不计其数,圣人虽然是本体明白,又如何能什么都知道?但凡不必知道的,圣人自然不会去求知;其应当知道的,圣人自然会向人询问,比如'孔子进太庙事事都问'等。朱熹先生引用伊和靖的话认为,孔子'虽然知道也还要问,这是极其恭敬谨慎的表现',这说不通。圣人对于礼乐名物,没必要全部知道,但是他知道一个天理,就自然会明白许多规矩法则。不懂就问,这也是天理法则的体现。"

七

问:"先生尝谓'善恶只是一物'。善恶两端,如冰炭相反,如何谓只一物?"

先生曰:"至善者,心之本体。本体上才过当些子,便是恶了。不是有一个善,却又有一个恶来相对也。故善恶只是一物。"

直因闻先生之说,则知程子所谓"善固性也,恶亦不可不谓之性"[1];又曰"善恶皆天理,谓之恶者本非恶,但于本性上过与不及之间耳"[2]。其说皆无可疑。

[注释]

[1]"善固性也"二句:程颢语,出自《河南程氏遗书》卷一。[2]"善恶皆天理"三句:程颢语,出自《河南程氏遗书》卷二:"天下善恶皆天理,谓之恶者本非恶,但或过或不及,便如此。"意为善与恶都是天理,所谓的恶,本身并不是恶,只是对于天理来说,表现得过分或不足罢了。

[译文]

黄直问:"先生曾说过'善恶只是一个东西'。善和恶就如冰和炭,相互对立,怎么说只是一个东西呢?"

先生说:"最高的善是心的本体,本体稍有过分就是恶。而不是有一个善,又有一个恶来与之相对立。所以说善恶只是一个东西。"

黄直听了先生的解释,就明白了程颢先生所说的两句话:"善固性也,恶亦不可不谓之性。""善恶皆天理,谓之恶者本非恶,但于本性上过与不及之间耳。"黄直对这些说法都不再有疑问。

八

先生尝谓:"人但得好善如好好色,恶恶如恶恶臭,便是圣人。"

直初时闻之,觉甚易,后体验得来,此个功夫着实是难。如一念虽知好善恶恶,然不知不觉,又夹杂去了。才有夹杂,便不是好善如好好色、恶恶如恶恶臭的心。善能实实的好,是无念不善矣;恶能实实的恶,是无念及恶矣。如何不是圣人?故圣人之学,只是一诚而已。

[译文]

先生曾说过:"人只要能喜欢善德像爱好美色、厌恶恶行像讨厌恶臭那样,就是圣人。"

黄直刚听到时,觉得这很容易,后来仔细体会才明白,这个功夫其实很难。比如心里虽然知道好善恶恶,但不知不觉中又掺杂进别的东西。一掺杂进别的东西,心就不能像喜欢美色那样爱好善、厌恶恶臭那样讨厌恶。如能实实在在地爱好善,那么就没有什么念头不善了;如能确确实实地讨厌恶,那么就没有什么念头涉及恶了。这又怎么不是圣人呢?所以圣人的学说,也就只是个诚罢了。

九

问《修道说》言,"率性之谓道"属圣人分上事,"修道之谓教"属贤人分上事。

先生曰:"众人亦'率性'也,但'率性'在圣人分上较多,故'率性之谓道'属圣人事。圣人亦'修道'也,但'修道'在贤人分上多,故'修道之谓教'属贤人事。"

又曰:"《中庸》一书大抵皆是说'修道'的事,故后面凡说君子,说颜渊,说子路,皆是能'修道'的;说小人,说贤、知、愚、不肖,说庶民,皆是不能'修道'的;其他言舜、文、周公、仲尼至诚至圣之类,则又圣人之自能'修道'者也。"

[译文]

有人就先生的《修道说》中所讲的"率性之谓道"属圣人分内的事,"修道之谓教"属贤人分内的事,向先生请教。

先生说:"一般人也能'率性',但'率性'在圣人身上表现较多,所以'率性之谓道'是圣人分内事。圣人也'修道',只是'修道'在贤人身上表现较多,所以'修道之谓教'是贤人的事。"

先生又说:"《中庸》这本书,基本上都是讲'修道'的事。因此,后面凡是说到君子,说到颜回、子路,都是能'修道'的;凡是说到小人,说到贤者、智者、愚者、不肖者、庶民,都是不能'修道'的。其他的说到舜、文王、周公、孔子等至诚至圣的人,则又是圣人中能自然而然'修道'的人。"

十

问:"儒者到三更时分,扫荡胸中思虑,空空静静,与释氏之静只一般。两下皆不用,此时何所分别?"

先生曰:"动静只是一个。那三更时分空空静静的,只是存天理，即是如今应事接物的心；如今应事接物的心，亦是循此天理，便是那三更时分空空静静的心。故动静只是一个，分别不得。知得动静合一，释氏毫厘差处亦自莫掩矣。"

[译文]

有人问："儒者到三更时，扫清胸中思虑，空空静静，与佛教所讲的静一样。这时儒、佛两家的功夫都不发挥作用，如何区别它们呢？"

先生说："动静是一回事。三更时空空静静，只是存养天理，就是现在应对事物的心；现在应对事物的心，也是要遵循天理，也就是三更时空空静静的心。所以动静只是一回事，不能分开。明白动静合一的道理，佛教同儒家的细微差别也自然掩盖不了。"

十一

门人在座，有动止甚矜持者。先生曰："人若矜持太过，终是有弊。"

曰："矜持太过，如何有弊？"

曰："人只有许多精神，若专在容貌上用功，则于中心照管不及者多矣。"

有太直率者。先生曰："如今讲此学，却外面全不检束，又分心与事为二矣。"

[译文]

在座的学生中，有人举止过于矜持。先生说："人如果太矜持了，终究是有弊病。"

黄直问："过于矜持，为何有弊病？"

先生说："人只有这么多精力，如果专门在容貌仪表上下功夫，就会经常照顾不到内心。"

有的学生过于直率。先生说："现在讲求良知的学问，如果在礼仪上全然不加检点，这又是把心与事一分为二了。"

十二

门人作文送友行，问先生曰："作文字不免费思，作了后又一二日常记在怀。"

曰："文字思索亦无害，但作了常记在怀，则为文所累，心中有一物矣。此则未可也。"

又作诗送人。先生看诗毕，谓曰："凡作文字要随我分限所及。若说得太过了，亦非'修辞立诚'①矣。"

[注释]

①修辞立诚：意谓修饰言辞应以诚信为本。语出《周易·乾卦·文言》："修辞立其诚，所以居业也。"

[译文]

有一个学生写文章为朋友送行，问先生说："写文章难免费心劳神，写完后一两天内还经常记着。"

先生说："写文章思索并没有害处，但写完了还常记在心里，就会被文章所牵累，心中有一个东西。这就不好了。"

又有人写诗送人。先生看过后说："凡是写诗作文都要与自己的能力水平相符，如果说得太过，就不是'修辞立诚'了。"

十三

"文公'格物'之说，只是少头脑，如所谓'察之于念虑之微'，此一句不该与'求之文字之中'、'验之于事为之著'、'索之讲论之际'混作一例看，①是无轻重也。"

[注释]

①"所谓"几句：语出朱熹《大学或问》，这是朱熹格物学说包括的四个方面。

[译文]

先生说:"朱熹先生的'格物'学说,只是缺少一个要领。比如他所说的'察之于念虑之微',这一句不该与'求之文字之中'、'验之于事为之著'、'索之讲论之际'混为一谈,这是不分轻重呀。"

十四

问"有所忿懥①"一条。

先生曰:"忿懥几件,人心怎能无得?只是不可'有所'耳。凡人忿懥,着了一分意思,便怒得过当,非廓然大公之体了。故有所忿懥,便不得其正也。如今于凡忿懥等件,只是个物来顺应,不要着一分意思,便心体廓然大公,得其本体之正了。且如出外见人相斗,其不是的,我心亦怒;然虽怒,却此心廓然,不曾动些子气。如今怒人亦得如此,方才是正。"

[注释]

①有所忿懥:语出《大学》:"身有所忿懥,则不得其正;有所恐惧,则不得其正;有所好乐,则不得其正;有所忧患,则不得其正。"

[译文]

有人向先生请教《大学》中"有所愤怒"的意思。

先生说:"愤怒、恐惧、好乐、忧患几种情绪,人心中怎么会没有呢?只是不应该有罢了。人在愤怒时,多一分意思就会过度愤怒,就不是心胸宽广无私的本体了。所以心中有所愤怒,心就不能保持中正平和。现在对于愤怒等情绪,只应顺其自然,不要有一分在意,心才能宽广无私,得到本体的中正。比如外出看见有人打架,对于错的一方我心里也愤怒;虽然愤怒,但我的心却是恢弘公正的,不会生气。现在对别人发怒时,也应该如此,这才是中正。"

十五

先生尝言:"佛氏不着相①,其实着了相。吾儒着相,其实不着相。"

请问。

曰:"佛怕父子累,却逃了父子;怕君臣累,却逃了君臣;怕夫妇累,却逃了夫妇。都是为个君臣、父子、夫妇着了相,便须逃避。如吾儒,有个父子,还他以仁;有个君臣,还他以义;有个夫妇,还他以别。何曾着父子、君臣、夫妇的相?"

[注释]

①着相:执著于事物的外在形式。相,佛教名词,相对"性"而言。佛教把一切事物的外观、形象、状态称之为"相"。

[译文]

先生曾经说:"佛教不执著于相,其实却执著于相;我们儒家执著于相,其实却不执著于相。"

向先生请教。

先生说:"佛教害怕父子关系的牵累,就抛弃了父子之情;害怕君臣关系的牵累,就抛弃了君臣之义;害怕夫妇关系的牵累,就抛弃夫妻情分。这都是因为执著于君臣、父子、夫妇的相,才要逃避。像我们儒家,有父子关系,就给它以仁爱;有君臣关系,就给它以忠义;有夫妻关系,就给它以礼节。何尝执著于父子、君臣、夫妻的相呢?"

黄修易①录

一

黄勉叔问:"心无恶念时,此心空空荡荡的,不知亦须存个善念否?"

先生曰:"既去恶念,便是善念,便复心之本体矣。譬如日光被云来遮蔽,云去光已复矣。若恶念既去,又要存个善念,即是日光之中添燃一灯。"

[注释]

①黄修易:字勉叔,王阳明弟子,余不详。

[译文]

黄修易问:"心中没有恶念时,空空荡荡,不知是否要存养一个善念?"

先生说:"既然清除了恶念,就是善念了,心的本体就恢复了。就好像阳光被乌云遮住,乌云过后阳光又重现了。如果恶念已经除掉,又要存养个善念,就像是在阳光中增加点燃一盏灯。"

二

问:"近来用功,亦颇觉妄念不生,但腔子里黑窣窣的,不知如何打得光明？"

先生曰："初下手用功，如何腔子里便得光明？譬如奔流浊水，才贮在缸里，初然虽定，也只是昏浊的。须俟澄定既久，自然渣滓尽去，复得清来。汝只要在良知上用功，良知存久，黑窣窣自能光明矣。今便要责效，却是助长，不成功夫。"

[译文]

黄修易问："近来用功，也深感虚妄的念头不再产生，但心里却是漆黑一片，不知道怎样才能使它光明？"

先生说："你刚开始用功，怎么就能使心里光明呢？比如汹涌的浑水刚倒进缸里，即使已经静止不动，也仍是浑浊的。必须澄得时间长了，水中的渣滓才会沉淀，才能成为清水。你只要在良知上用功，良知存养久了，心中的黑暗自然会变成光明。现在你想马上见效，反而是拔苗助长，不是真正的用功。"

三

先生曰："吾教人致良知在'格物'上用功，却是有根本的学问，日长进一日，愈久愈觉精明。世儒教人事事物物上去寻讨，却是无根本的学问。方其壮时，虽暂能外面修饰，不见有过，老则精神衰迈，终须放倒。譬如无根之树，移栽水边，虽暂时鲜好，终久要憔悴。"

[译文]

先生说："我教人致良知，在'格物'上用功，这是有根本的学问，一天比一天进步，时间越长越感觉精确明白。世俗的儒生教人在各种事物上探求，是没有根本的学问。当他年轻力壮时，虽然能暂时修饰外表，别人看不出过错，到老时精力衰竭，终究会支持不住倒下去。就像没有根的树，移栽到水边，虽然暂时生机鲜活，终究是要憔悴枯死。"

四

问"志于道"①一章。

先生曰:"只'志于道'一句便含下面数句功夫,自住不得。譬如做此屋,'志于道'是念念要去择地鸠材,经营成个区宅;'据德'却是经画已成,有可据矣;'依仁'却是常常住在区宅内,更不离去;'游艺'却是加些画采,美此区宅。艺者,义也,理之所宜者也。如诵诗、读书、弹琴、习射之类,皆所以调习此心,使之熟于道也。苟不'志道'而'游艺',却如无状小子,不先去置造区宅,只管要去买画挂,做门面,不知将挂在何处?"

[注释]

①志于道:意为志向在"道"。语出《论语·述而》:"子曰:'志于道,据于德,依于仁,游于艺。'"

[译文]

有人向先生请教《论语》中"志于道"这一章。

先生说:"'志于道'这一句已经包含下面几句话的功夫,不能仅仅停留在'志于道'上。比如盖房,'志于道'是去选地挑材,盖成房屋;'据于德'则是房屋已建成,可以居住了;'依于仁'是要经常住在这座房里,不再离开;'游于艺'则是装饰美化房子。艺就是义,是天理的恰当处,如诵诗、读书、弹琴、射箭等,都是为了调节本心,使心能够熟悉道。如果不先'志于道'就'游于艺',那好比一个毛头小伙子,不先盖好房子,只管去买画来装饰门面,不知道要把画挂在哪里?"

五

问:"读书所以调摄此心,不可缺的。但读之之时,一种科目意思牵引而来。不知何以免此？"

先生曰："只要良知真切，虽做举业，不为心累；纵有累亦易觉，克之而已。且如读书时，良知知得强记之心不是，即克去之；有欲速之心不是，即克去之；有夸多斗靡之心不是，即克去之。如此亦只是终日与圣贤印对，是个纯乎天理之心。任他读书，亦只是调摄此心而已，何累之有？"

曰："虽蒙开示，奈资质庸下，实难免累。窃闻穷通有命，上智之人恐不屑此；不肖为声利牵缠，甘心为此，徒自苦耳。欲屏弃之，又制于亲，不能舍去。奈何？"

先生曰："此事归辞于亲者多矣，其实只是无志。志立得时，良知千事万为，只是一事，读书作文，安能累人？人自累于得失耳。"因叹曰："此学不明，不知此处耽搁了几多英雄汉！"

[译文]

有人问："读书是为了调节我们的本心，是不可或缺的。但读书的时候，科举功名的念头又被牵引出来，不知道该怎样避免？"

先生说："只要良知真实确切，即使参加科举考试，也不会为心增加牵累；就是有了牵累，也容易察觉克服。比如读书时，良知明白有强记的心不对，就克服它；明白有急于求成的心不对，就克服它；明白有争强好胜的心不好，就克服它。这样，整天只是和圣贤印证，就是一颗纯为天理的心了。不管如何读书，也只是调节本心罢了，有什么牵累？"

问："虽然承蒙先生开导，怎奈我资质愚钝，实在难以免除牵累。我听说人的困厄和通达都是由命运决定的，天资聪颖的人，恐怕对科举不屑一顾；而我不贤，被名利纠缠，情愿为科举而读书，却又感到痛苦。我想摒弃科举这个念头，又迫于父母的压力不能放弃。该怎么办呢？"

先生说："把这归咎于父母的人多了，其实还是自己没有志向。

志向确立后，任何事在良知的主宰下都是一件。读书写文章，怎么能牵累人呢？是人自己为得失所累呀。"于是先生感慨道："良知的学说不昌明，不知道在这里耽误了多少英雄好汉！"

六

问："'生之谓性'①，告子亦说得是，孟子如何非之？"

先生曰："固是性，但告子认得一边去了，不晓得头脑。若晓得头脑，如此说亦是。孟子亦曰：'形色，天性也。'②这也是指气说。"

又曰："凡人信口说、任意行，皆说'此是依我心性出来'，此是所谓'生之谓性'，然却要有过差。若晓得头脑，依吾良知上说出来，行将去，便自是停当。然良知亦只是这口说、这身行，岂能外得气，别有个去行去说？故曰：'论性不论气不备，论气不论性不明。'③气亦性也，性亦气也。但须认得头脑是当。"

[注释]

①生之谓性：语出《孟子·告子上》："告子云：'生之谓性。'孟子曰：'生之谓性也，犹白之谓白与？'曰：'然。''白羽之白也，犹白雪之白；白雪之白，犹白玉之白与？'曰：'然。''然则犬之性犹牛之性，牛之性犹人之性与？'"②形色，天性也：语出《孟子·尽心上》："孟子曰：'形色，天性也；惟圣人然后可以践形。'"③"论性"二句：程颐语，出自《河南程氏遗书》卷六。意为只讲性不讲气，不完整；只讲气不讲性，不明晰。

[译文]

有人问："告子说'生之谓性'不错啊，孟子为何要否定他呢？"

先生说："固然是性，但告子只认识了一个方面，不知道问题的实质。如果他知道了问题的实质，这样说也对。孟子也说：'人的身体、容貌是天性。'这也是针对气说的。"

先生又说："凡是一个人信口开河、任意妄为，都说'这都是依照我的心性来做的'。这就是所说的'生之谓性'。这样会有许多错误。如果知道'性'的实质，依照自己的良知说话做事，自然正确。不过，良知也只是靠我们的口来说、身来行，怎么能撇开气，另外有一个东西去说去做？所以程颐先生说：'论性不论气不备，论气不论性不明。'气就是性，性就是气，但是必须明白实质才行。"

七

又曰："诸君功夫，最不可助长。上智绝少，学者无超入圣人之理，一起一伏，一进一退，自是功夫节次。不可以我前日用得功夫了，今却不济，便要矫强做出一个没破绽的模样。这便是助长，连前些子功夫都坏了。此非小过。譬如行路的人遭一蹶跌，起来便走，不要欺人做那不曾跌倒的样子出来。诸君只要常常怀个'遁世无闷，不见是而无闷'之心，依此良知，忍耐做去，不管人非笑，不管人毁谤，不管人荣辱，任他功夫有进有退，我只是这致良知的主宰不息，久久自然有得力处，一切外事亦自能不动。"

又曰："人若着实用功，随人毁谤，随人欺慢，处处得益，处处是进德之资。若不用功，只是魔也，终被累倒。"

[译文]

先生又说："你们用功，千万不要拔苗助长。上智的人很少，学者没有直接成为圣人的道理，有起有伏，有进有退，正是做功夫时的正常情况。不能因为我前天下了功夫，今天却不管用了，仍旧勉强装出一副没有漏洞的模样。如果这样做了，就是拔苗助长，连以前的功夫也都破坏了。这可不是小的过错。好比走路的人摔了一跤，爬起来就走，不要装出一副不曾摔跤的样子。大家只要常常保持'遁世无闷，不见是而无闷'的心态，按照良知耐心坚持用功，不管别人的讥笑、诽谤，不管别人的称赞、侮辱，任凭功夫有进有退,我只是坚持致良知的主意不变,时间长了,自然会感到有力,一切外界事物自然不能干扰我。"

先生又说:"人如果踏实用功,随便别人怎样诋毁、诽谤、欺侮、轻慢,处处都能受益,处处都是品德进步的资本。如果不用功,别人的诽谤和欺侮就会像魔鬼一样,最终会被它们累倒。"

八

先生一日出游禹穴①,顾田间禾曰:"能几何时,又如此长了!"

范兆期②在旁曰:"此只是有根。学问能自植根,亦不患无长。"

先生曰:"人孰无根?良知即是天植灵根,自生生不息,但着了私累,把此根戕贼蔽塞,不得发生耳。"

[注释]

①禹穴:在今浙江绍兴的会稽山上,传说大禹出巡死在浙江,葬在会稽山。②范兆期:范引年,字兆期,号半野,王阳明弟子。

[译文]

先生有一天去禹穴游览参观,环顾田间的禾苗说:"这么短时间就又长这么高了!"

在一旁的范兆期说:"这只是因为禾苗有根,做学问如果能自己种下根,就不怕学问不进步了。"

先生说:"哪个人没有根?良知就是天生的灵根,本来是生生不息的,只是由于私欲的牵累,灵根被残害、蒙蔽,不能发育生长罢了。"

九

一友常易动气责人。先生警之曰:"学须反己。若徒责人,只见得人不是,不见自己非;若能反己,方见自己有许多未尽处,奚暇责人?舜能化象的傲①,其机括只是不见象的不是。若舜只要正他的奸恶,就见得象的不是矣。象是傲人,必不肯相下,如何感化得他?"

是友感悔。

曰:"你今后只不要去论人之是非,凡当责辩人时,就把做一件大己私克去,方可。"

[注释]

①舜能化象的傲:语出《尚书·尧典》:"瞽子,父顽母嚚,象傲。克谐以孝。"又据《史记·五帝本纪》载:"舜父瞽叟盲,而舜母死;瞽叟更娶妻而生象。象傲,瞽叟爱后妻子,常欲杀舜。"

[译文]

一位朋友经常容易生气指责别人。先生警告他说:"学习必须反省自己。如果只是指责别人,就只能看见别人的错误,看不到自己的错误;如果能反省自己,才能发现自己有许多不对的地方,哪有时间去责备别人?舜之所以能感化傲慢的象,关键在于不去挑剔象的错误。如果舜只是要纠正象的奸邪,就会看到象的许多错误。象是个傲慢的人,肯定不会服气,又怎么能感化他呢?"

这个朋友又感动又后悔。

先生说:"你今后不要只议论别人的是非,当你要指责别人时,就把它当成一个大私欲克服掉,那才行。"

十

先生曰:"凡朋友问难,纵有浅近粗疏,或露才扬己,皆是病发。当因其病而药之可也,不可便怀鄙薄之心。非君子与人为善①之心矣。"

[注释]

①与人为善:语出《孟子·公孙丑上》:"取诸人以为善,是与人为善

者也。"

[译文]

先生说:"凡是朋友间辩论,难免有人显得浅近粗疏,或者想表露才智显示自己,这都是毛病发作。应当因病用药,不能因此怀有轻视朋友的心。轻视朋友就不是君子与人为善的心。"

十一

问:"《易》,朱子主卜筮①,程《传》主理②,何如?"

先生曰:"卜筮是理,理亦是卜筮。天下之理孰有大于卜筮者乎?只为后世将卜筮专主在占卦上看了,所以看得卜筮似小艺,不知今之师友问答、博学、审问、慎思、明辨、笃行之类,皆是卜筮。卜筮者,不过求决狐疑,神明吾心而已。《易》是问诸天,人有疑,自信不及,故以《易》问天。谓人心尚有所涉,惟天不容伪耳。"

[注释]

①朱子主卜筮:朱熹著《周易本义》、《易学启蒙》,认为《周易》原为卜筮之书。②程《传》主理:程颐著《易传》四卷,认为《周易》是为了阐明天理的。

[译文]

有人问:"朱熹先生认为《易经》重在卜筮,程颐先生却认为重在阐明天理。到底如何呢?"

先生说:"卜筮是天理,天理也是卜筮。天下的道理有大过卜筮的吗?只是后世的人把卜筮只看成占卦,因此把卜筮看成是雕虫小技,却不知道今天师友间的问答、博学、审问、慎思、明辨、笃行等,都是卜筮。卜筮不过是决疑解惑,使人心变得神明清灵罢了。《易经》是向天请教,人有疑问而又缺乏自信,就用《易经》向天请教。人心还是有所偏私的,只有天容不得一点虚假。"

黄省曾① 录

一

黄勉之问:"'无适也,无莫也,义之与比。'②事事要如此否?"

先生曰:"固是事事要如此,须是识得个头脑乃可。义即是良知,晓得良知是个头脑,方无执著。且如受人馈送,也有今日当受的,他日不当受的;也有今日不当受的,他日当受的。你若执著了今日当受的便一切受去,执著了今日不当受的便一切不受去,便是'适'、'莫',便不是良知的本体,如何唤得做义?"

[注释]

①黄省曾:字勉之,苏州人,王阳明弟子,著有《会稽问道录》。②"无适也"三句:意为没有固定的肯定模式,也没有固定的否定模式,符合义则可,不符合义则不可。语出《论语·里仁》:"君子之于天下也,无适也,无莫也,义之与比。"

[译文]

黄勉之问:"《论语》中说:'无适也,无莫也,义之与比。'难道事事都要这样吗?"

先生说:"当然事事都要这样,只是要明白有一个本质才行。

义就是良知，知道良知是本质，才不会执著。就像接受别人的馈送，有今天可以接受而其他时候不能接受的，也有今天不能接受而其他时候可以接受的。你如果执著于今天可以接受，就接受所有的馈赠，或者因为今天不能接受，就拒绝所有的馈赠，这就是'适'、'莫'，就不是良知的本体，又怎么能叫做义呢？"

二

问："'思无邪'①一言，如何便盖得三百篇之义？"

先生曰："岂特三百篇，《六经》只此一言便可该贯，以至穷古今天下圣贤的话，'思无邪'一言也可该贯。此外更有何说？此是一了百当的功夫。"

[注释]

①思无邪：意为思想纯正无邪念。语出《论语·为政》："子曰：'诗三百，一言以蔽之，曰：思无邪。'"

[译文]

有人问："一句'思无邪'，怎么能概括《诗经》三百篇的意思呢？"

先生说："何止《诗经》三百篇，这一句话也能概括贯通《六经》的内容，以至于从古至今天下圣贤的话都可以用'思无邪'一句话概括贯通。此外还能用别的什么来概括呢？这是个一了百了的功夫。"

三

问"道心"、"人心"。

先生曰："'率性之谓道'，便是'道心'；但着些人的意思在，便是'人心'。'道心'本是无声无臭，故曰'微'。依著'人心'行去，便有许多不安稳处，故曰'惟危'。"

[译文]

有人请教"道心"、"人心"。

先生说:"'率性之谓道',就是'道心';但沾染了一些人的世俗念头,就成了'人心'。'道心'本来是无声无味,所以说'微';按照'人心'去做,就会有许多不稳妥的地方,所以说'惟危'。"

四

问:"'中人以下,不可以语上。'①愚的人,与之语上尚且不进,况不与之语,可乎?"

先生曰:"不是圣人终不与语。圣人的心忧不得人人都做圣人,只是人的资质不同,施教不可躐等。中人以下的人,便与他说性、说命,他也不省得,也须慢慢琢磨他起来。"

[注释]

①中人以下,不可以语上:意为中等水平以下的人,不可以给他讲高深的学问。语出《论语·雍也》:"中人以上,可以语上也;中人以下,不可以语上也。"

[译文]

有人问:"《论语》中说'中人以下,不可以语上',给愚钝的人讲高深的学问,他们都不能进步,何况不给他们讲呢?"

先生说:"不是圣人始终都不给愚钝的人讲,圣人恨不得人人都成圣人,只是由于人的资质不同,教育时不能不因人而宜。中等资质以下的人,即使给他们讲性谈命他们也不会明白,需要慢慢地启发开导他。"

五

一友问:"读书不记得,如何?"

先生曰:"只要晓得,如何要记得?要晓得已是落第二义了,只要明得自家本体。若徒要记得,便不晓得;若徒要晓得,便明不得自家的本体。"

[译文]

一位朋友问:"读书记不住内容,怎么办?"

先生说:"只要理解了就行,为何非要记住才行呢?要理解道理已经落在第二位了,首要的是让自己的心体明澈。如果仅仅是要记住内容,就不能理解道理;如果仅仅是要理解道理,就不能使自己的心体明澈。"

六

问:"'逝者如斯'[①],是说自家心性活泼泼地否?"

先生曰:"然。须要时时用致良知的功夫,方才活泼泼地,方才与他川水一般;若须臾间断,便与天地不相似。此是学问极至处,圣人也只如此。"

[注释]

①逝者如斯:语出《论语·子罕》:"子在川上曰:'逝者如斯夫,不舍昼夜。'"意为孔子站在河岸上感慨万千:"光阴就像这河水一样,日日夜夜不停地流去,永不回头。"

[译文]

有人问:"孔子说'逝者如斯',是表明他自己心性本体生动活泼吗?"

先生说:"是的。只是要时时刻刻用致良知的功夫,才能使心性本体活泼生动,才能像河水一样;如果有片刻间断,就与天地的生机不一样了。这是做学问的最高境界,圣人也不过如此。"

七

问:"志士仁人"[①]章。

先生曰:"只为世上人都把生身命子看得来太重,不问当死不当死,定要宛转委曲保全,以此把天理却丢去了。忍心害理,何者不为?若违了天理,便与禽兽无异,便偷生在世上百千年,也不过做了千百年的禽兽。学者要于此等处看得明白。比干②、龙逢③,只为他看得分明,所以能成就得他的仁。"

[注释]

①志士仁人:语出《论语·卫灵公》:"子曰:'志士仁人,无求生以害仁,有杀身以成仁。'"②比干:殷纣王的叔父,屡次劝谏纣王,被纣王剖心而死。③龙逢:姓吴,夏王桀的贤臣,因多次直谏而被桀杀死。

[译文]

有人向先生请教《论语》中"志士仁人"一章。

先生说:"因为世人都把生命看得太重,不管该死与否,一定要委曲求全,保全性命,因此把天理都丢了。忍心残害天理,还有什么事做不出呢?如果违背了天理,就和禽兽没有差别,即便在世间苟活千百年,也不过是做了千百年的禽兽。学者要在这些地方看清楚。比干、龙逢,只因为他们看得清楚,所以能成就他们的仁。"

八

问:"叔孙武叔毁仲尼①,大圣人如何犹不免于毁谤?"

先生曰:"毁谤自外来的,虽圣人如何免得?人只贵于自修,若自己实实落落是个圣贤,纵然人都毁他,也说他不着,却若浮云掩日,如何损得日的光明?若自己是个象恭色庄、不坚不介的,纵然没一个人说他,他的恶慝终须一日发露。所以孟子说:'有求全之毁,有不虞之誉。'②毁誉在外的,安能避得?只要自修何如尔。"

[注释]

①叔孙武叔毁仲尼:事见《论语·子张》:"叔孙武叔毁仲尼。子贡曰:

'无以为也，仲尼不可毁也。他人之贤者，丘陵也，犹可逾也。仲尼，日月也，无得而逾焉。人虽欲自绝，其何伤于日月乎？多见其不知量也！'"②有求全之毁，有不虞之誉：语出《孟子·离娄上》："孟子曰：'有不虞之誉，有求全之毁。'"意为有意想不到的赞扬，也有过于苛求的诋毁。

[译文]

有人问："《论语》中记载叔孙武叔诽谤孔子，大圣人为何也免不了被人诽谤呢？"

先生说："诽谤是从外面来的，即使是圣人怎么能避免得了？人贵在自我修养，如果自己确确实实是个圣贤，即使别人都诽谤他，也不能对他有所损害，这好比浮云遮住了太阳，浮云如何能损害太阳的光明呢？如果自己外表恭敬端庄，内心却空虚无德，即便没有一个人诽谤，内心潜藏的恶终有一天会暴露出来。所以孟子说：'有求全之毁，有不虞之誉。'诽谤、赞誉来自外面，怎么能避免？只要不断加强自我修养，外来的毁誉算不了什么。"

九

刘君亮①要在山中静坐。

先生曰："汝若以厌外物之心去求之静，是反养成一个骄惰之气了。汝若不厌外物，复于静处涵养却好。"

[注释]

①刘君亮：字元道，王阳明弟子。

[译文]

刘君亮要去山中静坐修养。

先生说："你如果用厌弃外物的心去静中探求，反而会养成骄傲懒惰的习气。你如果不厌弃外物，又去静中存养，却是好的。"

十

王汝中①、省曾侍坐。

先生握扇命曰:"你们用扇。"

省曾起对曰:"不敢。"

先生曰:"圣人之学,不是这等捆缚苦楚的,不是装做道学的模样。"

汝中曰:"观'仲尼与曾点言志'一章略见。"

先生曰:"然。以此章观之,圣人何等宽洪包含气象!且为师者问志于群弟子,三子皆整顿以对。至于曾点,飘飘然不看那三子在眼,自去鼓起瑟来,何等狂态!及至言志,又不对师之问目,都是狂言。设在伊川,或斥骂起来了。②圣人乃复称许他,何等气象!圣人教人,不是个束缚他通做一般,只如狂者便从狂处成就他,狷者便从狷处成就他。人之才气如何同得?"

[注释]

①王汝中:王畿(1498~1583年),字汝中,别号龙谿,浙江绍兴人。王阳明得意门生,终生致力于传播王学。②"设在"二句:语出《河南程氏外书》卷十二:"二先生与持国同游西湖,命诸子侍行。行次有言貌不庄敬者,伊川回视,厉声叱之曰:'汝辈从长者行,敢笑语如此,韩氏孝谨之风衰矣。'持国遂皆逐去之。"

[译文]

王汝中和省曾陪先生坐着。

先生拿着扇说:"你们用扇子吧。"

省曾站起来回答:"不敢。"

先生说:"圣学不是这样让人感到拘束痛苦的,不是要装出道学的样子。"

王汝中说:"从《论语》'仲尼与曾点言志'一章可以看出这一点。"

先生说:"是啊。从这章来看,圣人的心胸是多么恢弘博大呀!老师问学生们的志向,子路、冉有、公西华都神色庄重地认真回答。而曾点却飘飘然不把其他三人放在眼里，独自去弹起瑟来，多狂傲啊！谈到志向时，他又不针对老师的提问回答，满口狂言。假如是程颐先生，可能早就责骂他了。孔子却称赞他，这是何等的气度！圣人教育人，不是把人都约束成一个模样。对狂傲的人就从狂处成就他，对性情梗直的人就在梗直处成就他，人的才能、气质怎么会相同呢？"

十一

先生语陆元静曰："元静少年亦要解《五经》，志亦好博。但圣人教人，只怕人不简易，他说的皆是简易之规。以今人好博之心观之，却似圣人教人差了。"

[译文]

先生对陆元静说："元静年轻时就想注解《五经》，志在博学。但圣人教育人只怕人不能简易，他讲的都是简易的方法。以现在人喜好博学的心来看，却似乎是圣人教人的方法错了。"

十二

先生曰："孔子无不知而作[1]，颜子有不善未尝不知，此是圣学真血脉路。"

[注释]

[1]孔子无不知而作：语出《论语·述而》："子曰：'盖有不知而作之者，我无是也。多闻，择其善者而从之。多见而识之，知之次也。'"

[译文]

先生说："孔子从不无知而妄作，颜子对于过错没有不知道的，这就是圣学的真正脉络。"

钱德洪录

一

何廷仁①、黄正之②、李侯璧③、汝中、德洪侍坐。先生顾而言曰:"汝辈学问不得长进,只是未立志。"

侯璧起而对曰:"珙亦愿立志。"

先生曰:"难说不立,未是'必为圣人之志'耳。"

对曰:"愿立'必为圣人之志'。"

先生曰:"你真有圣人之志,良知上更无不尽。良知上留得些子别念挂带,便非'必为圣人之志'矣。"

洪初闻时心若未服,听说到此,不觉悚汗。

[注释]

①何廷仁:字性之,号善山,江西雩都人,曾任新会县知县,王阳明得意门生,时称"浙有钱(德洪)、王(畿),江有何(廷仁)、黄(弘纲)"。②黄正之:黄弘纲,字正之,号洛村,江西雩都人。王阳明得意门生。③李侯璧:名珙,浙江永康人,阳明弟子,馀不详。

[译文]

何廷仁、黄弘纲、李侯璧、王畿、德洪陪先生坐。先生看着大家说:"你们的学问没有进步,原因就在于没有立志。"

侯璧站起来说:"我愿意立志。"

先生说:"很难说你没有立志。但你立的不是一定要做圣人的志向。"

侯璧回答说:"我愿意立一定要做圣人的志向。"

先生说:"你真有做圣人的志向,在致良知时就不会不尽全力。如果良知上还留有别的私心杂念,就不是一定要做圣人的志向了。"

德洪刚听时心中还不服气,听到这里,不觉浑身是汗。

二

先生曰:"良知是造化的精灵。这些精灵,生天生地,成鬼成帝,皆从此出,真是与物无对①。人若复得他完完全全,无少亏欠,自不觉手舞足蹈,不知天地间更有何乐可代!"

[注释]

①与物无对:程颢语,出自《河南程氏遗书》卷二:"此道与物无对。"

[译文]

先生说:"良知是造化的精灵,这些精灵产生了天、地,成就了鬼神、上帝,一切都是从这里产生,任何事物都不能和它相比。人如果能把良知恢复得完全彻底,没有任何欠缺,自然就会不知不觉间高兴得手舞足蹈,不知道天地间还有什么快乐能代替它!"

三

一友静坐有见,驰问先生。

答曰:"吾昔居滁时,见诸生多务知解口耳异同,无益于得,姑教之静坐。一时窥见光景,颇收近效;久之,渐有喜静厌动、流入枯槁之病,或务为玄解妙觉,动人听闻,故迩来只说致良知。良知明白,随你去静处体悟也好,随你去事上磨炼也好,良知本体原是无动无静的。此便是学问头脑。我这个话头,自滁州到今,亦较过几番,只是'致良知'三字无病。医经折肱,方能察人病理。①"

[注释]

① "医经折肱"二句:语出《左传·定公十三年》:"三折肱,知为良医。"

[译文]

一位朋友在静坐中有所领悟,就跑来请教先生。

先生回答说:"从前我在滁州时,看到学生们多注重对口耳间的知识的理解,争辩异同,没有多大的收获,就教他们暂且静坐。他们很快就领悟到了一些东西,短时间内效果很好。时间长了,逐渐有喜静厌动、沦入枯槁的毛病。有的人只追求那种奇妙的感觉,借此耸人听闻。所以,近来我只讲致良知。良知明白了,不管你在静中体察也好,在事情上磨炼也好,良知的本体原本是不分动静的。这就是做学问的要领。对这个问题,从滁州至现在我也反复思考过,只有'致良知'三个字没有弊病。这就好比医生要亲身经历过骨折,才能了解骨折的病理。"

四

一友问:"功夫欲得此知时时接续,一切应感处反觉照管不及;若去事上周旋,又觉不见了。如何则可?"

先生曰:"此只认良知未真,尚有内外之间。我这里功夫不由人急心,认得良知头脑是当,去朴实用功,自会透彻。到此便是内外两忘①,又何心事不合一?"

[注释]

① 内外两忘:意为不去分别内外。语出程颢《答横渠先生定性书》:"与其非外而是内,不若内外之两忘也。"

[译文]

一位朋友问:"下功夫想让良知周行不断,但在应付事物时却又感到照顾不周;如果去事情上周旋,又感觉不到良知了。这该如何是好?"

先生说:"这只是对良知认识不真切,还有内外的区别。我的致良知的功夫不能急于求成,看清良知的本质踏实用功,自然能体察透彻。到这一步就是内外两忘,心和事怎么能不融为一体呢?"

五

又曰:"功夫不是透得这个真机,如何得他充实光辉①?若能透得时,不由你聪明知解接得来,须胸中渣滓浑化②,不使有毫发沾滞始得。"

[注释]

①充实光辉:语出《孟子·尽心下》:"充实而有光辉之谓大。"②渣滓浑化:意为消融心中私欲。语出朱熹《论语集注》:"八音之节,可以养人之性情而荡涤其邪秽,消融其渣滓。"

[译文]

先生又说:"做功夫不能透彻把握良知这个真谛,怎么能使本心充实光明呢?要想透彻领悟,不是靠着你的聪明掌握很多知识就行的。必须融化心中的私欲,使本心没有丝毫的玷污阻碍才行。"

六

先生曰:"'天命之谓性',命即是性。'率性之谓道',性即是道。'修道之谓教',道即是教。"

问:"如何道即是教?"

曰:"道即是良知。良知原是完完全全,是的还他是,非的还他非,是非只依着他,更无有不是处。这良知还是你的明师。"

[译文]

先生说:"'天命之谓性',命就是性。'率性之谓道',性就是道。'修道之谓教',道就是教。"

有人问:"为什么道就是教?"

先生说:"道就是良知。良知原本是完美无缺的,是的就还它个是,非的就还它个非,是非只依据良知来判断,更不会有其他差错。这良知就是你高明的老师。"

七

问:"'不睹不闻'是说本体,'戒慎恐惧'是说功夫否?"

先生曰:"此处须信得本体原是'不睹不闻'的,亦原是'戒慎恐惧'的。'戒慎恐惧'不曾在'不睹不闻'上加得些子。见得真时,便谓'戒慎恐惧'是本体,'不睹不闻'是功夫亦得。"

[译文]

问:"《中庸》中'不睹不闻'说的是本体,'戒慎恐惧'说的是功夫吗?"

先生说:"这里必须坚信本体原来是'不睹不闻'的,也是'戒慎恐惧'的。'戒慎恐惧'没有在'不睹不闻'上增加一点东西。如果认识得真切了,说'戒慎恐惧'是本体、'不睹不闻'是功夫也可以。"

八

问"通乎昼夜之道而知"[①]。

先生曰:"良知原是知昼知夜的。"

又问:"人睡熟时,良知亦不知了。"

曰："不知，何以一叫便应？"

曰："良知常知，如何有睡熟时？"

曰："向晦宴息，此亦造化常理。夜来天地混沌，形色俱泯，人亦耳目无所睹闻，众窍俱翕，此即良知收敛凝一时。天地既开，庶物露生，人亦耳目有所睹闻，众窍俱辟，此即良知妙用发生时。可见人心与天地一体，故'上下与天地同流'[②]。今人不会宴息，夜来不是昏睡即是妄思魔寐。"

曰："睡时功夫如何用？"

先生曰："知昼即知夜矣。日间良知是顺应无滞的，夜间良知即是收敛凝一的，有梦即先兆。"

又曰："良知在'夜气'发的方是本体，以其无物欲之杂也。学者要使事物纷扰之时，常如夜气一般，就是'通乎昼夜之道而知'。"

[注释]

①通乎昼夜之道而知：语出《周易·系辞上》。②上下与天地同流：意为君子之心与天地同为一体。语出《孟子·尽心上》："夫君子所过者化，所存者神，上下与天地同流，岂曰小补之哉？"

[译文]

有人请教《周易》中的"通乎昼夜之道而知"。

先生说："良知本来是知道昼与夜的。"

又问："人熟睡时，良知就什么也不知道了。"

先生说："不知道怎么会一叫就答应？"

问："既然良知常知，为什么还有睡熟的时候？"

先生说："夜晚休息也是自然常理。夜晚天地一片朦胧，事物的形状颜色都消失了，人的眼睛耳朵也没什么可看可听了，器官都停止了活动，这就是良知收敛凝聚时的情形。白天到来，万物复苏，眼睛耳朵也有可看可听的了，所有的器官都开始工作，这就是良知发挥奇妙作用的时刻。由此可见，人心与天地是一个整体，所以孟子说'上下与天地同流'。现在的人不会休息，到了晚上不是昏睡就是胡思乱想做噩梦。"

问："睡觉时怎么用功呢？"

先生说："知道白天如何用功，也就知道夜晚怎么用功。白天良知是畅通无阻的，夜晚良知是收敛凝聚的，有梦就是先兆。"

先生又说："从'夜气'中生发的才是良知的本体，因为没有掺杂私欲。学者要在万事纷扰纠缠时，常常像'夜气'生发时一样，就是'通乎昼夜之道而知'。"

九

先生曰："仙家说到虚，圣人岂能虚上加得一毫实？佛氏说到无，圣人岂能无上加得一毫有？但仙家说虚，从养生上来；佛氏说无，从出离生死苦海①上来，却于本体上加却这些子意思在，便不是他虚无的本色了，便于本体有障碍。圣人只是还他良知的本色，更不着些子意在。良知之虚便是天之太虚②，良知之无便是太虚之无形。日、月、风、雷、山、川、民、物，凡有貌象形色，皆在太虚无形中发用流行，未尝作得天的障碍。圣人只是顺其良知之发用，天地万物俱在我良知的发用流行中，何尝又有一物超于良知之外，能作得障碍？"

[注释]

①苦海：佛教名词，比喻世俗人间的烦恼痛苦像大海一样无边。②太虚：指浩瀚的宇宙空间。张载《正蒙·太和》云："太虚无形，气之本体。"

[译文]

先生说："道家讲究的是'虚'，圣人怎能在'虚'上增加一丝'实'？佛家讲究的是'无'，圣人怎能在'无'上增加一丝'有'？但道家说'虚'是从养生上来说的，佛家说'无'是从脱离生死苦海上来说的。佛、道两家在本体上添加这些意思，使'虚'和'无'失去了本来面貌，对本体就有妨碍。圣人只是还良知的本来面目，而不添加任何意思。良知的'虚'就是天的'太虚'；良知的'无'就是'太虚'的无形。日、月、风、雷、山、川、民、物，凡是有相貌、形状、颜色的东西，都是在'太虚'无形中运动、变化，从未成为天的障碍。圣人只是顺应良知的生发运用，天地万物都在我良知的生发运动之中，哪有什么事物能超然于良知之外，成为良知的障碍呢？"

十

或问："释氏亦务养心，然要之不可以治天下，何也？"

先生曰："吾儒养心①，未尝离却事物，只顺其天则②自然就是功夫。释氏却要尽绝事物，把心看作幻相，渐入虚寂去了，与世间若无些子交涉，所以不可治天下。"

[注释]

①养心：语出《孟子·尽心下》："养心莫善于寡欲。"②天则：意为自然法则。语出《周易·乾卦·文言》："乾元'用九'，乃见天则。"

[译文]

有人问："佛家也专注于心的修养，但却不能用来治理天下，为什么？"

先生说："我们儒家修养身心从未离开事物，遵从天理法则就是功夫。佛教却要完全抛弃事物，把心看作幻相，逐渐陷入虚无之境，与世间事物似乎毫无关联，所以佛教不能治理天下。"

十一

或问异端①。

先生曰："与愚夫愚妇同的，是谓同德；与愚夫愚妇异的，是谓异端。"

[注释]

①异端：语出《论语·为政》："攻乎异端，斯害也已。"

[译文]

有人问关于异端的问题。

先生说："和愚夫愚妇相同的叫做同德，和愚夫愚妇不同的就叫异端。"

十二

先生曰："孟子不动心与告子不动心，所异只在毫厘间。告子只在不动心上着功，孟子便直从此心原不动处分晓。心之本体原是不动的，只为所行有不合义便动了。孟子不论心之动与不动，只是'集义'，所行无不是义，此心自然无可动处。若告子只要此心不动，便是把捉此心，将他生生不息之根反阻挠了。此非徒无益，而又害之。孟子'集义'功夫，自是养得充满，并无馁歉，自是纵横自在，活泼泼地，此便是浩然之气。"

又曰："告子病源，从性无善无不善上见来。性无善无不善，虽如此说，亦无大差。但告子执定看了，便有个无善无不善的性在内。有善有恶，又在物感上看，便有个物在外；却做两边看了，便会差。无善无不善，性原是如此。悟得及时，只此一句便尽了，更无有内外之间。告子见一个性在内，见一个物在外，便见他于性有未透彻处。"

[译文]

先生说："孟子所说的不动心与告子所说的不动心，差别只在毫厘之间。告子只在不动心上用功，孟子却直接从心的原本不动处用功。心的本体原本是静止不动的，只是因为有不符合义的行为，心才动。孟子不管心的动和不动，只是'集义'，所行都符合义，心自然不会乱动。而告子只是要心不动，也就是抓住心不放，反而将心生生不息的根阻碍了。这不但没有益处，反而又损害了心。孟子'集义'的功夫，把心修养得完善充实，心自然生机勃勃，自由自在。这就是浩然正气。"

先生又说："告子的病根，在于他认为人性无善无不善。这种观点虽然没有大错，但告子在这个问题上太死板，心里就有个无所谓善不善的人性。从对事物的感觉上看，认为人性有善有恶，心外就有个物在。这就把心和物分开了，就会出错。性原本就是无善无不善的，领悟时，只这一句话就行了，再没有内外的区别。告子看见一个性在心内，看见一个物在心外，由此可见，他对性的认识还不彻底。"

十三

朱本思[①]问："人有虚灵方有良知，若草、木、瓦、石之类，亦有良知否？"

先生曰："人的良知，就是草木瓦石的良知。若草木瓦石无人的良知，不可以为草木瓦石矣。岂惟草木瓦石为然，天地无人的良知亦不可为天地矣。盖天地万物与人原是一体，其发窍之最精处，是人心一点灵明。风雨露雷、日月星辰、禽兽草木、山川土石，与人原只一体。故五谷禽兽之类皆可以养人，药石之类皆可以疗疾。只为同此一气，故能相通耳。"

[注释]

①朱本思：朱得之，字本思，号近斋。江苏靖江人，王阳明弟子。

[译文]

朱本思问："人有清净的灵觉才有良知。像草、木、瓦、石之类的事物，也有良知吗？"

先生说："人的良知，就是草木瓦石的良知。如果它们没有人的良知,也就不成为草木瓦石了。难道仅仅草木瓦石如此吗?天地如果没有人的良知,也不能成为天地。总之,天地万物和人原本是一个整体,它最精妙的开窍处是人心的一点灵明。风雨露雷、日月星辰、禽兽草木、山川土石,同人原本是一个整体。所以,五谷禽兽等都可以养人,药石等都可以治疗疾病。就是因为万物的气是相同的,都是一气流行,所以能够相通。"

十四

先生游南镇①。一友指岩中花树问曰:"天下无心外之物,如此花树,在深山中自开自落,于我心亦何相关?"

先生曰:"你未看此花时,此花与汝心同归于寂;你来看此花时,则此花颜色一时明白起来,便知此花不在你的心外。"

[注释]

①南镇:浙江会稽山在隋文帝开皇年间被封为南镇。

[译文]

先生游览南镇时,一位朋友指着岩石中的花树问:"先生说心外没有事物,像这花树,在深山中自开自落,和我们的心有什么关系呢?"

先生说:"你没看到此花时,这花同你的心同处于寂静状态。你看到这花时,这花的颜色一下显现出来。由此可知这花并不在你的心外。"

十五

问:"大人与物同体,如何《大学》又说个厚薄①?"

先生曰:"惟是道理自有厚薄。比如身是一体,把手足捍头目,岂是偏要薄手足?其道理合如此。禽兽与草木同是爱的,把草木去养禽兽,又忍得?人与禽兽同是爱的,宰禽兽以养亲与供祭祀、燕宾客，心又忍得？至亲与路人同是爱的，如箪食豆羹，得则生，不得则死②，不能两全，宁救至亲，不救路人，心又忍得？这是道理合该如此。乃至吾身与至亲，更不得分别彼此厚薄。盖以仁民爱物皆从此出，此处可忍，更无所不忍矣。《大学》所谓厚薄，是良知上自然的条理，不可逾越，此便谓之义；顺这个条理，便谓之礼；知此条理，便谓之智；终始是这条理，便谓之信。"

[注释]

①"如何"一句：语出《大学》："其所厚者薄，而其所薄者厚，未之有也。"②"如箪食豆羹"三句：语出《孟子·告子上》："一箪食，一豆羹，得之则生，弗得则死，嘑尔而与之，行道之人弗受；蹴尔而与之，乞人不屑也。"

[译文]

有人问："先生认为大人与事物同是一个整体，为什么《大学》却要分个厚薄呢？"

先生说："只是因为道理本来就有厚薄的差别。比如，人身是一个整体，用手脚保护头和眼睛，难道是要故意轻视手脚吗？这是理该如此。我们对禽兽和草木同样热爱，又怎忍心用草木喂养禽兽呢？同样爱人和禽兽，又怎忍心宰杀禽兽奉养亲人、祭祀祖先、招待宾客呢？我们对至亲和路人有同样的爱，如果只有一篮饭、一碗汤，得到就能活，得不到就会饿死，这点食物又不能救两个人，我们宁愿去救亲人而不救路人，又怎么忍心呢？这是道理本该如此。至于对自己和亲人，更不会加以区别，厚此薄彼。因为对人的仁和对物的爱都是从亲情中产生的，这里能忍心，那就没有什么不能忍心了。《大学》所说的厚薄，是良知自有的条理，不能超越，这就是义；遵循这个条理，就是礼；明白这个条理就是智；始终坚持这个条理，就是信。"

十六

又曰:"目无体,以万物之色为体;耳无体,以万物之声为体;鼻无体,以万物之臭为体;口无体,以万物之味为体;心无体,以天地万物感应之是非为体。"

[译文]

先生又说:"眼睛没有本体,以万物的颜色为本体;耳朵没有本体,以万物的声音为本体;鼻子没有本体,以万物的气味为本体,嘴巴没有本体,以万物的味道为本体;心没有本体,以天地万物感应的是非为本体。"

十七

问"夭寿不贰"。

先生曰:"学问功夫,于一切声利嗜好俱能脱落殆尽,尚有一种生死念头毫发挂带,便于全体有未融释处。人于生死念头,本从生身命根上带来,故不易去。若于此处见得破,透得过,此心全体方是流行无碍,方是尽性至命①之学。"

[注释]

①尽性至命:语出《周易·说卦传》:"穷理尽性,以至于命。"

[译文]

有人请教"夭寿不贰"。

先生说:"人的学问功夫能摆脱一切名利嗜好,但是,只要还有一丝恋生怕死的念头牵挂,就不能与整个本体全部融合。人的生死念头,原本是从生命的根子上带来的,所以不容易清除。如果在这里能看破识透,整个心体才会畅通无阻,这才是尽性至命的学问。"

十八

一友问:"欲于静坐时,将好名、好色、好货等根逐一搜寻,扫除廓清,恐是剜肉做疮否?"

先生正色曰:"这是我医人的方子,真是去得人病根。更有大本事人,过了十数年亦还用得着。你如不用,且放起,不要作坏我的方子。"

是友愧谢。

少间曰:"此量非你事,必吾门稍知意思者,为此说以误汝。"

在坐者皆悚然。

[译文]

一位朋友问:"我想在静坐时,将好名、好色、好货等病根一一找出来,清除干净,只怕这又是割肉补疮吧?"

先生一脸严肃地说:"这是我治病救人的药方,真能去掉人的病根。本事再大的人,过了十几年也还用得着。你如果不用,就放起来,不要糟蹋了我的药方。"

这位朋友十分惭愧地道歉。

过了一会儿,先生又说:"我猜这也不是你的想法,一定是我那些略知皮毛的学生这样说来误导你。"

在座的人都感到心惊。

十九

一友问功夫不切。

先生曰:"学问功夫,我已曾一句道尽。如何今日转说转远,都不着根?"

对曰:"'致良知'盖闻教矣。然亦须讲明。"

先生曰:"既知'致良知',又何可讲明?良知本是明白,实落用功便是。不肯用功,只在语言上转说转糊涂。"

曰:"正求讲明致之之功。"

先生曰:"此亦须你自家求,我亦无别法可道。昔有禅师,人来问法,只把麈尾①提起。一日,其徒将其麈尾藏过,试他如何设法。禅师寻麈尾不见,又只空手提起。我这个良知就是设法的麈尾,舍了这个,有何可提得?"

少间,又一友请问功夫切要。

先生旁顾曰:"我麈尾安在?"

一时在坐者皆跃然。

[注释]

①麈尾:即拂尘,古人用麈等鹿科动物的尾毛制作拂尘。

[译文]

一位朋友问先生功夫不真切该怎么办。

先生说:"我已经用一句话把做学问的功夫说完了,为什么现在越说越远,抓不住要领呢?"

这位朋友回答说:"听你讲过'致良知',但还需要进一步加以说明。"

先生说:"既然已经知道'致良知'了,又有什么可说明的?良知本来明明白白,踏实用功就行了。不肯用功,只在语言文句上说来说去,就越说越糊涂。"

朋友说:"我正是想请你讲明'致良知'的功夫。"

先生说:"这也必须你自己探求,我也没有别的方法可讲。过去有一位禅师,有人来问佛法,他只把拂尘提起来。一天,他的徒弟把他的拂尘藏起来,想看他用什么讲明佛法。禅师找不到拂尘,只好空手做个提拂尘的姿势。我讲的良知就是开导人的拂尘,除了它,还有什么可提呢?"

不一会儿,又有一位朋友请教做功夫的要领。

先生往旁边看了看说:"我的拂尘哪儿去了?"

一时间在座的人哄堂大笑。

二十

或问"至诚"、"前知"①。

先生曰:"诚是实理,只是一个良知。实理之妙用流行就是神,其萌动处就是几,'诚、神、几曰圣人'②。圣人不贵前知,祸福之来虽圣人有所不免。圣人只是知几,遇变而通耳。良知无前后,只知得见在的几,便是一了百了。若有个'前知'的心,就是私心,就有趋避利害的意。邵子必于前知,终是利害心未尽处。"

[注释]

①至诚、前知:语出《中庸》:"至诚之道,可以前知。国家将兴,必有祯祥;国家将亡,必有妖孽。"②诚、神、几曰圣人:语出周敦颐《通书》:"寂然不动者,诚也;感而遂通者,神也;动而未形、有无之间者,几也。诚精故明,神应故妙,几微故幽,诚、神、几曰圣人。"

[译文]

有人请教《中庸》中的"至诚"、"前知"。

先生说:"诚是实实在在的道理,只是一个良知。实在道理的奇妙作用就是神,它的萌动处就是几,'具备诚、神、几的就是圣人'。圣人并不注重预知未来,即使是圣人,有时也难以避免祸福的降临。圣人只是明白事物发展的规律,遇到事变能够随机应变而已。良知不分先后,只要通晓其规律,就能解决所有的问题。如果存心要'前知',那么这个心就是私心,就有趋吉避凶的意思。邵雍一定要预知未来,就是没有完全清除趋利避害的私心。"

二一

先生曰:"无知无不知,本体原是如此。譬如日未尝有心照物,而自无物不照。无照无不照,原是日的本体。良知本无知,今却要有知;本无不知,今却疑有不知。只是信不及耳。"

[译文]

先生说:"本体原来就是无知无不知的,比如太阳何尝有意去照射万物,但实际上无物不照。无意去照却无所不照,就是太阳的本体。良知原本是无知的,现在却要他有知;良知本来是无不知的,现在却怀疑它有不知,这只是对良知不坚信罢了。"

二二

先生曰:"'惟天下至圣为能聪明睿知',旧看何等玄妙,今看来原是人人自有的。耳原是聪,目原是明,心思原是睿知。圣人只是一能之尔,能处正是良知。众人不能,只是个不致知。何等明白简易!"

[译文]

先生说:"《中庸》说'只有天下最圣贤的人才能聪明睿智',过去觉得这多么玄妙高深,现在看原来是人人都有的。耳本来就聪,眼本来就明,心本来就睿智。圣人只是具备了一种才能而已,这才能就是致良知。一般人不聪明睿智,只是由于不能致良知。这是多么简单明白啊!"

二三

问:"孔子所谓'远虑'[①],周公'夜以继日'[②],与'将迎'不同。何如?"

先生曰:"'远虑'不是茫茫荡荡去思虑,只是要存这天理。

天理在人心，亘古亘今，无有终始。天理即是良知，千思万虑，只是要致良知。良知愈思愈精明，若不精思，漫然随事应去，良知便粗了。若只着在事上茫茫荡荡去思教做远虑，便不免有毁誉、得丧、人欲搀入其中，就是'将迎'了。周公终夜以思，只是'戒慎不睹，恐惧不闻'的功夫。见得时，其气象与'将迎'自别。"

[注释]

①远虑：语出《论语·卫灵公》："子曰：'人无远虑，必有近忧。'"
②夜以继日：语出《孟子·离娄下》："周公思兼三王，以施四事；其有不合者，仰而思之，夜以继日；幸而得之，坐以待旦。"

[译文]

有人问："孔子所说的'远虑'，周公的'夜以继日'地思考，与'将迎'有什么不同？"

先生说："'远虑'不是空空荡荡盲目地思考，只是要存养天理。天理自在人心，横贯古今，无始无终。天理就是良知，千思万虑只是要致良知。良知越想越精确明白，如果不认真思考，漫不经心地随事应付，良知就粗疏了。如果把只在事上空空荡荡去想叫做'远虑'，便免不了有毁誉、得失、私欲掺杂进来，这就是刻意而为了，就是'将迎'。周公整夜思索，就是'戒慎不睹，恐惧不闻'的功夫。明白了这一点，周公的气象与刻意而为自然就有了区别。"

二四

问："'一日克己复礼，天下归仁'①，朱子作效验说②，如何？"

先生曰："圣贤只是为己之学，重功夫不重效验。仁者以万物为一体，不能一体，只是己私未忘。全得仁体，则天下皆归于吾仁，就是'八荒皆在我闼'③意，天下皆与，其仁亦在其中。

如'在邦无怨，在家无怨'④，亦只是自家不怨，如'不怨天，不尤人'之意。然家邦无怨，于我亦在其中，但所重不在此。"

[注释]

①一日克己复礼，天下归仁：语出《论语·颜渊》："子曰：'克己复礼为仁。一日克己复礼，天下归仁焉。为仁由己，而由人乎哉？'"②朱子作效验说：语出朱熹《论语集注》："极言其效之甚远而至大也。"③八荒皆在我闼：意为八方荒远之地都在我的门内。语出吕大临《克己铭》："亦既克之，皇皇四达；洞然八荒，皆在我闼。"④在邦无怨，在家无怨：意为不论在邦还是在家都没有怨恨。语出《论语·颜渊》："己所不欲，勿施于人。在邦无怨，在家无怨。"

[译文]

有人问："朱熹认为《论语》中的'一日克己复礼，天下归仁'，是从效验上说的，到底怎么样呢？"

先生说："圣贤的学问是为自己的学问，注重功夫不注重效验。有仁爱的人与天地万物是一体，如果不能与万物成为一体，是没有忘掉自己的私欲。如果能恢复仁的整体，那么天下都归到我的仁中，就是'八荒皆在我闼'的意思。天下都归于同一个仁，我们的仁自然也包括在其中。如'在邦无怨，在家无怨'，也只是自己无怨，一如'不怨天，不尤人'的意思。然而，如果在诸侯国、卿大夫家都没有怨恨，我自然也在其中，只是重点不在于这种效验。"

二五

问："孟子'巧、力、圣、智'①之说，朱子云：'三子力有余而巧不足。'②何如？"

先生曰："三子固有力，亦有巧。巧、力实非两事，巧亦只在用力处，力而不巧，亦是徒力。三子譬如射：一能步箭，一能马箭，一能远箭。他射得到俱谓之力，中处俱可谓之巧。但步不能马,马不能远,各有所长,便是才力分限有不同处。孔子则三者皆长。然孔子之和只到得柳下惠③而极,清只到得伯夷而极,任只到得伊尹而极,何曾加得些子?若谓'三子力有余而巧不足',则其力反过孔子了。巧、力只是发明圣、知之义,若识得圣、知本体是何物,便自了然。"

[注释]

①巧、力、圣、智:孟子用巧比喻智,用力比喻圣。语出《孟子·万章下》:"孟子曰:'伯夷,圣之清者也;伊尹,圣之任者也;柳下惠,圣之和者也;孔子,圣之时者也。孔子之谓集大成……智,譬则巧也;圣,譬则力也。由射于百步之外也,其至,尔力也;其中,非尔力也。'"②三子力有余而巧不足:朱熹认为伊尹、伯夷、柳下惠三人力(圣)有余巧(智)不足。语出朱熹《孟子集注》:"三子则力有余而巧不足,是以一节虽至于圣,而智不足以及乎时中也。"③柳下惠:展获,字禽。春秋时鲁国的贤大夫,食邑在柳下,谥惠,后世遂称之柳下惠,以擅长贵族礼仪著称。

[译文]

有人问:"针对孟子'巧、力、圣、智'的说法,朱熹说'三子力有余而巧不足',对吗?"

先生说:"伯夷、伊尹、柳下惠三人当然有'力',但也有'巧'。'巧'和'力'并不是两回事,'力'中也有'巧',有'力'而无'巧',只是白费力。可以用射箭来比喻这三个人:一人能步行射箭,一人能骑马射箭,一人能远射。他们能射到靶子跟前,就都是'力';能射中靶子,就都是'巧'。但是能步行射箭的不能在马上射,能骑马射箭的人不能远射。他们三人各有所长,这就是才智禀赋各不相同。孔子则兼有这三人的长处。然而,孔子的'和'最多只能达到柳下惠的程度,孔子的'清'最多也只能达到伯夷的程度,孔子的'任'最多也只能达到伊尹的程度,他又怎么能再增加一些呢?如果说'三子力有余而巧不足',那就是说他们的'力'反而超过孔子了。'巧'、'力'只是阐明'圣'和

'智'的含义,如果知道'圣'、'智'的本体是什么,便自会了然于心。"

二六

先生曰:"'先天而天弗违',天即良知也;'后天而奉天时',良知即天也。"

"良知只是个是非之心,是非只是个好恶。只好恶就尽了是非,只是非就尽了万事万变。"

又曰:"是非两字是个大规矩,巧处则存乎其人。"

"圣人之知如青天之日,贤人如浮云天日,愚人如阴霾天日。虽有昏明不同,其能辨黑白则一。虽昏黑夜里,亦影影见得黑白,就是日之余光未尽处。困学①功夫,亦只从这点明处精察去耳。"

[注释]

①困学:意为遇到困难才开始学习。语出《论语·季氏》:"孔子曰:'生而知之者,上也;学而知之者,次也;困而知之者,又其次也;困而不学,民斯为下矣。'"

[译文]

先生说:"'先天而天弗违',天就是良知;'后天而奉天时',良知就是天。"

"良知只是个辨别是非的心,是非就是好恶。明白好恶就穷尽了是非,明白是非就穷尽了万物的变化。"

先生又说:"'是非'这两字是个大的原则,具体运用则因人而异。"

"圣人的良知就像晴空中的太阳,贤人的良知像空中有浮云时的太阳,愚人的良知则是阴云密布时的太阳。虽有昏暗与光明的差异,但在能辨认黑白上是相同的。即使在昏暗的黑夜里,也能隐隐约约看清黑白,就是太阳的余光还没有完全消失。在困境中学习的功夫,也就是从这点光明的地方去精确体察。"

二七

问:"知譬日,欲譬云。云虽能蔽日,亦是天之一气合有的,欲亦莫非人心合有否?"

先生曰:"喜、怒、哀、惧、爱、恶、欲,谓之七情,七者俱是人心合有的,但要认得良知明白。比如日光,亦不可指着方所,一隙通明,皆是日光所在。虽云雾四塞,太虚中色象可辨,亦是日光不灭处。不可以云能蔽日,教天不要生云。七情顺其自然之流行,皆是良知之用,不可分别善恶,但不可有所着。七情有着,俱谓之欲,俱为良知之蔽。然才有着时,良知亦自会觉;觉即蔽去,复其体矣。此处能勘得破,方是简易透彻功夫。"

[译文]

有人问:"良知就像太阳,私欲好比乌云。乌云虽能遮蔽太阳,也是天气本该有的,私欲莫非也是人心中应该有的吗?"

先生说:"喜、怒、哀、惧、爱、恶、欲,叫做七情,都是人心中本来就有的,只是要把良知认识清楚。比如阳光,也不能只照一个地方。只要有一丝光明,就都是阳光所在。虽然云雾蔽天,只要太虚中还能辨认出形象、颜色,也是阳光没有消失的证明。不能因为乌云会遮蔽太阳,就让天不生乌云。七情的自然流露,都是良知的运用,不能把七情分成善的恶的,但也不可执著。执著于七情就是私欲,都是对良知的蒙蔽。不过,刚刚执著于七情时,良知也自然会发觉,发觉就会去掉蒙蔽,恢复良知的本体。在这个问题上能看得明白,才是简单彻底的功夫。"

二八

问:"圣人生知安行是自然的,如何?有甚功夫?"

先生曰："'知行'二字即是功夫，但有浅深难易之殊耳。良知原是精精明明的，如欲孝亲，'生知安行'的只是依此良知实落尽孝而已；'学知利行'者只是时时省觉，务要依此良知尽孝而已；至于'困知勉行'者，蔽锢已深，虽要依此良知去孝，又为私欲所阻，是以不能，必须加人一己百、人十己千之功，方能依此良知以尽其孝。圣人虽是'生知安行'，然其心不敢自是，肯做'困知勉行'的功夫。'困知勉行'的却要思量做'生知安行'的事，怎生成得？"

[译文]

有人问："圣人生知安行是天生的，这话对吗？有什么功夫做到这一点呢？"

先生说："'知行'两个字就是功夫，但是有深浅难易的差别。良知原本是精纯明洁的，比如想孝敬父母，'生知安行'的人只是按照良知去尽孝就行；'学知利行'的人只是时刻反省体察，努力按照良知去尽孝而已；至于'困知勉行'的人，良知受蒙蔽禁锢太深，即使想按照良知去尽孝，但为私欲阻碍不能尽孝，必须付出比别人百倍、千倍的努力才能做到。圣人虽是'生知安行'，但他心里也不敢自以为是，而愿意做'困知勉行'的功夫。可是'困知勉行'的人却想着去做'生知安行'的事，这怎么可能呢？"

二九

问："乐是心之本体，不知遇大故，于哀哭时，此乐还在否？"

先生曰："须是大哭一番了方乐，不哭便不乐矣。虽哭，此心安处即是乐也，本体未尝有动。"

问："良知一而已。文王作彖，周公系爻，孔子赞《易》，何以各自看理不同？"

先生曰："圣何能拘得死格？大要出于良知同，便各为说何害？且如一园竹，只要同此枝节，便是大同；若拘定枝枝节节，都要高下大小一样，便非造化妙手矣。汝辈只要去培养良知，良知同更不妨有异处。汝辈若不肯用功，连笋也不曾抽得，何处去论枝节？"

[译文]

有人问："乐是心的本体，不知遇到父母去世痛哭时，这个乐还在不在呢？"

先生说："必须大哭一场后才能快乐，不哭就不能快乐。虽然痛哭，但内心得到了安慰，也就是快乐，心的本体并没有变化。"

有人问："良知只有一个，但周文王作卦辞，周公写爻辞，孔子写十翼，为何他们各自对《易》理的看法不相同呢？"

先生说："圣人怎么会拘泥死守教条呢？只要从大的方面看都是出于同一个良知，即使各自的说法不同又有什么害处？例如一园竹子，只要都是同样的枝节，就是根本上相同了；如果一定要拘泥于每根竹子的枝枝节节，都要求它们高低大小一样，那就不是自然造化的奇妙了。你们只要用心培养良知，良知相同，别的方面有差异也无妨。你们如果不用功，就好比连笋也长不出来，到哪里去谈论枝节呢？"

三十

乡人有父子讼狱，请诉于先生。侍者欲阻之，先生听之，言不终辞，其父子相抱恸哭而去。

柴鸣治①入问曰："先生何言，致伊感悔之速？"

先生说："我言舜是世间大不孝的子，瞽叟是世间大慈的父。"

鸣治愕然，请问。

先生曰:"舜常自以为大不孝,所以能孝;瞽瞍常自以为大慈,所以不能慈。瞽瞍只记得舜是我提孩长的,今何不曾豫悦我?不知自心已为后妻所移了,尚谓自家能慈,所以愈不能慈。舜只思父提孩我时如何爱我,今日不爱,只是我不能尽孝,日思所以不能尽孝处,所以愈能孝。及至瞽瞍底豫时,又不过复得此心原慈的本体。所以后世称舜是个古今大孝的子,瞽瞍亦做成个慈父。"

[注释]

①柴鸣治:王阳明弟子,馀不详。

[译文]

乡下有父子俩打官司,请先生裁决。先生的侍从想阻拦他们,先生却听他们诉说,尔后劝解的话还没说完,父子俩就抱头痛哭而去。

柴鸣治进来问:"先生讲了什么,使他们这么快就感动觉悟了?"

先生说:"我说舜是世间最不孝的儿子,瞽瞍是世间最慈爱的父亲。"

柴鸣治很惊诧,请教这样说的道理。

先生说:"舜常常认为自己最不孝,所以他才能尽孝;瞽瞍常常以为自己最慈爱,所以他才不慈爱。瞽瞍只记得舜是我从小养大的,现在为什么不让我愉悦呢?他不知道自己的心已被后妻改变,还认为自己对舜很慈爱,所以他越发不能慈爱舜。舜只想着我小时候父亲如何如何爱我,现在不爱我,只是因为我不能尽孝,每天想着自己不能尽孝的地方,所以就更孝顺。等到瞽瞍高兴的时候,只不过是恢复了他心中原有的慈爱。因此,后世称赞舜是古往今来最孝顺的儿子,瞽瞍也就成了慈父。"

三一

先生曰:"孔子有鄙夫来问,未尝先有知识以应之,其心只空空而已；但叩他自知的是非两端，①与之一剖决，鄙夫之心便已了然。鄙夫自知的是非，便是他本来天则，虽圣人聪明，如何可与增减得一毫？他只不能自信，夫子与之一剖决，便已竭尽无余了。若夫子与鄙夫言时，留得些子知识在，便是不能竭他的良知，道体即有二了。"

[注释]

① "孔子"四句：语出《论语·子罕》："子曰：'吾有知乎哉？无知也。有鄙夫问于我，空空如也。我叩其两端而竭焉。'"

[译文]

先生说："有农夫来向孔子请教，孔子并没有现成的知识来回答他，心里也是空空的；孔子只是询问农夫自己知道的是是非非，从是非的两个方面帮他一分析，农夫就明白了。农夫自己知道的是非，是他内心深处本来就有的原则，圣人虽然聪明睿智，又怎么能增减一丝一毫呢？农夫只是不自信，孔子给他一分析，是非曲直就十分清楚了。如果孔子跟农夫讲的时候，给他灌输一些知识，就不能使他的良知完全开悟，反而把他为善的本体即良知分成两个了。"

三二

先生曰："'蒸蒸乂，不格奸'①，本注说象已进进于义，不至大为奸恶。舜征庸后，象犹日以杀舜为事②，何大奸恶如之！舜只是自进于义，以乂薰蒸，不去正他奸恶。凡文过掩慝，此是恶人常态，若要指摘他是非，反去激他恶性。舜初时致得象要杀己，亦是要象好的心太急，此就是舜之过处。经过来，乃知功夫只在自己，不去责人，所以致得'克谐'。此是舜'动心忍性，增益不能'处。古人言语，俱是自家经历过来，所以说得亲切，遗之后世，曲当人情。若非自家经过，如何得他许多苦心处？"

[注释]

①蒸蒸乂,不格奸:语出《尚书·尧典》。②象犹日以杀舜为事:语出《孟子·万章上》:"象往入舜宫……不识舜不知象之将杀己与?"曰:"奚而不知也?象忧亦忧,象喜亦喜。"

[译文]

先生说:"《尚书》中的'蒸蒸乂,不格奸',孔安国的注释认为,象已上进到接近义了,不至于去做大奸大恶的事。舜被尧征召做官后,象还每天想着要杀舜,什么样的大奸大恶能跟这比呢!舜只是自觉地采用安抚的方法来熏陶感化象,而不是直接去纠正他的奸恶。文过饰非,掩盖罪恶,这是恶人的习惯做法。如果去指摘他的错误,反而会刺激他的恶性。舜当初使得象要杀自己,也是要象改邪归正的心太急,这是舜自己的过失。有了这个教训,舜才知道功夫只在自己,而不是去责备他人,所以才能与象和平相处。这就是舜能够转变观念、坚韧性格、提高能力的体现。古人的话,都是自己亲身经历的总结,所以才说得十分贴切,流传到后世,经过变通仍能合乎人情世故。如果自己不亲身经历,怎么能体会得了他们的许多苦心呢?"

三三

先生曰:"古乐不作久矣。今之戏子,尚与古乐意思相近。"

未达,请问。

先生曰:"《韶》之九成①,便是舜的一本戏子;《武》②之九变,便是武王的一本戏子。圣人一生实事,俱播在乐中,所以有德者闻之,便知他尽善尽美与尽美未尽善处③。若后世作乐,只是做些词调,于民俗风化绝无关涉,何以化民善俗!今要民俗反朴还淳,取今之戏子,将妖淫词调俱去了,只取忠臣孝子故事,使愚俗百姓人人易晓,无意中感激他良知起来,却与风化有益。

然后古乐渐次可复矣。"

曰："洪要求元声不可得，恐于古乐亦难复。"

先生曰："你说元声在何处求？"

对曰："古人制管候气，恐是求元声之法。"

先生曰："若要去葭灰黍粒中求元声，却如水底捞月，如何可得？元声只在你心上求。"

曰："心如何求？"

先生曰："古人为治，先养得人心和平，然后作乐。比如在此歌诗，你的心气和平，听者自然悦怿兴起，只此便是元声④之始。《书》云'诗言志'，志便是乐的本；'歌永言'，歌便是作乐的本；'声依永，律和声'，律只要和声，和声便是制律的本。⑤何尝求之于外？"

曰："古人制候气法，是意何取？"

先生曰："古人具中和之体以作乐。我的中和原与天地之气相应，候天地之气，协凤凰之音，不过去验我的气果和否。此是成律已后事，非必待此以成律也。今要候灰管先须定至日，然至日子时，恐又不准，又何处取得准来？"

[注释]

①《韶》之九成：韶相传为舜所作的乐曲名。成，相当于现在的乐章，奏完一章谓之一成，转入下一章谓之一变。②《武》：相传为武王所作的乐曲名。③"便知"句：语出《论语·八佾》："子谓《韶》：'尽美矣，又尽善也。'谓《武》：'尽美矣，未尽善也。'"④元声：黄钟管发出的声音，为十二律所依据的基准音。⑤"《书》云"几句：语出《尚书·舜典》："诗言志，歌永言，声依永，律和声。"意为诗表达的是思想情感，歌曲咏唱的是诗句，声音的高低与咏唱的风格相符合，音律则与声音高低相和谐。

[译文]

先生说："古乐不流行已经很久了，现在的戏曲与古乐还有些接近。"

德洪不明白,向先生请教。

先生说:"《韶》乐九章就是舜的戏曲,《武》乐九变就是武王的戏曲。圣人一生的事迹,都蕴涵在音乐中。所以,德行高尚的人听了,就能知道其中尽善尽美与尽美不尽善的地方。后世制作乐曲,只是作一些俗词滥调,与民风教化一点也没有关系,怎么能用来教化人民改良风俗呢?现在要想使民风返璞归真,将戏曲中的淫词滥调都删掉,只保留忠臣孝子的故事,使愚昧的百姓人人都能明白,在潜移默化中激发他们的良知,这对风俗教化十分有益。然后古乐就可以逐渐恢复了。"

德洪说:"我要寻找元声都找不到,恐怕古乐也是很难恢复的。"

先生说:"你说元声在哪里找?"

德洪说:"古人制造律管来测定节气,可能就是寻找元声的方法。"

先生说:"如果要在草灰黍粒中找元声,那就像水底捞月一样,怎么能找到?元声只能在你心里去找。"

德洪说:"在心里如何找?"

先生说:"古人治理天下,先把人心培养得平和,然后制作音乐。比如在这里唱歌咏诗,你的心气平和了,听的人自然能感到愉悦兴奋,这就是元声开始的地方。《尚书》说'诗言志',志就是乐的根本;'歌永言',歌就是制作音乐的根本;'声依永,律和声',音律要求声音和谐,这是制律的根本,何曾到心外去探求呢?"

德洪说:"古人制作律管测定节气的根据是什么?"

先生说:"古人具备了中正平和的心体才制作音乐。我们的中正平和本来与天地之气是相感应的。测定天地之气、协调凤凰鸣叫的声音,不过是为了验证我们的心气是否中正平和。候天地之气、协凤凰之音是制成音律之后的事情,而不是要根据这来制作音律。现在要用律管测气,必须先确定冬至的日子,但是到了冬至的子时,又恐怕不准确,那么,又去哪里找标准呢?"

三四

先生曰:"学问也要点化,但不如自家解化者,自一了百当。不然,亦点化许多不得。"

[译文]

先生说:"做学问需要别人指点开导,但不如自己领悟理解,自己领悟理解就会一通百通。如果自己不能领悟理解,光靠别人指点开导,终究也掌握不了多少。"

三五

"孔子气魄极大,凡帝王事业无不一一理会,也只从那心上来。譬如大树有多少枝叶,也只是根本上用得培养功夫,故自然能如此,非是从枝叶上用功做得根本也。学者学孔子,不在心上用功,汲汲然去学那气魄,却倒做了。"

[译文]

先生说:"孔子的气魄很大,凡是帝王的事业他都能一一领悟,这也只是从他的本心来的。比如一棵大树,不管有多少枝叶,也只是在树根上去用功培养,所以它自然能枝叶繁茂,而不是从枝叶上用功去培养树根。学者学习孔子,不在心上用功,却念念不忘去学孔子的气魄,这是把功夫做颠倒了。"

三六

"人有过,多于过上用功,就是补甑,其流必归于文过。"

[译文]

先生说:"人有过错,如果多在过错上下功夫,就像修补打破的瓦罐,到后来必然导致文过饰非的弊病。"

三七

"今人于吃饭时,虽无一事在前,其心常役役不宁。只缘此心忙惯了,所以收摄不住。"

[译文]

先生说:"现在的人吃饭时,即使没有一件事来打扰,心里也常常乱七八糟的。这是因为心忙惯了,所以收不住。"

三八

"琴瑟简编,学者不可无。盖有业以居之①,心就不放。"

[注释]

①业以居之:语出《周易·乾卦·文言》:"君子学以聚之,问以辩之,宽以居之,仁以行之。"

[译文]

先生说:"琴瑟和书籍,学者不能没有。因为有了这些正当的事情,心就不会放纵堕落。"

三九

先生叹曰:"世间知学的人,只有这些病痛打不破,就不是善与人同①。"

崇一曰:"这病痛只是个好高不能忘己尔。"

[注释]

①善与人同:意为求善的标准与别人相通。语出《孟子·公孙丑上》:"大舜有大焉,善与人同,舍己从人,乐取于人以为善。"

[译文]

先生感叹道:"世上懂得学习的人,只要这些毛病改不掉,就不是善与人同。"

崇一说:"这毛病也就是好高骛远、不能忘掉自己罢了。"

四十

问:"良知原是中和的,如何却有过、不及?"

先生曰:"知得过、不及处,就是中和。"

[译文]

有人问:"良知原本是中正平和的,怎么会有过分和不足的情况呢?"

先生说:"知道了过分和不足之处,就是中正平和。"

四一

"'所恶于上'是良知,'毋以使下'即是致知。"①

[注释]

①所恶于上,毋以使下:意为上级的无礼让我讨厌,将心比心,我对下级不要无礼。语出《大学》:"所恶于上,毋以使下;所恶于下,毋以事上。"

[译文]

先生说:"'所恶于上'是良知,'毋以使下'就是致良知。"

四二

先生曰:"苏秦、张仪之智,也是圣人之资。后世事业文章,许多豪杰名家,只是学得仪、秦故智。仪、秦学术善揣摸人情,无一些不中肯綮,故其说不能穷。仪、秦亦是窥见得良知妙用处,但用之于不善尔。"

[译文]

先生说:"苏秦、张仪的才智,也是圣人的资质。后世的许多事业文章,许多的豪杰名士,只是学到了苏秦、张仪才智的皮毛。苏秦、张仪的学问擅长揣摸人心,没有一点不击中人的要害,所以他们的学说不能穷尽。张仪和苏秦也是看到了良知的妙用,只是把它用在不好的方面罢了。"

四三

或问"未发"、"已发"。

先生曰:"只缘后儒将'未发'、'已发'分说了,只得劈头说个无'未发'、'已发',使人自思得之。若说有个'已发'、'未发',听者依旧落在后儒见解。若真见得无'未发'、'已发',说个有'未发'、'已发'原不妨,原有个'未发'、'已发'在。"

问曰:"'未发'未尝不和,'已发'未尝不中。譬如钟声,未扣不可谓无,既扣不可谓有。毕竟有个扣与不扣,何如?"

先生曰:"未扣时原是惊天动地,既扣时也只寂天寞地。"

[译文]

有人请教"未发"、"已发"。

先生说:"只因为后世的儒生把'未发'、'已发'分成两个来说了,我只能一开始就说没有'未发'、'已发',让人自己思考体悟。如果说存在'已发'、'未发',听的人仍然不能摆脱后儒的错误见解。如果真正认识到没有'未发'、'已发',即使说有'未发'、'已发'也不妨事,原本就有'未发'、'已发'存在。"

有人问:"'未发'未尝不平和,'已发'未尝不中正。好比钟声,不敲不能说无,敲响了也不能说有,但毕竟有敲和不敲的区别,是不是这样?"

先生说:"不敲时钟声本来是惊天动地的,敲了以后也只是寂寞无声。"

四四

问:"古人论性各有异同,何者乃为定论?"

先生曰:"性无定体,论亦无定体。有自本体上说者,有自发用上说者,有自源头上说者,有自流弊处说者,总而言之,只是一个性。但所见有浅深尔,若执定一边,便不是了。性之本体,原是无善无恶的;发用上也原是可以为善、可以为不善的;其流弊也原是一定善、一定恶的。譬如眼,有喜时的眼,有怒时的眼,直视就是看的眼,微视就是觑的眼,总而言之,只是这个眼。若见得怒时眼,就说未尝有喜的眼;见得看时眼,就说未尝有觑的眼,皆是执定,就知是错。孟子说性①,直从源头上说来,亦是说个大概如此。荀子性恶之说②,是从流弊上说来,也未可尽说他不是,只是见得未精耳。众人则失了心之本体。"

问:"孟子从源头上说性,要人用功在源头上明彻;荀子从流弊说性,功夫只在末流上救正,便费力了。"

先生曰:"然。"

[注释]

①孟子说性:孟子持人性善的观点。语出《孟子·告子上》:"人性之善也,犹水之就下也。人无有不善,水无有不下。"②荀子性恶之说:荀子持人性恶的观点。语出《荀子·性恶》:"人之性恶,其善者伪也。"

[译文]

有人问:"古人谈论人性时,说法各有不同,谁的说法可以作为定论呢?"

先生说:"人性没有固定的体,关于人性的论述也没有固定的体。有人从本体上说,有人从应用上说,有人从源头上说,有人从它的弊端上说。总的来说，也还只是这个性。但他们的见解有深浅的差别，如果执著于一家的论述，便有失偏颇了。性的本体原本没有善恶，其作用可以是善的，也可以是恶的；性的流弊也是有一定的善、一定的恶。比如眼睛，有高兴时的眼睛，有愤怒时的眼睛，直视时就是正面看的眼睛，偷看时就是窥视的眼睛，总之还是这个眼睛。如果看到发怒时的眼睛，就说没有高兴时的眼睛；看到正面看时的眼睛，就说没有偷看的眼睛。这都是执著的表现，是错误的。孟子谈论性，是从源头上讲的，也只是说大概这样。荀子的性恶说是从流弊方面说的，也不能说他完全不对，只是认识得不精确罢了。但普通人却失去了心的本体。"

有人问："孟子从源头上讨论性，要人用功使人性从源头上清明澄澈；荀子从流弊上讨论性，叫人只在末流上用功纠偏，这就费劲了。"

先生说："对。"

四五

先生曰："用功到精处，愈着不得言语，说理愈难。若着意在精微上，全体功夫反蔽泥了。"

"杨慈湖①不为无见，又著在无声无臭上见了。"

[注释]

①杨慈湖：杨简（1140~1226年），字敬仲，浙江慈溪人。因筑室德润湖畔，世称慈湖先生。陆九渊弟子，对心学发展有重要作用。

[译文]

先生说："用功到了精妙的地方，越是无法用语言表达，说理就越难。如果执著于精妙的地方，全体的功夫反而被遮蔽了。"

"杨简不是没有见识，他只是执著于在无声无味的状态中认识。"

四六

"人一日间,古今世界都经过一番,只是人不见耳。'夜气'清明时,无视无听,无思无作,淡然平怀,就是羲皇世界。平旦时神清气朗,雍雍穆穆,就是尧舜世界。日中以前,礼仪交会,气象秩然,就是三代世界。日中以后,神气渐昏,往来杂扰,就是春秋战国世界。渐渐昏夜,万物寝息,景象寂寥,就是人消物尽世界。学者信得良知过,不为气所乱,便常做个羲皇已上人。"

[译文]

先生说:"人在一天之间,可以把古今世界都经历一遍,只是人们没有意识到罢了。在'夜气'清爽明朗时,人不看不听,不想不做,恬然宁静,这就是伏羲时代。清晨时,人神清气爽,和谐安详,这就是尧舜时代。中午以前,人们礼貌来往,秩序井然,这就是夏商周时代。中午以后,人的精神逐渐倦怠,往来喧扰,这就是春秋战国时代。天渐渐黑了,万物休眠,景象空旷,是人和事物都消失的世界。学者如果能坚信良知,不被气的变化所干扰,就能经常做伏羲时代以前的人。"

四七

薛尚谦、邹谦之、马子莘、王汝止①侍坐,因叹先生自征宁藩②已来,天下谤议益众,请各言其故。有言先生功业势位日隆,天下忌之者日众;有言先生之学日明,故为宋儒争是非者亦日博;有言先生自南都以后③,同志信从者日众,而四方排阻者日益力。

先生曰:"诸君之言,信皆有之。但吾一段自知处,诸君俱未道及耳。"

诸友请问。

先生曰："我在南都以前，尚有些子乡愿④的意思在。我今信得这良知真是真非，信手行去，更不着些覆藏。我今才做得个狂者⑤的胸次，使天下之人都说我行不掩言也罢。"

尚谦出曰："信得此过，方是圣人的真血脉。"

[注释]

①王汝止：王艮（1483~1541年），字汝止，号心斋，江苏泰州人，泰州学派的创始人。少时家贫，不能竟学，后师从王阳明，但又"时时不满其师说"。②征宁藩：正德十四年（1519年），宁王朱宸濠叛乱，王阳明奇计迭出，仅用43天便平定叛乱，生擒朱宸濠。详见本书前言。③自南都以后：指正德九年（1514年）以后，大约为王阳明从开展学术活动到提出良知学说之前。④乡愿：指不讲原则的好好先生。语出《论语·阳货》："乡愿，德之贼也。"⑤狂者：指有进取精神、耿直敢言的人。语出《论语·子路》："不得中行而与之，必也狂狷乎？狂者进取，狷者有所不为也。"

[译文]

薛尚谦、邹谦之、马子莘、王汝止陪先生坐着，于是大家感慨先生自从平定宁王叛乱以来，天下诽谤攻击先生的人越来越多，先生就让大家各自谈谈原因。有人说，先生的功劳业绩权势地位日益显赫，天下嫉妒的人就一天比一天多；有人说，先生的学说日益昌明于天下，所以替宋儒争辩的人就一天比一天多；有人说，先生自从南京讲学后，同志和信仰追随者越来越多，因此四方排挤阻挠的人就越来越起劲。

先生说："你们所说的原因，我相信都有。但我有一点感受，你们都没有说到。"

大家向先生请教。

先生说："在南京讲学以前，我还有一些当老好人的想法。现在我坚信良知的真是真非，只管去说去做，再也不用掩饰。所以我今天才有敢说敢为的心胸，即使天下人都说我做的没有说的多，也没有关系。"

尚谦站起来说:"有这样的信念,才是圣人的真正血脉。"

四八

先生锻炼人处,一言之下,感人最深。

一日,王汝止出游归,先生问曰:"游何见?"

对曰:"见满街人都是圣人。"①

先生曰:"你看满街人是圣人,满街人倒看你是圣人在。"

又一日,董萝石②出游而归,见先生曰:"今日见一异事。"

先生曰:"何异?"

对曰:"见满街人都是圣人。"

先生曰:"此亦常事耳,何足为异!"

盖汝止圭角③未融,萝石恍见有悟,故问同答异,皆反其言而进之。

洪与黄正之、张叔谦④、汝中丙戌会试归,为先生道途中讲学,有信有不信。

先生曰:"你们拿一个圣人去与人讲学,人见圣人来,都怕走了,如何讲得行?须做得个愚夫愚妇,方可与人讲学。"

洪又言:"今日要见人品高下最易。"

先生曰:"何以见之?"

对曰:"先生譬如泰山在前,有不知仰者,须是无目人。"

先生曰:"泰山不如平地大,平地有何可见?"

先生一言剪裁,剖破终年为外好高之病,在座者莫不悚惧。

[注释]

①见满街人都是圣人:王阳明弟子们的一句口头禅,是弟子们从王阳明良知学说中体悟出来的。②董萝石:董沄(1457~1533年),字复宗,号萝石,晚号从吾道人,68岁始从学王阳明。浙江海盐人。③圭角:比喻锋芒。

圭，玉制的礼器，上尖下方。④张叔谦：名元冲，号浮峰，浙江绍兴人，阳明弟子。进士，官至右副都御史，以敢谏著称。

[译文]

先生点化人，一句话就能使人感受很深。

一天，王汝止出游归来，先生问他："出去看到了什么？"

他回答："我看到满街都是圣人。"

先生说："你看满街都是圣人，街上的人看你也是个圣人。"

又一天，董萝石外出回来，见到先生说："今天发现一个奇怪的事。"

先生说："什么怪事？"

董萝石回答说："我看见满街都是圣人。"

先生说："这是很平常的事嘛，何足为怪！"

大概因为王汝止为人棱角分明，董萝石恍然有所领悟，所以问题虽然相同，而先生的回答却不同，都是针对他们的话来开导他们。

德洪、黄正之、张叔谦、王汝中丙戌年（1526年）参加会试回来，途中讲授先生的学说，有人信，有人不信。

先生说："你们端着一个圣人的架子给别人讲学，人们看到圣人来了，都吓跑了，怎么能讲好呢？必须先做个愚笨的人，才能给别人讲学。"

德洪又说："现在要鉴别人品的高下最容易。"

先生说："何以见得？"

回答说："先生好比眼前的泰山，那些不知道敬仰的，一定是不长眼的人。"

先生说："泰山不像平地那样辽阔，站在辽阔的平地上怎么能看到泰山呢？"

先生一句话，点明了我们常年好高骛远的毛病，在座的人都感到心惊。

四九

癸未春，邹谦之来越问学，居数日，先生送别于浮峰。是夕与希渊诸友移舟宿延寿寺，秉烛夜坐，先生慨怅不已，曰："江涛烟柳，故人倏在百里外矣！"

一友问曰："先生何念谦之之深也？"

先生曰："曾子所谓'以能问于不能，以多问于寡；有若无，实若虚；犯而不校'①，若谦之者，良近之矣。"

[注释]

① "以能问于不能"五句：意为有才能的却向没才能的请教，知识丰富的却向知识贫乏的请教，有学问却看似没学问，满腹经纶却看似腹中空空，即使别人触犯了他也不计较。语出《论语·泰伯》："曾子曰：'以能问于不能，以多问于寡；有若无，实若虚；犯而不校。昔者吾友尝从事于斯矣。'"

[译文]

嘉靖二年（1523年）春天，邹谦之来浙江绍兴向先生请教，住了几天，走的时候先生送到浮峰。当天晚上，先生和希渊等人乘船到延寿寺过夜，大家秉烛夜谈，先生感叹不已，说："江水滔滔，烟柳蒙蒙，朋友瞬间已到百里之外了！"

一位朋友问："先生为何对谦之这样挂念呢？"

先生说："'以能问于不能，以多问于寡；有若无，实若虚；犯而不校'，曾子所说的这种人，谦之非常接近呀！"

五十

丁亥年①九月，先生起复②，征思、田③，将命行。时德洪与汝中论学，汝中举先生教言曰："无善无恶是心之体，有善有恶是意之动，知善知恶是良知，为善去恶是格物。"

德洪曰："此意如何？"

汝中曰："此恐未是究竟话头。若说心体是无善无恶，意亦是无善无恶的意，知亦是无善无恶的知，物是无善无恶的物矣。若说意有善恶，毕竟心体还有善恶在。"

德洪曰："心体是天命之性，原是无善无恶的。但人有习心，意念上见有善恶在。格、致、诚、正、修，此正是复那性体功夫。若原无善恶，功夫亦不消说矣。"

是夕侍坐天泉桥④，各举，请正。

先生曰："我今将行，正要你们来讲破此意。二君之见，正好相资为用，不可各执一边。我这里接人，原有此二种：利根之人，直从本原上悟入，人心本体原是明莹无滞的，原是个'未发之中'，利根之人一悟本体，即是功夫，人己内外一齐俱透了；其次不免有习心在，本体受蔽，故且教在意念上实落为善去恶，功夫熟后，渣滓去得尽时，本体亦明尽了。汝中之见，是我这里接利根人的；德洪之见，是我这里为其次立法的。二君相取为用，则中人上下皆可引入于道；若各执一边，眼前便有失人，便于道体各有未尽。"

既而曰："已后与朋友讲学，切不可失了我的宗旨：'无善无恶是心之体，有善有恶是意之动，知善知恶是良知，为善去恶是格物。'⑤只依我这话头，随人指点，自没病痛，此原是彻上彻下功夫。利根之人，世亦难遇。本体功夫一悟尽透，此颜子、明道所不敢承当，岂可轻易望人？人有习心，不教他在良知上实用为善去恶功夫，只去悬空想个本体，一切事为俱不着实，不过养成一个虚寂。此个病痛不是小小，不可不早说破。"

是日德洪、汝中俱有省。

[注释]

①丁亥年：指嘉靖六年（1527年）。②起复：古代官员遇父母丧事要停

职回家守孝，是谓丁忧；守孝期满重新任职叫起复。③征思、田：思恩（今广西武鸣县西北）、田州（今广西百色东）少数民族头人与当地官府发生武装冲突，王阳明奉命前去征讨。④天泉桥：王阳明府内碧霞池上的一座桥。王氏师徒此次谈话被称作"天泉证道"。⑤"无善无恶是心之体"四句：据《王阳明年谱》记载，是日王阳明对钱、王二弟子说："我年来立教，又更几番，今始立此四句。"这四句话被称作王门四句教。

[译文]

嘉靖六年（1527年）九月，先生为父亲守孝期满，奉命讨伐思恩、田州。出征前，德洪同王汝中讨论学问，汝中引用先生教诲的话说："无善无恶是心的本体，有善有恶是意的发动，知善知恶是良知，为善去恶是格物。"

德洪说："你觉得先生这话怎么样？"

汝中说："这话可能说得还不透彻。如果说心的本体是无善无恶，那么意也是无善无恶，知也是无善无恶，物也是无善无恶。如果说意有善恶之分，那么，心的本体就还有善恶存在了。"

德洪说："心的本体是天生的性，原本是没有善恶的。但人心受到世俗陋习的污染，意念上就有善恶存在，格物、致知、诚心、正意、修身，这些都是恢复天性本体的功夫。如果说意念原本没有善恶，那就谈不上功夫了。"

当天晚上，德洪和汝中与先生一起坐在天泉桥上，各自阐述了自己的观点，请先生指正。

先生说："我就要出征了，正要给你们说清这个意思。你们两人的见解，正好可以互相补充，不能各执一端。我开导人的方法有两种：天性聪明有慧根的人，直接从本原上体悟入门。人心本体原是晶莹透彻的，原本是一个'未发之中'，聪慧的人一下就领悟了本体，这就是功夫，人与己、内与外一齐都悟透了。资质稍差的人，心不免会受到世俗陋习的沾染，本体受到蒙蔽，暂且教他们在意念上踏实行善去恶。功夫纯熟后，渣滓完全被清除时，本体也就明亮干净了。汝中的见解，是我开导聪明人的方法；德洪的观点，是我开导资质稍差的人的方法。你们俩的观点互相补充运用，资质在中等上下的人都可被引入正道。如果各自固执己见，眼前便会有许多人不能走上正道，就都不能穷尽天道的本体。"

先生接着又说："你们以后跟朋友讲学，千万不可丢掉了我的宗旨：'无善无恶是心的本体，有善有恶是意的发动，知善知恶是良知，为善去恶是格物。'只要按照我这话因人而宜去指点人，自然不会有什么毛病，这本来是贯通上下的功夫。天资极高的人，世上很难遇到，能将本体功夫一下子悟透，这是连颜回、明道先生也不敢自认的，怎么能轻易对人寄予这样的期望呢？人心往往受到世俗陋习的沾染，不教他在良知上切实下行善去恶的功夫，只去凭空想那个本体，对任何事情都不踏实应对，这不过是养成一个贪求虚寂的毛病。这可不是个小毛病，不能不早给你们讲清楚。"

这天，德洪和王汝中都有省悟。

钱德洪附记

先生初归越时，朋友踪迹尚寥落，既后四方来游者日进。癸未年已后，环先生而居者比屋，如天妃、光相①诸刹，每当一室，常合食者数十人，夜无卧处，更相就席，歌声彻昏旦。南镇、禹穴、阳明洞②诸山远近寺刹，徒足所到，无非同志游寓所在。先生每临讲座，前后左右环坐而听者，常不下数百人，送往迎来，月无虚日。至有在侍更岁，不能遍记其姓名者，每临别，先生常叹曰："君等虽别，不出天地间，苟同此志，吾亦可以忘形似矣。"诸生每听讲出门，未尝不跳跃称快。尝闻之同门先辈曰："南都以前，朋友从游者虽众，未有如在越之盛者。"此虽讲学日久，信孚渐博，要亦先生之学日进，感召之机，申变无方，亦自有不同也。

[注释]

①天妃、光相：当时绍兴城内的佛寺。②阳明洞：在绍兴宛委山南麓，道教三十六小洞天之一，是王阳明结庐讲学的地方。

[译文]

先生刚回绍兴时，朋友们前来拜访请教的还寥寥无几。后来各地来讨论学问、拜见先生的人一天天多起来。嘉靖二年（1523年）以后，住在先生四周的学生比比皆是，比如天妃、光相等庙，每间屋里经常是几十个人一起吃饭，晚上无处睡觉，大家就轮流睡，歌声通宵达旦。南镇、禹穴、阳明洞等山中远近寺庙，凡是步行能到的，都是同志们寄宿的地方。先生每次讲学，前后左右四周围坐的人，常常不下几百人，一月当中每天都要迎来送往。甚至有的人听讲了一年多，先生还不能完全记住他们的名字。每到分别时，先生常常感叹说："你们虽然离去了，但也还在天地之间，只要我们有共同的志向，我记不住你们的容貌也无妨。"学生每次听完出门时，没有不欢呼雀跃的。我曾听同门的师兄说："南京讲学之前，向先生求教的朋友虽然很多，但远不如先生在绍兴时。"这虽然是先生讲学的时间长了，获得的信仰更多了，但更重要的是先生的学说日益精进、成熟，感化学生的时机和方法运用自如，其效果自然也不同了。

黄以方录

一

黄以方问:"'博学于文'①为随事学存此天理,然则谓'行有馀力,则以学文'②,其说似不相合。"

先生曰:"《诗》、《书》六艺皆是天理之发见,文字都包在其中。考之《诗》、《书》六艺,皆所以学存此天理也,不特发见于事为者方为文耳。'馀力学文'亦只'博学于文'中事。"

[注释]

①博学于文:语出《论语·雍也》:"君子博学于文,约之以礼。"②行有馀力,则以学文:意为在学习、实践道德原则并有馀力的情况下,再来学习文献方面的知识。语出《论语·学而》:"弟子入则孝,出则弟,谨而信,泛爱众,而亲仁。行有馀力,则以学文。"

[译文]

黄以方问:"先生认为'博学于文'是要在所遇的事情上学习存养天理,但孔子却说'行有馀力,则以学文',这两种说法似乎不一致。"

先生说:"《诗》、《书》等《六经》都是天理的显现,文字都包括在其中了。考证《诗》、《书》等《六经》,都是为了学习存养天理,不只是表现在具体事情上的才是文。孔子说的'馀力学文'也是'博学于文'的事情。"

二

或问"学而不思①"二句。

曰:"此亦有为而言,其实思即学也,学有所疑,便须思之。'思而不学'者,盖有此等人,只悬空去思,要想出一个道理,却不在身心上实用其力,以学存此天理。思与学作两事做,故有'罔'与'殆'之病。其实思只是思其所学,原非两事也。"

[注释]

①学而不思:语出《论语·为政》:"子曰:'学而不思则罔,思而不学则殆。'"

[译文]

有人问《论语》中"学而不思则罔,思而不学则殆"的意思。

先生说:"孔子的这两句话是有所指的,其实思考就是学习,学习时有疑问就需要思考。'思而不学'的人也有,他们只是凭空去思考,要想出一个道理,却不在身心上踏实用功,以学习存养天理。把思考和学习分成两件事去做,所以才有'罔'和'殆'的弊病。其实思考只是思考所学习的内容,原本不是两件事。"

三

先生曰:"先儒解'格物'为格天下之物,天下之物如何格得?且谓'一草一木亦皆有理'①,今如何去格?纵格得草木来,如何反来诚得自家意?我解'格'作'正'字义,'物'作'事'字义。《大学》之所谓'身',即耳、目、口、鼻、四肢是也。欲'修身',便是要目非礼勿视,耳非礼勿听,口非礼勿言，四肢非礼勿动。要修这个身，身上如何用得功夫？心者身之主宰，目虽视而所以视者心也，耳虽听而所以听者心也，口与四肢虽言、动，而所以言、动者心也。故欲'修身'，在于体当自家心体，常令廓然大公，无有些子不正处。主宰一正，则发窍于目自无非礼之视，发窍于耳自无非礼之听，发窍于口与四肢自无非礼之言、动，此便是'修身'在正其心。

"然至善者心之本体也，心之本体那有不善？如今要'正心'，本体上何处用得功？必就心之发动处才可着力也。心之发动不能无不善，故须就此处着力，便是在'诚意'。如一念发在好善上，便实实落落去好善；一念发在恶恶上，便实实落落去恶恶。意之所发既无不诚，则其本体如何有不正的？故欲正其心在'诚意'，功夫到，'诚意'始有着落处。

"然'诚意'之本又在于'致知'也。所谓'人虽不知而己所独知'[②]者，此正是吾心良知处。然知得善，却不依这个良知便做去；知得不善，却不依这个良知便不去做。则这个良知便遮蔽了，是不能致知也。吾心良知既不得扩充到底，则善虽知好，不能着实好了；恶虽知恶，不能着实恶了，如何得意诚？故'致知'者，意诚之本也。

"然亦不是悬空的'致知'，'致知'在实事上格。如意在于为善，便就这件事上去为；意在于去恶，便就这件事上去不为。去恶固是格不正以归于正，为善则不善正了，亦是格不正以归于正也。如此，则吾心良知无私欲蔽了，得以致其极，而意之所发，好善去恶，无有不诚矣。'诚意'功夫实下手处在'格物'也。若如此'格物'，人人便做得。'人皆可以为尧舜'，正在此也。"

[注释]

①一草一木亦皆有理:程颐语,出自《河南程氏遗书》卷十八:"一草一木皆有理,须是察。"②人虽不知而己所独知:语出朱熹《大学章句》,是解释"慎独"的"独"字。

[译文]

先生说:"程颐先生解释'格物'为格天下的事物,天下事物怎么去格呢?例如说'一草一木亦皆有理',现在怎样去格呢?即便能格出草木的道理,又怎么反过来诚我本身的意呢?我把'格'字作'正'解释,'物'作'事'字解释。《大学》中所说的'身',就是耳、口、鼻、四肢,'修身'就是要眼睛非礼勿视,耳朵非礼勿听,嘴巴非礼勿言,四肢非礼勿动。要修身养性,怎么在身上用功呢?心是身的主宰,眼虽然能看,但让眼看的是心;耳虽然能听,但让耳听的是心;口和四肢可以说、可以动,但也是心让它们这样做的。所以要'修身'就应当体悟自己的心体,经常使心体保持恢宏公正,没有任何不中正平和的地方。心一旦中正,眼睛自然能非礼勿视,耳朵自然能非礼勿听,口与四肢自然也能非礼勿言、非礼勿动,这就是'修身'在于端正人心。

"然而,至善是心的本体,心的本体哪有不善的呢?现在要'正心',那么在本体的什么地方用功呢?只有在心的发动处才可以用功。心的发动不可能没有不善,所以必须在这里用功,这就是'诚意'。如果产生一个好善的念头,就踏踏实实地去行善;产生一个讨厌恶的念头,就踏踏实实地去除恶。如果意念的发动没有不诚的,那么,它的本体怎么可能有不正呢?所以想'正心'就在于'诚意',功夫用到了'诚意'上才有着落。

"然而'诚意'的根本又在于'致知'。朱熹先生所谓'人虽不知而己所独知',正是我们心中的良知之所在。然而,知道善却不依据良知去做,知道不善却不依据良知不去做,那么良知就会被蒙蔽，这就不能'致知'了。良知既然不能扩充彻底，那么，虽然知道善是好的，却不能踏踏实实地去落实；虽然知道恶是不好的，也不能踏踏实实地去除恶，这怎么能'诚意'呢？所以说，'致知'是'诚意'的根本。

"当然也不是凭空去'致知'，'致知'要在实际的事上去格。例如，意在行善上，就应在行善的事上去落实；意在去恶上，就应在去恶的事上去落实。去恶固然是纠正不正使恢复中正，行善则使不善归正了，也是纠正不正使恢复中正。这样，我们的良知就不会被私欲蒙蔽，就可以发挥到极致，意的发动便是好善去恶，就没有不诚了。所以，'诚意'功夫切实入手的地方就是'格物'。像这样'格物'，人人都能做到，孟子讲'人人都可以成为尧舜'，正是从这个角度说的。"

四

先生曰："众人只说'格物'要依晦翁①，何曾把他的说去用？我着实曾用来。初年与钱友同论：做圣贤要格天下之物，如今安得这等大的力量？因指亭前竹子，令去格看。钱子早夜去穷格竹子的道理，竭其心思，至于三日便致劳神成疾。当初说他这是精力不足，某因自去穷格，早夜不得其理。到七日，亦以劳思致疾。遂相与叹圣贤是做不得的，无他大力量去格物了。及在夷中三年，颇见得此意思，乃知天下之物本无可格者，其'格物'之功，只在身心上做。决然以圣人为人人可到，便自有担当了。这里意思，却要说与诸公知道。"

[注释]

①晦翁：朱熹号晦庵，晚年自称晦翁。

[译文]

先生说："人人都说'格物'要遵照朱熹先生的观点，但他们何曾把他的学说付诸实践？我是认认真真地进行过实践。早年，我与姓钱的朋友一起讨论：做圣贤就要格天下万物，现在我们怎么能有这么大的力量？我就指着亭前的竹子，让他去格格看。他从早到晚去穷究竹子的道理，殚精竭虑，到第三天就由于太劳神而生病了。当时我说他这是精力不足，就自己去穷究，从早到晚也没明白竹子的道理。到第七天，我也因太劳神而生病。于是我们互相感慨，圣贤是做不成了，没有那么大的精力去'格物'。后来在贵州龙场的三年里，对此颇有心得，才知道天下的事物本来没什么可格的，'格物'的功夫只需在身心上做。这才坚信人人都可以成为圣人，便有了圣人的使命感。这个道理，我要让你们都知道。"

五

门人有言，邵端峰论童子不能"格物"，只教以洒扫应对之说。

先生曰："洒扫应对，就是一件物。童子良知只到此，便教去洒扫应对，就是致他这一点良知了。又如童子知畏先生长者，此亦是他良知处，故虽嬉戏中，见了先生长者，便去作揖恭敬，是他能'格物'以致敬师长之良知了。童子自有童子的'格物'、'致知'。"

又曰："我这里言'格物'，自童子以至圣人，皆是此等功夫。但圣人'格物'，便更熟得些子，不消费力。如此'格物'，虽卖柴人亦是做得，虽公卿大夫以至天子，皆是如此做。"

[译文]

学生中有人说，邵端峰认为儿童不能"格物"，只能教给他们洒扫应答的道理。

先生说："洒扫应答就是一件事，儿童的良知只达到这种程度，教教他们洒扫应答，就是致他们的这点良知。又比如儿童知道敬畏师长，这也是他们的良知所在，所以，即使他们正在玩耍，见到了师长，就会过来打拱作揖，这是他能'格物'来致尊敬师长的良知了。儿童自有儿童的'格物'、'致知'。"

先生又说："我这里说的'格物'，从儿童到圣人，都是同样的功夫。但是圣人'格物'，功夫更熟练，不费力气。这样'格物'，即使卖柴的人也能做到，从公卿大夫到皇帝，都是这样做。"

六

或疑知行不合一，以"知之匪艰"①二句为问。

先生曰："良知自知原是容易的，只是不能致那良知，便是'知之匪艰，行之惟艰'。"

门人问曰："知行如何得合一？且如《中庸》言'博学之'，又说个'笃行之'，分明知行是两件。"

先生曰："博学只是事事学存此天理，笃行只是学之不已之意。"

又问："《易》'学以聚之'，又言'仁以行之'。②此是如何？"

先生曰："也是如此。事事去学存此天理，则此心更无放失时，故曰'学以聚之'。然常常学存此天理，更无私欲间断，此即是此心不息处，故曰'仁以行之'。"

又问："孔子言'知及之，仁不能守之'③，知行却是两个了。"

先生曰："说'及之'，已是行了，但不能常常行，已为私欲间断，便是'仁不能守'。"

[注释]

①知之匪艰：语出《尚书·说命中》："知之匪艰，行之惟艰。"意为懂得道理不难，难的是去实践它。②学以聚之，仁以行之：意为通过学习积累知

识,并用仁爱之心去实践。语出《周易·乾卦·文言》:"君子学以聚之,问以辩之,宽以居之,仁以行之"。③知之,仁不能守之:语出《论语·卫灵公》:"子曰:'知及之,仁不能守之;虽得之,必失之。'"意为认识了大道,但是不能以仁心来保持它,虽然是得到了,必将还会失去。

[译文]

有人怀疑知行不能合一,向先生请教《尚书》中的"知之匪艰,行之惟艰"两句话。

先生说:"良知自然能知,原本是容易的。只是因为不能致良知,才会'知之匪艰,行之惟艰'。"

有学生问:"知行怎么能合一呢?就比如《中庸》中说'博学之',又说一个'笃行之',知行分明是两件事。"

先生说:"博学只是在每件事上学习存养天理,笃行就是不间断地学习的意思。"

又问:"《易经》说'学以聚之',又说'仁以行之',这是为什么?"

先生说:"也是这样。在每件事上学习存养天理,那么,心就没有放纵丢失的时候,所以说'学以聚之'。但是,经常去学习存养天理,又没有私欲中断,这就是本心生生不息的地方,所以说'仁以行之'。"

又问:"孔子说'知及之,仁不能守之',知和行就成两件事了。"

先生说:"说'及之',已经是行了。但不能常行不断,被私欲阻隔,这就是'仁不能守'。"

七

又问:"心即理之说,程子云'在物为理'①,如何谓'心即理'?"

先生曰:"'在物为理','在'字上当添一'心'字,此心在物则为理。如此心在事父则为孝,在事君则为忠之类。"

先生因谓之曰:"诸君要认得我立言宗旨。我如今说个'心即理'是如何?只为世人分心与理为二,故便有许多病痛。如五伯攘夷狄,尊周室,都是一个私心,便不当理。人却说他做得当理,只心有未纯,往往悦慕其所为,要来外面做得好看,却与心全不相干。分心与理为二,其流至于伯道之伪而不自知。故我说个'心即理',要使知心、理是一个,便来心上做功夫,不去袭义于外,便是王道之真。此我立言宗旨。"

[注释]

①在物为理:程颐语,出自《伊川易传》卷四:"在物为理,处物为义。"

[译文]

又问:"关于心就是理的说法,程颐先生说'在物为理',先生为什么说心就是理呢?"

先生说:"'在物为理','在'字前面应加一个'心',这个心在事物上就是理。比如,这心在侍奉双亲上就是孝,在辅佐国君上就是忠等。"

先生因此又说:"你们要明白我立论的宗旨。我为什么现在说心就是理?只因为世人把心与理分开,所以产生了许多毛病。例如春秋五霸抵抗夷狄,尊崇周王,都是为了自己的私心,就不符合天理。一般人却说他们的行为符合天理,这是因为人们的心还不纯正,往往羡慕他们的事迹,只求表面上做得体面,与自己的内心毫无关系。把心和理分成两件事,其弊端是沦入霸道的虚伪却不知道。所以我说心就是理,是要让人们知道心和理是统一的,就在心上用功,而不去心外求义,这才是真正的王道。这就是我立论的宗旨。"

八

又问:"圣贤言语许多,如何却要打做一个?"

曰:"我不是要打做一个,如曰'夫道,一而已矣'①,又曰'其为物不二,则其生物不测'②。天地圣人皆是一个,如何二得?"

[注释]

①夫道,一而已矣:语出《孟子·滕文公上》:"孟子云:'世子疑吾言乎?夫道一而已矣。'"②其为物不二,则其生物不测:意为天地的法则是至诚纯一的,所以它化育的万物无法测量。语出《中庸》:"天地之道,可一言而尽也。其为物不二,则其生物不测。"

[译文]

又问:"圣贤的话很多,为什么要把它概括成一个呢?"

先生说:"不是我要硬概括成一个,比如孟子就说'道只有一个',《中庸》又说'其为物不二,则其生物不测'。天地、圣人都是一个整体,怎么能把它分成两个呢?"

九

"心不是一块血肉,凡知觉处便是心。如耳目之知视听,手足之知痛痒,此知觉便是心也。"

[译文]

先生说:"心不只是一块血肉,凡有知觉的地方就是心。比如耳朵和眼睛知道听和看,手脚知道痛痒,这个知觉就是心。"

十

以方问曰:"先生之说'格物',凡《中庸》之'慎独'及'集义'、'博约'等说,皆为'格物'之事?"

先生曰："非也。'格物'即'慎独'，即'戒惧'。至于'集义'、'博约'，功夫只一般。不是以那数件都做'格物'底事。"

[译文]

以方问："先生阐释'格物'，像《中庸》中的'慎独'、《孟子》中的'集义'、《论语》中的'博约'说法，都包括在'格物'中了吧？"

先生说："不是。'格物'就是'慎独'、'戒惧'，至于'集义'和'博约'只是一般功夫。不能把它们都当成'格物'。"

十一

以方问"尊德性"①一条。

先生曰："'道问学'即所以'尊德性'也。晦翁言：'子静以"尊德性"诲人，某教人岂不是"道问学"处多了些子？'②是分'尊德'、'道问学'作两件。且如今讲习讨论，下许多功夫，无非只是存此心，不失其德性而已。岂有'尊德性'只空空去尊，更不去问学，问学只是空空去问学，更与德性无关涉？如此，则不知今之所以讲习讨论者，更学何事？"

[注释]

①尊德性：语出《中庸》："故君子尊德性而道问学，致广大而尽精微，极高明而道中庸。"②"子静"句：语出《朱子文集》卷五十四。子静，陆九渊的字。

[译文]

以方问《中庸》中"尊德性"一条的意思。

先生说："'道问学'就是为了'尊德性'。朱熹先生说：'子静以"尊德性"诲人，某教人岂不是"道问学"处多了些子？'这是把'尊德性'和'道问学'看成两件事了。我们现在下很大功夫研究讨论，只不过是存养此心，使它不失德性罢了。哪有只凭空去'尊德性'而不去问学，只凭空去问学而与'尊德性'无关的呢？如果这样，就不知道我们今天这样研究讨论，究竟学的是什么。"

十二

问"致广大"二句。

曰："'尽精微'即所以'致广大'也，'道中庸'即所以'极高明'也。盖心之本体自是广大底，人不能'尽精微'，则便为私欲所蔽，有不胜其小者矣。故能细微曲折无所不尽，则私意不足以蔽之，自无许多障碍遮隔处，如何广大不致？"

又问："精微还是念虑之精微，是事理之精微？"

曰："念虑之精微，即事理之精微也。"

[译文]

黄以方问《中庸》中"致广大而尽精微，极高明而道中庸"两句。

先生说："'尽精微'是为了'致广大'，'道中庸'是为了'极高明'。因为人心的本体是广大的，不能'尽精微'，就会被私欲蒙蔽，在细微的地方就不能战胜私欲。所以，凡是能在细微曲折的地方'尽精微'，那么私意就不足以蒙蔽心体，自然就没有许多的障碍阻隔，心体又怎么能不广大呢？"

又问："精微是意念的精微还是事理上的精微？"

先生说："意念上的精微就是事理上的精微。"

十三

先生曰："今之论性者纷纷异同，皆是说性，非见性[①]也。见性者无异同之可言矣。"

[注释]

①见性：佛教名词，指能够见到芸芸众生具有的佛性而顿悟成佛。王阳明经常借佛教用语阐发自己的学说。

[译文]

先生说："现在谈论性的人，都在为观点的异同而争论，大家都是在谈性而不是见性。见性的人没有异同可争论。"

十四

问："声、色、货、利，恐良知亦不能无？"

先生曰："固然。但初学用功，却须扫除荡涤，勿使留积，则适然来遇，始不为累，自然顺而应之。良知只在声、色、货、利上用功，能致得良知精精明明，毫发无蔽，则声、色、货、利之交，无非天则流行矣。"

[译文]

有人问："声、色、货、利，恐怕良知中也不能没有吧？"

先生说："当然是这样。但刚开始用功时，必须要扫除涤荡，一点也不能残留，这样偶然遇到也不会成为负担，自然能按照良知顺利地应对。致良知就是要针对声、色、货、利下功夫，能把良知致得精纯光洁，没有一丝一毫的遮蔽，那么，同声、色、货、利打交道，也就都是天理的自然运行了。"

十五

先生曰："吾与诸公讲'致知'、'格物'，日日是此，讲一二十年俱是如此。诸君听吾言实去用功，见吾讲一番，自觉长进一次。否则只作一场话说，虽听之亦何用？"

[译文]

先生说："我给你们讲'格物'、'致知'，天天如此，讲一二十年也还是如此。你们按我的话踏实用功，那么听我讲一次，就自然会觉得功夫长进一次。否则只把我的话当作一次泛泛的谈话，即使听了又有什么作用？"

十六

先生曰："人之本体，常常是寂然不动的，常常是感而遂通的。'未应不得先，已应不是后。'①"

[注释]

①未应不得先，已应不是后：程颐语，语出《河南程氏遗书》卷十五。

[译文]

先生说："人的本体常常是寂静不动的，又常常是感应相通的，正像程颐先生说的那样：'人的本体在未应中隐藏，在已应中显现，未应、已应互相包含，二者不是先后关系。'"

十七

一友举佛家以手指显出，问曰："众曾见否？"众曰："见之。"复以手指入袖，问曰："众还见否？"众曰："不见。"佛说："还未见性。"此义未明。

先生曰："手指有见有不见，尔之见性常在。人之心神只在有睹有闻上驰骛，不在不睹不闻上着实用功。盖不睹不闻是良知本体，'戒慎恐惧'是致良知的功夫。学者时时刻刻常睹其所不睹，常闻其所不闻，功夫方有个实落处。久久成熟后，则不须着力，不待防检，而真性自不息矣。岂以在外者之闻见为累哉？"

[译文]

一位朋友举佛教的一个例子说："佛伸出手指问：'大家看见了吗？'众人说：'看见了。'佛又把手指缩回袖子里，问：'大家还能看见吗？'众人说：'看不见了。'佛说：'你们还没见性。'我不明白佛的意思。"

先生说:"手指有时能看见有时看不见,但你能悟到的性却是一直存在的。人的心神只在有见有闻上驰骋,不在不见不闻上踏实用功。不见不闻是良知的本体,'戒慎恐惧'是致良知的功夫。学者时时刻刻能看见眼睛看不见的东西,听到耳朵听不到的东西,功夫才会有落实的地方。时间长了,功夫纯熟后不需要费力,也不需要提防省察,真性自然会生生不息,怎么能被外在的见闻所左右、牵累呢?"

十八

问:"先儒谓'鸢飞鱼跃'与'必有事焉',同一活泼泼地?"①

先生曰:"亦是。天地间活泼泼地,无非此理,便是吾良知的流行不息。致良知便是'必有事'的功夫。此理非惟不可离,实亦不得而离也。无往而非道,无往而非功夫。"

[注释]

① "先儒谓"句:程颢语,语出《河南程氏遗书》卷三:"'鸢飞戾天,鱼跃于渊',言其上下察也。此一段子思吃紧为人处,与'必有事焉,而勿正'之意同一活泼泼地。"程颢认为鹰飞蓝天、鱼跃深渊所体现的天地阴阳之道和人致良知的"必有事焉"一样是生动活泼的。鸢飞戾天,鱼跃于渊:语出《诗经·大雅·旱麓》。

[译文]

问:"程颢先生认为'鸢飞鱼跃'和'必有事焉'同样都是生动活泼的吗?"

先生说:"这样说也对。天地间生动活泼的无非是这个天理,就是我们的良知不停运动变化,致良知就是'必有事焉'的功夫。天理不仅不可脱离,它也实在是脱离不了的。世间的一切都是道,一切都是功夫。"

十九

先生曰:"诸公在此,务要立个必为圣人之心。时时刻刻须是'一棒一条痕,一掴一掌血'①,方能听吾说话句句得力。若茫茫荡荡度日,譬如一块死肉,打也不知得痛痒,恐终不济事。回家只寻得旧时伎俩而已,岂不惜哉?"

[注释]

①一棒一条痕,一掴一掌血:语出《朱子语类》,比喻做事要痛下决心,功夫扎实。

[译文]

先生说:"诸位在这里一定要立下做圣人的决心。每时每刻都要有'一棒打出一条伤痕,一掌打出一道血印'的精神,才能在听我讲学时,感到句句有力,印象深刻。如果整天糊糊涂涂混日子,好似一块死肉,打也不知道痛,恐怕最终也学不到真髓。回家后还是只把以前的老方法拿出来用,这难道不可惜呀?"

二十

问:"近来妄念也觉少,亦觉不曾着想定要如何用功,不知此是功夫否?"

先生曰:"汝且去着实用功,便多这些着想也不妨,久久自会妥帖。若才下得些功,便说效验,何足为恃?"

[译文]

有人问:"近来我觉得虚妄的念头少了,也不去想一定要怎么用功,不知这是不是功夫?"

先生说:"你只管踏实用功,就是有这些想法也不要紧,时间长了,自然会妥当。如果刚用了一点功夫就讲求效果,怎么能靠得住呢?"

二一

一友自叹："私意萌时，分明自心知得，只是不能使他即去。"

先生曰："你萌时这一知处，便是你的命根；当下即去消磨，便是立命功夫。"

[译文]

一位朋友感叹："私欲产生时，我心里也十分清楚，就是不能把它马上清除。"

先生说："私意萌发时你能觉察到，这一点，就是你的命根，也就是良知；当时立即去清除它，就是立命的功夫，也就是致良知的功夫。"

二二

"夫子说'性相近'①，即孟子说'性善'，不可专在气质上说。若说气质，如刚与柔对，如何相近得？惟'性善'则同耳。人生初时善原是同的，但刚的习于善则为刚善，习于恶则为刚恶；柔的习于善则为柔善，习于恶则为柔恶，②便日相远了。"

[注释]

①性相近：语出《论语·阳货》："子曰：'性相近也，习相远也。'"②刚善、刚恶、柔善、柔恶：此为周敦颐对善恶的分类。周氏《通书》云："刚善，为义，为直，为断，为严毅，为干固；恶，为猛，为隘，为强梁。柔善，为顺，为巽；恶，为懦弱，为无断，为邪佞。"

[译文]

先生说："孔子说的'性相近'，就是孟子说的'性善'，不能仅从气质方面说人性。如果仅从气质上说，刚和柔是对立的，怎么能相近呢？只在'性善'上是相同的。人刚出生时，性善原本是相同的，但气质刚烈的人受善的熏陶则表现为刚善，受恶的习染则表现为刚恶；气质柔顺的人受善的熏陶则表现为柔善，受恶的习染则表现为柔恶，差距就越来越远了。"

二三

先生尝语学者曰："心体上着不得一念留滞，就如眼着不得些子尘沙。些子能得几多，满眼便昏天黑地了。"

又曰："这一念不但是私念，便好的念头亦着不得些子。如眼中放些金玉屑，眼亦开不得了。"

[译文]

先生曾经对学者说："人的心体上不能存留一丝杂念，就像眼里揉不得一点沙子。一点沙子能有多少？却使人满眼昏天暗地。"

又说："这一念头不仅是指私念，就是好的念头也不能存留。比如眼中放一些金玉屑，眼睛也睁不开了。"

二四

问："人心与物同体，如吾身原是血气流通的，所以谓之同体。若于人便异体了，禽兽草木益远矣，而何谓之同体？"

先生曰："你只在感应之几①上看，岂但禽兽草木，虽天地也与我同体的，鬼神也与我同体的。"

请问。

先生曰："你看这个天地中间，甚么是天地的心？"

对曰："尝闻人是天地的心。"②

曰："人又甚么教做心？"

对曰："只是一个灵明。"

"可知充天塞地中间，只有这个灵明，人只为形体自间隔了。我的灵明，便是天地鬼神的主宰。天没有我的灵明，谁去仰他高?地没有我的灵明,谁去俯他深?鬼神没有我的灵明,谁去辩他吉凶灾祥?天地鬼神万物离却我的灵明,便没有天地鬼神万物了;我的灵明离却天地鬼神万物,亦没有我的灵明。如此便是一气流通的,如何与他间隔得?"

又问:"天地鬼神万物千古见在,何没了我的灵明,便俱无了?"

曰:"今看死的人,他这些精灵游散了,他的天地鬼神万物尚在何处?"

[注释]

①感应之几:意为主体与客体之间微妙的感应。②人是天地的心:语出《礼记·礼运》:"故人者,天地之心也,五行之端也,食味、别声、被色而生者也。"

[译文]

有人问:"先生说人心与万事万物是一个整体,比如与我的身体原本是气血流通的,因此可以说是同体。如果相对于其他人,就是异体了,同禽兽草木的差距更远,怎么能说我的心与万物同体呢?"

先生说:"你只要从人与万物的微妙感应上看,不但禽兽草木,即使天地也与我同体,鬼神也与我同体。"

请先生解释。

先生说:"你看天地之间,什么是天地的心?"

回答说:"我听说人是天地的心。"

先生说:"人为什么是天地的心?"

回答说:"只是因为人有灵魂。"

先生说:"可见充满天地之间的只有人这个灵魂,人与天地万物只是被自己的形体隔开了。人的灵魂就是天地鬼神的主宰。天如果没有人的灵魂,谁去仰望它的高远?地如果没有人的灵魂,谁去俯视它的深厚？鬼神没有人的灵魂，谁去辨别它的吉凶与灾祥？天地鬼神万物离开了人的灵魂，就不成为天地鬼神万物了；人的灵魂离开了天地鬼神万物，也不存在了。因此，天地万物鬼神与人都是一气相通的，如何能把它们分开呢？"

又问："天地鬼神万物，千古长存，为什么没有人的灵魂，便都不存在了呢？"

先生说："你去看看那些死人，他们的灵魂都游散了，他们的天地万物鬼神又在哪里呢？"

二五

先生起行征思、田，德洪与汝中追送严滩①。汝中举佛家实相、幻相之说②。

先生曰："有心俱是实，无心俱是幻。无心俱是实，有心俱是幻。"

汝中曰："有心俱是实，无心俱是幻，是本体上说功夫；无心俱是实，有心俱是幻，是功夫上说本体。"

先生然其言。

洪于是时尚未了达，数年用功，始信本体功夫合一。但先生是时因问偶谈，若吾儒指点人处，不必借此立言耳。

[注释]

①严滩：西汉末年严光（子陵）隐居于浙江桐庐县富春江边的富春山，后人称此处为严子陵钓台、严滩、子陵滩。②实相、幻相：佛教名词。实相，指宇宙间万物的实体，又名佛性、法性、真如、法身、真谛等，相当于哲学上的本质。幻相，指宇宙间万物的现象。佛教认为所有的相即万事万物的现象都是虚幻的，不真实的，只有佛性才是不变不坏、永恒不灭的真实。

[译文]

先生被起用征讨思恩、田州，德洪和汝中一起把先生送到严滩。汝中向先生请教佛教中的实相、幻相问题。

先生说:"有心都是实相,无心都是幻相;无心都是实相,有心都是幻相。"

汝中说:"有心都是实相,无心都是幻相,这是从本体说功夫;无心都是实相,有心都是幻相,这是从功夫说本体。"

先生同意他的说法。

德洪当时尚不明白,又经过几年用功,才开始相信本体与功夫是统一的。但是,先生当时是因为汝中问话而偶然这样说,如果我们儒家要指点别人,就不必借用这种说法来立论了。

二六

尝见先生送二三耆宿出门,退坐于中轩,若有忧色。

德洪趋进请问。

先生曰:"顷与诸老论及此学,真圆凿方枘。此道坦如道路,世儒往往自加荒塞,终身陷荆棘之场而不悔,吾不知其何说也!"

德洪退谓朋友曰:"先生诲人不择衰朽,仁人悯物之心也。"

[译文]

我曾见过先生送两三位老先生出门,回来坐在长廊里,似乎面有忧色。

德洪上前问先生。

先生说:"刚才我与那几位老先生谈到致良知的学说,彼此之间简直就像圆孔和方榫一样格格不入。圣道像大路一样平坦,世俗的儒生往往自己把它荒芜阻塞了,终生陷在荆棘中不知道悔悟,我真不知道该说什么!"

德洪退下来对朋友说:"先生教育人,不管对象是否老朽,真是有一颗仁人爱物的心呀!"

二七

先生曰:"人生大病,只是一'傲'字。为子而傲必不孝,为臣而傲必不忠,为父而傲必不慈,为友而傲必不信。故象与丹朱俱不肖①,亦只一'傲'字,便结果了此生。诸君常要体此。人心本是天然之理,精精明明,无纤介染着,只是一'无我'而已。胸中切不可'有','有'即傲也。古先圣人许多好处,也只是'无我'而已。'无我'自能谦,谦者众善之基,傲者众恶之魁。"

[注释]

①象:舜的弟弟,为人狂傲,常怀杀舜之心。丹朱,尧的儿子,傲慢荒淫,尧将王位禅让于舜而不传丹朱。

[译文]

先生说:"人生最大的毛病就是一个'傲'字。做儿子的如果傲慢必定会不孝,做臣子的傲慢必定会不忠,做父亲的傲慢必定会不慈,做朋友的傲慢必定会不诚信。所以,象和丹朱都不贤明,也只是因为这个'傲'字断送了自己的一生,你们要常常体会这一点。人心本来是天生的理,精明纯净,没有丝毫的沾染,只是一个'无我'罢了。因此,人心中千万不能'有我','有我'就是'傲'。古代圣人先贤的许多长处,也只是'无我'罢了。'无我'自然能谦虚谨慎,谦虚是所有善的基础,傲慢是所有恶的根源。"

二八

又曰:"此道至简至易的,亦至精至微的。孔子曰:'其如示诸掌乎。'①且人于掌何日不见?及至问他掌中多少文理,却便不知。即如我'良知'二字,一讲便明,谁不知得?若欲的见良知,却谁能见得?"

问曰:"此知恐是无方体②的,最难捉摸。"

先生曰:"良知即是《易》:'其为道也屡迁,变动不居,周流六虚,上下无常,刚柔相易,不可为典要,惟变所适。'③此知如何捉摸得?见得透时便是圣人。"

[注释]

①其如示诸掌乎:语出《中庸》:"明乎郊社之礼、禘尝之义,治国其如示诸掌乎!"又据《论语·八佾》:"或问禘之说。子曰:'不知也。知其说者之于天下也,其如示诸斯乎!'指其掌。"②方体:语出《周易·系辞传上》:"故神无方而易无体。"方,方位。体,形体。③"其为道也"七句:语出《周易·系辞下》。意为易的法则常常变迁不止,在六个爻位之间流动,或变在上,或变在下,阴变为阳,阳变为阴,没有一定的模式,不可拘泥,只有顺应它的变化才能恰当应用。

[译文]

先生又说:"圣道极其简单平易,也极其精微奇妙。孔子说:'就像看自己的手掌上的东西一样明白容易。'人哪天不看自己的手掌?可是当你问他掌上有多少纹理时,他却不知道。这就像我说的'良知'二字,一说就明白,谁不知道?如果要真的致良知,又有谁能做到呢?"

问:"这良知恐怕是没有方向、形体的,所以最难把握。"

先生说:"良知就如《易》理:'其为道也屡迁,变动不居,周流六虚,上下无常,刚柔相易,不可为典要,惟变所适。'这良知怎么才能把握得住呢?弄清这个问题就是圣人了。"

二九

问:"孔子曰:'回也,非助我者也。'①是圣人果以相助望门弟子否?"

先生曰："亦是实话。此道本无穷尽，问难愈多，则精微愈显。圣人之言本自周遍，但有问难的人胸中窒碍，圣人被他一难，发挥得愈加精神。若颜子闻一知十②，胸中了然，如何得问难？故圣人亦寂然不动，无所发挥，故曰'非助'。"

[注释]

①回也，非助我者也：语出《论语·先进》："子曰：'回也，非助我者也，于吾言无所不说。'"意为"孔子说：颜回不是对我有帮助的人，我的话他都欣然接受"。②颜子闻一知十：语出《论语·公冶长》："回也，闻一以知十；赐也，闻一以知二。"

[译文]

有人问："孔子说：'回也，非助我者也。'圣人是不是真的希望学生能帮助他呢？"

先生说："这也是实话。圣道本来无穷无尽，疑难质问越多，精微奇妙之处就显现得越多。圣人的话本来就周密完备，但有问题疑难的人心中有困惑，圣人被他一问难，也就把圣道发挥得更加精确奇妙。如果像颜回那样听一知十，心里什么都清楚了，又怎么会发问呢？所以圣人也就寂静不动，没有什么发挥，因此孔子说'颜回不能帮助我'。"

三十

邹谦之尝语德洪曰："舒国裳曾持一张纸，请先生写'拱把之桐梓'一章①。先生悬笔为书，到'至于身，而不知所以养之者'，顾而笑曰：'国裳读书中过状元来，岂诚不知身之所以当养？还须诵此以求警？'一时在侍诸友皆惕然。"

[注释]

①"拱把之桐梓"一章：语出《孟子·告子上》："孟子曰：'拱把之桐梓，人苟欲生之，皆知所以养之者。至于身，而不知所以养之者，岂爱身不若桐梓哉？弗思甚也！'"拱，两手合握。把，一只手握。身，指人自身。

[译文]

邹谦之曾经对德洪说:"舒国裳曾拿一张纸,请先生书写'拱把之桐梓'一章。先生拿起笔写到'至于身,而不知所以养之者'时,回过头笑着说:'国裳读书是中过状元的,难道不知道应该怎么修身吗?但他还要诵读这一章来警戒自己。'一时间在座的朋友们都警醒起来。"

钱德洪跋

嘉靖戊子①冬,德洪与王汝中奔师丧至广信,讣告同门,约三年收录遗言。

继后同门各以所记见遗,洪择其切于问正者,合所私录,得若干条。居吴时②,将与《文录》③并刻矣,适以忧去,未遂。当是时也,四方讲学日众,师门宗旨既明,若无事于赘刻者,故不复萦念。

去年,同门曾子才汉④得洪手抄,复傍为采辑,名曰《遗言》,以刻行于荆。洪读之,觉当时采录未精,乃为删其重复,削去芜蔓,存其三分之一,名曰《传习续录》,复刻于宁国之水西精舍。

今年夏,洪来游蕲,沈君思畏⑤曰:"师门之教久行于四方,而独未及于蕲。蕲之士得读《遗言》,若亲炙夫子之教,指见良知,若重睹日月之光,惟恐传习之不博,而未以重复之为繁也。请哀其所逸者增刻之,若何?"洪曰:"然。"师门致知格物之旨,开示来学,学者躬修默悟,不敢以知解承,而惟以实体得。故吾师终日言是而不惮其烦,学者终日听是而不厌其数。盖指示专一,则体悟日精,几迎于言前,神发于言外,感遇之诚也。

今吾师之没未及三纪,而格言微旨渐觉沦晦,岂非吾党身践之不力，多言有以病之耶？学者之趋不一，师门之教不宣也。乃复取逸稿，采其语之不背者，得一卷。其余影响不真，与《文录》既载者，皆削之。并易中卷为问答语，以付黄梅尹张君⑥增刻之。庶几读者不以知解承而惟以实体得，则无疑于是录矣。

嘉靖丙辰⑦夏四月门人钱德洪拜书于蕲之崇正书院

[注释]

①嘉靖戊子：嘉靖七年（1528年）。②居吴时：指钱德洪嘉靖十一年（1532年）在苏州府学任教授时。③《文录》：指《王文成公全书》卷四至卷八。④曾子才汉：曾才汉，王阳明弟子，身世不详。曾于嘉靖三十四年（1555年）在江陵刻印王阳明语录《遗言》。⑤沈君思畏：名宠，号古林，字思畏，安徽宣城人。欧阳德与王畿的弟子，与谷钟秀共同创建蕲州崇正书院。⑥黄梅尹张君：黄梅，今湖北黄梅县。张君，黄梅县令，身世不详。⑦嘉靖丙辰：嘉靖三十五年（1556年）。

[译文]

嘉靖七年冬天，我和王汝中到江西上饶处理先生的丧事，向同学发出讣告，约定三年内收齐先生的遗言。

随后，同学们各把自己记录的遗言寄过来，我选择其中正确反映先生思想的，加上我自己记录的，共有若干条。在苏州时，我曾想把这些记录同先生的《文录》一并刊刻出版，刚好赶上我回家守丧，没能刊刻。当时，全国各地讲授先生学说的人一天比一天多，先生学说的宗旨已经昌明，好像没有必要再刊印出版，所以就没再考虑这件事。

去年，同学曾才汉先生得到了我的手抄本，又广为收集，取名为《遗言》，在江陵刻印出版。我看了以后，觉得当时收录得不精细，于是删去其中重复的，去掉了许多芜杂的内容，保留了《遗言》的三分之一，取名《传习续录》，在安徽宁国的水西书院刻印。

今年夏天，我到湖北蕲春，沈思畏先生对我说："先生的教诲在其他地方传播已很久了，唯独还没有传播到蕲春。这里的士人读到《遗言》，就像亲自聆听了先生的教诲，明白了良知，就像重新看到了日月的光辉。他们只担心收集得不够广泛，并不因为其中有重复而认为它繁杂。请你把散逸的部分收集起来增订出版，怎么样？"我说："好。"先生致知格物的宗旨，开导启发了以后求学的人，学者潜心修炼，默默领悟，不敢只从知识上理解继承先生的学说，而希望通过实践来体悟。所以先生整天讲而不厌其烦，学生们整天听而不嫌重复。正因为先生指点得专一，所以学生们就体悟得日益精微。先生还没说话，学生已提前感悟；先生的言外之意，学生都能心领神会，充分体现了师生间心灵感应的真诚。

现在先生去世还不到三十年，他的格言和宗旨已经逐渐沦落昏暗，这难道不是我们做学生的实践不够、空谈过多而造成的弊端吗？学生的志向、目标不一致，先生的学术思想就不能发扬光大。于是我又收集了一些散逸的稿子，采纳其中不违背先生原意的内容，编为一卷。其余不够真切和《文录》中已经刊刻的，都删去。并把中卷改成问答的形式，交给黄梅的县令张先生增订出版。希望读者不仅从知识解释上来继承，而且从实践中体悟先生的学说，我才不会怀疑此书出版的价值。

嘉靖三十五年夏天四月，学生钱德洪谨拜书于蕲春崇正书院